U0069149

余杰
Yu Jie

Stellar
Moments
in
History of

Great Britain

不列顛群星閃耀時

目錄

1215 年 6 月 15 日，英國國王約翰來到蘭尼米德草地，與反叛的貴族們會晤，雙方經過艱苦的談判，達成《大憲章》的基本條款，《大憲章》成為英國憲制的重要組成部分

「無地王」約翰因痛恨的《大憲章》而被歷史銘記 / 將羊皮紙放在王冠之上 / 這地，有穩定的政府；這地，有公正和古老的美名 / 有一條筆直的路，從蘭尼米德通往費城

1297 年 9 月 11 日，威廉・華萊士率領的蘇格蘭起義軍在史特靈橋擊敗人數更多、裝備更精良的英格蘭軍，華萊士由此成為蘇格蘭人的民族英雄

那個人有一顆勇敢的心 / 以寡敵眾的史特靈橋之戰 / 我不曾背叛愛德華，因為我從未效忠於他 / 脫英與留歐，蘇格蘭何去何從？

1594 年，倫敦瘟疫減退，劇院開始解禁，莎士比亞入股宮廷大臣劇團，既編劇也參與演出，進入其戲劇創作的黃金時期，莎劇後來成為西方正典不可或缺的部分

英國歷史上最神祕的文豪 / 這隻鳥在為誰歌唱？為何歌唱？ / 湯顯祖離開莎士比亞有多遠？ / 他們仇恨莎士比亞，就是仇恨我們對人性的熱愛

1687 年，艾薩克・牛頓出版《自然哲學的數學原理》一書，在該書中闡述萬有引力和三大運動定律，不僅標誌著 16、17 世紀科學革命的頂點，也是人類文明進步的劃時代標誌

這個堅實的靈魂，永遠孤獨地航行在陌生的思想之海 / 在我望遠鏡的末端，我曾看見上帝經過 / 牛頓是英國人，這絕非偶然 / 大清王朝為什麼出不了牛頓？

家？／那是一個星星與星星彼此輝映的時代／保護專利的法律
能讓發明家致富，並催生更多的發明／瓦特及蒸汽機誕生在英
國是一個偶然事件嗎？

1776 年 3 月 9 日，亞當·史密斯深刻改變人類經濟生活的著作
《國民財富的性質和原因的研究》（即《國富論》）在倫敦出
版，該書主張自由貿易和市場經濟，規劃了英國富強的願景

「一隻看不見的手」是歷史上偉大的思想之一／為什麼「經濟
學之父」只能出現在英國？／《國富論》中的中國：一個長期
處在靜止狀態的國家／1776 年，亞當·史密斯在出書，乾隆皇
帝在焚書

1805 年 10 月 21 日，大西洋東部西班牙外海，英法艦隊展開「特
拉法加之戰」，霍雷肖·納爾遜在後甲板督戰時遭法軍狙擊手槍
殺，但英軍於此役大獲全勝，奠定「大西洋帝國」之基石

先有「女王的海軍」，才有「大西洋帝國」／看哪，這個終身
未能克服暈船毛病且屢屢抗命的水手／一個將自己的船隻停靠
在敵人船隻旁邊的軍官永遠不會犯錯誤／特拉法加之戰：海權
改變歷史

女王確實是一個非常幸福的人 / 國王應當為他人而活 / 改變那些當改變的，保守那些當保守的 / 人類歷史上最美好的帝國主義

1940 年 5 月 10 日傍晚，溫斯頓・邱吉爾成為英國戰時首相，帶領國人抗擊人類歷史上從所未有過的窮凶極惡的納粹暴政，英國人普遍相信，「沒有他，英格蘭必定不保」

至暗時刻，也是最輝煌的時刻 / 如果你身陷地獄，那麼就繼續前行 / 大英帝國與美國相濡以沫 / 社會主義政策與英國的自由思想格格不入

1949 年 6 月 8 日，喬治・歐威爾的代表作《一九八四》在倫敦出版，這部揭露極權主義真相的預言成為醒世恆言，「多一個人讀歐威爾，就多了一份自由的保障」

他的墓碑上為什麼沒有他的筆名？ / 一個從來沒有住過俄羅斯的作家居然對當中的生活有如此敏銳的認知 / 打著和平主義旗號的綏靖主義，是偽善的邪惡 / BBC 有資格紀念這個卑微的前員工嗎？

1959 年，銀行家、現代投資銀行的倡導者西格蒙德・沃伯格成功打贏了對英國鋁業公司的收購戰，此後參與制定英國的財經政策，讓倫敦重新成為國際金融中心

工業革命發生在英國，金融革命也發生在英國 / 商人不是英雄的反面，商人也可能是英雄 / 從「信猶太教的德國公民」到「清教徒精神的英國公民」/ 投資銀行的倡導者和歐洲債券之父

英國人，「英國秩序」與「英國治世」

《不列顛群星閃耀時》自序

看哪，那些改變英國乃至人類歷史的英國人

斯蒂芬‧褚威格（Stefan Zweig，1881-1942）的名著《人類的群星閃耀時》首次出版於 1927 年，書中選取了歷史長河中 14 個「星光時刻」，為平凡人的激情奉上讚歌，向偉大人物抗爭命運時的堅強信念致敬，並給黯然隕落的失敗者以應有的尊嚴，因為在人類歷史的夜幕上，他們才是恆久閃耀的群星，正如作者所說：「我想從極其不同的時代和地區回顧群星閃耀的某些時刻——我這樣稱呼那些時刻，是因為它們宛若星辰一般永遠散射著光輝，普照著暫時的黑夜。」

這些「星光時刻」包括：西班牙的拔爾波亞（Vasco Nunez de Balboa，1475 年—1519 年）以逃犯之身發現太平洋，是大航海時代探險精神的代表；法國大革命時的一名軍官魯日‧德‧李爾（Rouget de Lisle）在激情的推動下，一夜之間寫出《馬賽曲》；紐約商人菲爾德（Cyrus West Field）屢敗屢戰，終於在 1858 年實現了在大西洋海底鋪設電報電纜的偉大夢想；拿破崙因為手下將領格魯希（Emmanuel de Grouchy）猶豫一分鐘，兵敗滑鐵盧；英國探險家史考特（Robert Falcon Scott）率隊前往南極點，卻發現挪威探險家羅阿爾‧阿蒙森

（Roald Amundsen）已捷足先登；列寧抵達芬蘭車站，整個世界將面臨翻天覆地的變化……褚威格將這些歷史場景用生花妙筆娓娓道來，倒是符合中國「文史一家」的傳統：司馬遷寫《史記》，「鴻門宴」上諸多人物的言行宛如電影畫面，明明生在異代的作者似乎身臨其境。

《人類的群星閃耀時》是我中學時代學習寫作的好範本。但我後來發現，這本書讓人津津有味、愛不釋手，但作者的歷史觀卻曖昧混亂甚至自相矛盾：褚威格對拿破崙的失敗頗為同情，對拿破崙的功業相當推崇，卻忽略了拿破崙對被侵略的國族之暴政與屠殺，在種族屠殺的意義上，拿破崙是希特勒的老師；褚威格也將被德國人當作禍水運回俄國的列寧予以正面描述和評價，隻字不提列寧共產革命所帶來的生靈塗炭，共產主義與法西斯主義在本質上一體兩面，只譴責法西斯而不譴責共產黨，在邏輯上無法自洽，在道德上是偽善和懦弱。

少年時代的我，喜歡浪漫的法國文學和沉重的俄國文學；中年時代，才發現寧靜內斂的英國文學以及背後的英國文明的偉大。在《大光》（八旗文化出版）三部曲中，我論述了清教秩序或英美文明的正途，可惜只能有一章的篇幅來寫英國。2022 年夏，我赴英國旅行和田野調查，突然發現可以寫一本升級版的《人類的群星閃耀時》——《不列顛群星閃耀時》，寫英國人的故事，不僅回答「誰是英國人」的追問（類似於杭亭頓〔Samuel Phillips Huntington〕的問題——《誰是美國人》），更是在人物的生命中探尋「英國秩序」和「英國治世」的奧祕。

我選擇了 15 個人物及其創造的歷史性時刻，除了第一個人物「無地王」約翰，其他 14 個都是「正面人物」（約翰王雖然是「反面人物」，卻做了一件對英國憲政進程影響深遠的好事——簽署了《大憲章》，儘管他不情不願且很快反悔。上帝如此幽默，祂有時會

揀選壞人來完成美好的事情。）我的選擇本身就帶有強烈的褒貶和臧否，任何一個作家在敘述歷史與現實時，都不可能實現所謂的「客觀中立」，反之，主觀性或個性越強的敘述才越有價值。

在我選擇的人物中，最能代表英國人的作家、學者和科學家有：莎士比亞（William Shakespeare）、牛頓（Isaac Newton）、埃德蒙·伯克（Edmund Burke）、瓦特（James Watt）、亞當·史密斯（Adam Smith）、查爾斯·狄更斯（Charles Dickens）、喬治·歐威爾（George Orwell）等人。我走訪了他們的墓地、故居、紀念碑和紀念館，更重要的是，他們的文辭、思想與觀念已然融入世世代代英國人的血液與心靈之中，甚至成為英國社會日常生活的一部分。

「英國秩序」的內在邏輯：英國從來就不是歐洲國家

我寫這些人物，寫他們的悲歡離合，寫他們的榮辱興衰，寫他們的勇氣與智慧，寫他們的冒險與抗爭，寫他們「英國人之所以為英國人」的「英國性」：揭竿而起的蘇格蘭民族英雄威廉·華勒斯（William Wallace），生做自由人，死亦為自由魂；詹姆士·庫克（Captain James Cook）在大洋上乘風破浪，為大英帝國開疆闢土，為人類科學的版圖拼上未知的一大塊；霍雷肖·納爾遜（Horatio Nelson）在大海上向死而生，「為了英格蘭，每個人都恪盡職守」的旗語讓全體官兵熱血沸騰；邱吉爾（Winston Churchill）臨危受命，在至暗時刻力挽狂瀾，從未喪失信心和希望——「每個人都是昆蟲，但我確信，我是一隻螢火蟲。」他們用汗水、淚水和血水，完美地闡釋了何為英國人、何為英國。

《大憲章》一問世，英國與歐陸的歷史軌跡即南轅北轍，英國保守主義政治家柴契爾（Margaret Thatcher）夫人說過：「在我一生，

我們所有的問題都來自歐洲大陸，而所有的解決方案都來自說英語的國家。」（In my lifetime all our problems have come from mainland Europe and all the solutions have come from the English-speaking nations across the world.）毫無疑問，「英國秩序」與「歐陸秩序」大相逕庭，更遑論西方之外的其他路徑和模式了。英國歷史學家布倫丹·西姆斯（Brendan Peter Simms）在《千年英歐史》一書中指出，英國國力的巨大彈性可歸因於三個因素：首先，英國有其固有的內在力量。自中世紀以來，英格蘭王國一直是個大國。與歐洲其他國家不同，自17世紀以來，英國從未經歷過內戰、外國佔領或革命。如今，英國人的國族認同感比歐洲所有國家都強，且反對歐盟合併主權的潮流。其次，英國盎格魯-不列顛的「軟實力」（Anglo-British 'soft power'）在於它有能力讓別國的追求與自己一致。長期以來，英國扮演歐洲乃至世界的治安官的角色，提供某種重要的「公共財」（public goods）——維持均勢、開放經濟和自由的國際體系，大英帝國被譽為「被邀請的帝國」，它曾經的殖民地美國、加拿大、澳大利亞和紐西蘭至今仍是其親密夥伴。第三，英國的憲政模式的彈性與恢復力強，多虧了國會（Parliament）和「公共領域」（public sphere），英國的總體戰略具有一個廣泛的政治基礎：它為這個政治民族（political nation）所擁有。

本書中每個人物的故事都驗證了一個顛撲不破的真理：英國從來就不是歐洲國家。伯克對法國大革命的堅決反對，至今仍擲地有聲；亞當·史密斯的古典自由主義經濟學架構，與歐陸的國家主義和重農主義經濟學分道揚鑣；當歐陸的女性被牢牢束縛在家庭中時，南丁格爾（Florence Nightingale）已穿上護士服裝奔赴戰場。英國保守主義政治家丹尼爾·漢南（Daniel Hannan）指出，英國秩序的核心是絕對產權、言論自由、議會制政府、個人自治，而歐盟正在向「大明

王朝 - 蒙古 - 奧斯曼帝國」的道路狂奔──大一統、中央集權、高稅
率,以及國家控制。所以,西姆斯的結論是正確的:一個統一的包括
英國在內的歐洲聯邦國家是與英國主權不相容的。相反,一個符合英
美憲政體制的歐元區能和英國結成邦聯,並且通過北約與加拿大和美
國形成安全夥伴關係,這既將保留英國主權,又能為英國帶來利益。
歐洲大陸在 1945 年之前就失敗了,即使是現在,歐盟已然是失敗
的,只是程度稍好而已。因此,英吉利海峽兩岸需要的不是一個歐洲
化的英國,而是一個「英國化的歐洲」。歐洲只有與英國分開才能變
得更加英國化。

從「英國治世」到「美國治世」

本書中的人物以及他們偉大的創造,都只能誕生於英國。我在寫
這些人物時,每每將孕育其成功的時代和文化背景與東亞的儒家文化
圈做對比:湯顯祖成不了莎士比亞;鄭和成不了庫克船長;大清王朝
出不了牛頓;當亞當 · 史密斯在寫《國富論》時,乾隆皇帝在焚書和
炮製文字獄;當南丁格爾成為「提燈天使」時,中國女子還在纏足。

「英國治世」的巔峰是維多利亞時代。儘管維多利亞女王在名義
上統治著人類有史以來最為廣袤的「日不落帝國」,但這個帝國卻不
是她按照一個周密的計畫來打造的。她對英國本國和整個大英帝國的
重大貢獻,不是像清帝國的康熙大帝或俄國的葉卡特琳娜大帝(凱薩
琳大帝)那樣以絕對君主制完成野心勃勃的領土擴張,以及對天下事
進行事無巨細的治理;反之,她的垂拱而治、無為而治,成就了她的
卓越與尊貴,讓她與英國憲制融為一體。英國歷史學家拉姆齊 · 繆爾
(Ramsay Muir)在《帝國之道》一書中指出,這也是英國秩序的本
質:它在一知半解的狀態下為制度奠定了基礎,該制度力圖在嶄新而

未開發的土地上，在其最古老的文明民族裡，即刻實現自由，增強國家的凝聚力；它探索著將迥異的自由國家以一種和平與相互尊重的手足之情聯繫在一起。這種壯大是相當偶然的，而且沒有成熟的理論或政策來指導。英國的政策從來不是由理論支配的，而是由一種有秩序的自由傳統來打造的。這一時期，英國沒有誕生一流的帝國主義政治家（維多利亞女王不是這樣的政治家，迪斯雷利〔Benjamin Disraeli〕和格萊斯頓〔William Ewart Gladstone〕也很難說是這樣的政治家），帝國問題也沒有在議會的審議中佔主要篇幅。事實上，大英帝國和其制度的成長是自發的、零散的；它們唯一的嚮導（事實恰恰證明這是一個好嚮導）是自治的精神，這種精神在民眾中廣泛傳播。

二戰之後，「英國治世」被「美國治世」所取代，這一過程從20世紀初就緩慢開始了。就個人而言，邱吉爾遠比小羅斯福聰明睿智，但英國的國力已不足以支撐前者充當後者的政治導師。戰前從德國移居英國的猶太裔銀行家西格蒙德・沃伯格（Siegmund George Warburg），在戰後20多年間堪稱英國的「編外財政部長」，他點石成金、合縱連橫，讓倫敦重新恢復世界金融中心的位置——即便不能力壓紐約一頭，至少也與之並肩。正如宗教改革時代法國、西班牙迫害新教徒，信奉新教的人才逃避到英國，沃伯格若留在德國必然是死路一條，他在英國的成功表明英國是一個真正海納百川的國度。其實，早在此前數十年，猶太裔的迪斯雷利就已順利出任英國首相，這種種族寬容和種族平等，在同時代的任何歐洲大國都是無法想像的。

美國是作為英國的改良版而誕生的。當年，北美殖民地居民奮起反抗英國，不是反對「英國秩序」，而是堅守「英國秩序」——他們的不滿，是因為沒有受到大英帝國子民應有的待遇，「無代表，不納稅」的觀念，就是典型的英國觀念。伯克為美洲人的解放運動鏗鏘有力的辯護，被美國的國父們寫入《獨立宣言》。歷史就是如此弔詭，

也如此理所當然。那場戰爭的傷痕很快就癒合了，美國的崛起後來成了英國的福音。即便是英國激進派記者斯特德也承認：「在美國人以自己的形象塑造世界的過程中，我們沒有理由對美國人所發揮的作用感到憤怒，畢竟，這本質上也是我們自己的形象。」美國繼承而非取代了英國，即便如今盎格魯 - 撒克遜人的後裔在美國逐漸成為人口中的少數（這是杭亭頓為之哀歎的事實），美國仍然是英國「政治計畫」的後裔。「英語文化圈」概念的延續時間已經超過 20 世紀上半葉的「盎格魯 - 撒克遜」世界團結的概念。

本書中 15 個人物的故事，呈現了英國乃至世界歷史上的 15 個「星光時刻」，更闡釋了何為英國人、「英國秩序」和「英國治世」。今天的我們所熱愛的自由、獨立、憲政、共和這些偉大的觀念，在很大意義上都是英國式的。劉曉波曾經說過：「中國實現真正的歷史變革的條件是做三百年殖民地。香港一百年殖民地變成今天這樣，中國那麼大，當然需要三百年殖民地，才會變成今年香港這樣，三百年夠不夠，我還有懷疑。」這句話傷害了許多大中華民族主義者的玻璃心，但中國對香港的再殖民和劣質殖民很快毀掉了英國在香港留下的文明、法治和自由，卻證實了劉曉波說出的是刺耳的真理。

我們如今所享受的大半的美好生活，都是英國和英國人所賜。若追本溯源，不必遊歷長江長城、黃山黃河，不必查考四書五經、唐詩宋詞；更應當縱覽泰晤士河畔、牛津劍橋以及蘇格蘭高地，更應當吟誦莎翁、伯克、狄更斯、邱吉爾和歐威爾，而這本《不列顛群星閃耀時》正是一本關於英國文明的入門書。

第一章

約翰王：
暴君匍匐在《大憲章》之下

蘭尼米德，在蘭尼米德；/那裡的葦草，訴說著什麼？/那柔弱的葦草啊，在風中搖擺；/被如此壓傷，卻從未折斷；/喚醒了沉睡的泰晤士河；/訴說著約翰的故事，在蘭尼米德。

——拉得雅·基普林（Rudyard Kipling，1865年—1936年）

1215 年 6 月 15 日，屢戰屢敗、走投無路的英國國王約翰（John, King of England）來到泰晤士河畔的蘭尼米德（Runnymede）草地，與反叛他的貴族們會晤。雙方經過艱苦談判，達成《大憲章》（拉丁語：*Magna Carta*，英語：The Great Charter）的基本條款。四天以後，選出由 25 人組成的監督委員會，雙方正式在《大憲章》上蓋印。特里維廉（G. M. Trevelyan）在《英國史》中指出，走向憲政道上的第一闊步當然為《大憲章》的成立，「蘭尼米德實為移君權於人民手中之初步」。愛德華‧柯克（Edward Coke）認為：「《大憲章》最大程度宣布了英格蘭基本法的主要基礎，存留下來的章節還填補了普通法的缺陷。」保維克指出：「《大憲章》的大部分內容反映了早已存在的要求，另一部分重申了早期的立法，其整體則遵循了傳統。它是宣揚了普通法，同時是一部常識的傑作。」威廉‧斯塔伯（William Stubbs，1825 年—1901 年，英國歷史學家和聖公宗牧師）讚美說：「《大憲章》向中世紀揭示了自由的可能。」梅特蘭寫道：「這份文件成為、並且恰當地成為一份神聖的文本，最接近於英格蘭曾經擁有的不可廢除的『基本法令』。」倫敦大學國王學院歷史學教授大衛‧卡彭特（David Carpenter）亦指出，《大憲章》是一個分水嶺，英國歷史由此劃分為《大憲章》前、《大憲章》後兩個

階段。《大憲章》第一次公開奠定了國王不能凌駕於法律之上的原則，還間接導致一種新型國家體制的誕生。麥克奇尼（William Sharp McKechnie）評述說：「與英國的權利與法律發展密切聯繫，《大憲章》的出現，宣告了文明社會最有價值的政府體系在其成長的道路上邁出了關鍵的第一步。」

「無地王」約翰因痛恨的《大憲章》而被歷史銘記

在蘭尼米德草地不遠處泰晤士河中的一座小島上，有一處大憲章紀念地。數百年來，泰晤士河多次改道，亦有人認為這個「大憲章島」（Magna Carta Island）才是《大憲章》的真正簽署地。

大憲章島面積近四英畝，由一座小橋將島與陸地連為一體。1215年，驚魂未定的約翰王在此落腳，因為島上的房子被核桃樹包圍，泰晤士河的大河灣使得敵人的弓箭手「箭長莫及」。現存的建築為雷斯伯里莊園領主、郡長喬治・西蒙・哈考特在六百多年後所建造，有一個房間由漁民小屋改建而成，被稱為「大憲章室」，用來紀念《大憲章》的簽署，其中有一塊被稱作「大憲章之石」的石碑，據稱《大憲章》就是在其上簽署的。石碑呈八角形，直徑約三英尺並由橡木鑲邊，其上銘刻著《大憲章》歷史的碑文。歷史學者喬治・西蒙・哈考特指出：「1215年英格蘭國王約翰在此島簽署了《大憲章》。1834年此建築落成，以紀念這個偉大及重要的事件。」1974年，英國女王伊莉莎白二世曾在島上種下一棵胡桃樹，以紀念《大憲章》在此簽署。

「約翰，受神恩的英格蘭國王……」這是《大憲章》起首的一句話。約翰是金雀花王朝開創者亨利二世（Henry II）的幼子，1167年出生於牛津的國王行宮。他的哥哥是著名的十字軍戰士「獅心王」理

查一世（Richard I）。亨利二世任命傑出的騎士威廉·馬歇爾當兒子約翰的老師，老師很出色，卻未能幫學生養成良好的品格。約翰從小喜歡欺負弱小，折磨走背運的人，其貪婪之舉使之遠離自信和友愛。約翰後來被人們譏諷為「無地王」（Lackland），因為他出生時，亨利二世在英格蘭已無領地分封給他，他只得到一小片位於諾曼底的領地，該領地後來被法國攻佔。

約翰原本與王位無緣，卻不料哥哥「獅心王」在法國戰死沙場沒有婚生子嗣，32 歲的約翰於 1199 年意外地加冕稱王。他踐踏了一位國王應遵守的所有義務，因為慵懶，失去了所繼承的王國的一半，使剩餘的部分陷於衰敗。麥克奇尼指出：「約翰王沒有為了一個良好政府的運行而運用財政署、御前會議和地方行政系統這些已形成的完美的機構及其機制，他只是把它們視作肆無忌憚地進行橫征暴斂的工具──如同滿足其貪慾的手段一樣。」理查德森和塞里斯評論說：「約翰缺乏頭腦，為了雞毛蒜皮的小事引發了一場內戰。由於缺乏把握關鍵時機讓步的智慧，他缺少一個理智的人，或者更確切地說，一位統治者所應有的素質，因為政治智慧的本質來自於統治者的正義性。」約翰被視為英國歷史上最糟糕、最武斷、最貪婪、最昏庸的國王之一。

約翰缺乏他哥哥的軍事才能，偏偏要四處征伐。他通過無恥地濫用權力來籌集軍費，強求貴族服從。他甚至違背傳統，沒收寡婦所繼承的財產。他假裝發酒瘋，刺殺了與之爭奪王位的侄兒亞瑟，並將其屍體丟進城堡的護城河。他還將亞瑟的 25 名隨從關押在城堡中活活餓死。當他與威爾斯地方豪強發生衝突時，一口氣屠殺了威爾斯貴族們交由他監管的 28 名作為人質的幼子。1210 年，他掀起排猶運動，將全國猶太人監禁，酷刑折磨，沒收財產。坎特伯雷的猶太人領袖以撒被絞死；布里斯托的一位猶太社群首領被每天敲掉一顆牙齒，虐待

持續一週，直到此人損失七顆牙齒之後屈服於淫威、交出財產。沒有一個歷史學家能從約翰的記錄中清除這些污點。儘管約翰處在一個殘暴成為家常便飯的時代，但其行徑即使其同時代的人也只能望洋興歎。

1212 年，為了收復諾曼底屬地，約翰悍然進攻法國，但在 1214 年 7 月的布汶戰役（The Battle of Bouvines）中一敗塗地。逃回英格蘭後，國庫已空的約翰向貴族征收重稅，與貴族的關係雪上加霜。1215 年 1 月，忍無可忍的貴族們武裝反叛，要求「恢復愛德華國王的良好法律和亨利一世的特許狀條款」，他們起草了一份簡短的《無名自由憲章》要求約翰王接受。

為了避免對手立即開戰，約翰支吾以對，拖延時間，要求將答覆時間延至四月最後一個週日。到了 3 月 4 日，狡詐的約翰採取了一個戲劇化的行動——舉起代表十字軍的十字架，暗示他將像哥哥「獅心王」一樣出征聖地，在那個時代裡，參與十字軍的人都將得到教廷為期三年的保護。

但貴族們不是傻瓜，他們在預定於 4 月 26 日召開的會議開始前，準備了一份更為詳盡的文件——作為僅有 12 個條款的《無名自由憲章》的升級版，新的《男爵條款》有 49 個條款。

約翰稱病，試圖將會議延期。5 月 1 日，雙方見面會談，決定雙方各自指定四人建立八人仲裁團來解決分歧。但約翰堅持自己是「最高領主」，而教宗英諾森三世也宣稱對仲裁團的任何決定都有否決權——雖然約翰此前與教宗對立，但約翰向教宗屈服之後，教宗便站在約翰這一邊。於是，談判破裂了。

5 月 3 日，貴族們宣布終止對約翰的效忠。九天後，約翰正式命令各地郡長沒收貴族們的土地和財產，賞賜給其支持者。這個無法執行的命令，除了堅定反對者的信念外毫無意義。

5 月 16 日，反叛的貴族佔領倫敦。倫敦城反對約翰的濫權，支持貴族的反叛。倫敦的陷落具有決定性意義。如果布汶戰役在英格蘭引起了一場政治危機，那麼貴族們佔領倫敦將直接導致蘭尼米德事件——倫敦易手後，原先持觀望態度的一批貴族立即倒向反叛陣營。四面楚歌的約翰身邊只剩下七名願意為他而戰的騎士。5 月 17 日，約翰只好請求德高望重的朗頓（Stephen Langton）大主教出面安排停戰和談判事宜。

此後十天，信使在國王與貴族的駐地之間疲於奔命，前者的基地位於溫莎附近的斯坦斯（Staines），後者的行轅蘭尼米德（Runnymede）草地。短短十天裡，貴族開出的條件從原先的 49 條竄升至 63 條。6 月 15 日，無計可施的約翰垂頭喪氣地來到蘭尼米德草地，與貴族們會晤，並答應所有條款。

6 月 19 日，經過漫長的談判和文本起草工作，誕生了《大憲章》，約翰命令抄寫員在四天內複製幾十份繕本，封印後有特別信使送往全國各地。但約翰並不真的打算執行這份文件，他沒有在文件上簽字，只是為了解決燃眉之急而在上面蓋了大印。即便在加蓋印章時，他也沒有一絲一毫的讓步或放棄諸多特權的想法，只是被逼無奈，他暫時向武力強大的對方低頭，並聊以自慰地認為，這樣做是將反對者置於錯誤的境地。

一個月後，約翰並未落實有關條款。7 月，雙方在牛津會面。約翰因腳部發炎而無法行走，傳令貴族們到其住處來見他，卻遭到拒絕。他只能被抬著去與貴族們見面，他到後貴族們並未站起來迎接。貴族們拒絕撤離倫敦，一定要約翰先實施《大憲章》。

約翰派使臣前往羅馬，請求教宗下令廢除《大憲章》。教宗對《大憲章》中的條款大表震驚，頒發文書稱這份文件「非法、不公平、極大地傷害了王權，是英國人的恥辱」，並在 9 月宣布其永久性

無效。作為國王約翰和貴族之間的和約,《大憲章》只維持了幾個星期,顯然是一個失敗。

當教宗之令傳到英國,貴族們炸開了鍋,看來沒有協商的餘地了,只能再度興兵反抗。他們宣布不再擁戴約翰,並請法國出兵幫忙。次年,法國路易王子率領軍隊入侵英格蘭。次年 10 月 18 日,約翰做了他一生中唯二(另一件是在《大憲章》上蓋印)正確的事情:他在林肯郡的一個修道院死於痢疾(也有人說是過食桃及蘋果而得積食之病,還有人說是中毒)。當他死時,歷史學家馬修·帕里斯(Matthew Paris)寫道:「如此卑劣,連地獄都被約翰王污染了。」他的教名從此不再被後世的英國君主使用。

隨後,約翰的兒子、九歲的亨利三世(Henry III)繼位,與貴族們講和。兩邊都作了讓步,對《大憲章》進行重新修訂,並於 11 月頒發。

將羊皮紙放在王冠之上

與約翰王對抗的貴族,大都來自北方,他們是地方主義者和孤立主義者,只願意為本地和本國事務盡心盡力,拒絕隨約翰王出征法國,卻被收取巨額罰款,乃至沒收城堡和土地。約翰王的重稅讓他們苦不堪言──徵稅在盎格魯圈永遠不受歡迎,然而,它又因君主的虛榮與無能成為必須。五百多年後,北美殖民地人民因「無代表,不納稅」的原則起兵反抗母國並贏得獨立,算是《大憲章》故事的續集。

反叛的貴族們是一群「精緻的利己主義者」(這沒有什麼錯),他們希望在約翰的有生之年,於平等的狀態下與之相安無事,並要求約翰和他的繼承人,以令貴族感到放心的方式,合法自律地行使王權。他們沒有打算將國王變成有名無實的立憲君主,對於立憲制度,

他們一竅不通。他們也不是為抽象的自由與正義而戰，但這絲毫不降低他們反抗的意義以及《大憲章》的價值。

　　貴族們更沒有罷黜國王的企圖，他們當中沒有哪個人能取而代之。計畫換一位國王的僅僅是貴族中的極少數人：1212 年就開始參與反叛謀劃的維西，是 1214 年拒絕繳納「免服兵役稅」的北方貴族中的一位傑出人士，最初試圖換一個國王，但在看到教宗的命令後，他被迫降低要求——限制約翰的權力，讓其受法律的制約，亦即「將羊皮紙放在王冠之上」。但是，約翰斷然拒絕貴族的要求，引發了內戰。北方貴族推舉羅伯特・菲茨沃爾特（Robert Fitzwalter）為統帥，號稱「統領上帝與神聖教會兵馬大元帥」，率軍南下。

　　貴族們最初提出的《無名自由憲章》及《男爵法案》，是保護自身利益的清單。在此基礎上擴展而成的《大憲章》，最終成型的版本，用羽毛筆抄寫在羊皮紙上，羊皮紙的大小不一，據說羽毛筆隔十行就要削尖一次。《大憲章》用中世紀的拉丁語擬成，不分段落，63 項條款也沒標號碼，用語相當簡潔。據研究，當時至少抄寫了 13 份，被送到各地大主教手中。

　　《大憲章》成為法律，不是在被蓋印之時，而是在國王和出席蘭尼米德會談的貴族莊嚴地宣誓遵守其條款時。這部法律給了解決方案的條款立即的效力。據編年史家科吉舍爾的拉爾夫（Ralph of Coggeshall）如此描述蘭尼米德的諸事件：「準和平在國王和那些貴族們以及所有在神聖的遺跡上發誓遵守其不受侵犯（甚至國王也不得侵犯）的人之間實現了。那麼和平的形式在憲章裡被草擬，以使得全英格蘭的每個郡都應該有一份由國王印章保證的同樣內容的憲章。」鄧斯特布林（Dunstable）編年史家寫道：「最後他們在蘭尼米德見面，在 6 月 19 日，在國王和貴族之間達成了和平，它只存續了很短的一段時間。國王受到了尊敬，貴族們在內戰開始時已經取消了這些

尊敬——然後國王復歸了他們的城堡和他們的其他權利，在那裡諸憲章被完成，這些憲章關涉英格蘭國內的自由，在每個主教轄區裡它已經安全地得到了保障。」

1215 年的《大憲章》總共 63 條，其中大多數是針對貴族們所不滿意的具體事項制定，有些非常詳細，也多處提到倫敦，顯然是因為倫敦幫助貴族把國王逼到談判桌上。主要條款包括：免除國王寵幸的所有外國人在政府中的職務；給予教會選舉神職人員的自由；保護貴族和騎士的繼承權，國王不可以隨意徵收貴族領地的繼承稅（特別保護寡婦的繼承權和獨身權）；國王不得隨意收稅；取消國王干涉法庭司法審判的權利；自由人沒有經過同一級別貴族的審判，不能被任意逮捕或監禁，財產不能被沒收；確認倫敦及其他城市已經享有的權利；保護商業自由；統一度量衡等等。

英國學者詹姆斯‧C‧霍爾特（James Clarke Holt）指出，在《大憲章》被接受的過程中，人們也接受了這樣的觀念：《大憲章》在某些方面體現了王國的自由。他們承認，一系列的自由，首先孕育於貴族們的利益中，是王國法律的一個內在的組成部分，貴族們事實上充任整個社會的代表。《大憲章》不僅是曾參加蘭尼米德聚會的貴族維護自己利益的工具，而且在客觀上還明確了包括大小地主在內的整個地主階層的權利。特里維廉（G.M.Trevelyan）指出，凡加入或推動《大憲章》運動的各階級在憲章中皆得到若干利益。比如，普通騎士可以擁有 200 英畝土地，農民或小自耕農可以擁有 60 英畝。有證據表明，貴族們的這些做法得到舉國上下的理解。而《大憲章》第 60 條試圖將貴族階層所獲得的權利及特權擴張適用於教士及平民在內的所有自由人——「前面提到的所有習慣法和權利，只要它們屬於我們，就應通過我們適用於我們的臣民，由教士及俗人，一體遵守，並通過他們由其各自的附庸所遵守。」1218 年，一名官員試圖借助法

令推翻林肯郡法庭的一項裁決。他要對付的是個大地主。沒想到的是，整個郡的人都起來向大地主表示支持，宣稱要維護「為之宣誓並得到准許的自由」。人們抗議說，要「與他共進退，為他而戰，為我們自己而戰，為整個王國的民眾而戰」。

這地，有穩定的政府；這地，有公正和古老的美名

《大憲章》的出現，讓英國逐漸發展出世界上最成功的政府形式。詩人丁尼生（Alfred Tennyson）寫道：「這地，有穩定的政府；／這地，有公正和古老的美名；／因著傳承的先例；／在這地，自由緩慢向下瀰漫。」這地之所以享有「公正和古老的美名」（A land of just and old renown），很大程度上歸功於《大憲章》。《大憲章》誕生的 1215 年，是南宋嘉定 8 年，大宋南遷「偏安」已近 90 年。這一年，蒙古大軍攻克了金中都。東方與西方，走在截然不同的路徑上。

《大憲章》誕生之後，很快深入人心，並具有神話般的地位。1217 年 1 月，當威廉‧馬歇爾（William Marshall）將 1216 年重新發布的副本送到愛爾蘭時，封口信件的官方格式是它包含了「我們和我們的父輩授予的諸自由」。1231 年，牛津郡的一個陪審團認為，對郡長巡迴審判的規制是「蘭尼米德憲章」的一部分。

《大憲章》確立了一個重要原則：國王必須遵守國家的法律和習慣法。國會及普通法的信奉者們，打著蘭尼米德的旗號，戰勝了斯圖亞特諸王。在中世紀，謙卑的國王是稀有動物。在亨利三世年幼期間，《大憲章》基本得到遵守；但當其成年後，一次又一次違反《大憲章》的規定和精神，干擾普通法、無視御前會議、搜刮民脂民膏，並發動對外戰爭。1258 年，亨利三世因為干涉義大利戰爭，要求貴族繳納三分之一收入作為戰爭經費。貴族再次忍無可忍，組織武裝衝

入宮內，要求亨利三世遵守《大憲章》。在武力逼迫下，亨利三世在牛津召開貴族大會，這次會議被稱為「瘋狂議會」。

會議決定由貴族和國王共同推出一個 24 人委員會成為最高權力機構，開會商議國政。後來形成「15 人會議」與國王共同施政，非經「15 人會議」同意，國王不能做出任何決定。「15 人會議」取得負責日常行政事務的權力。亨利三世宣誓接受這些要求並詔令所有人遵守，就是後世所稱的「牛津條例」。

「牛津條例」是《大憲章》之後又一重要的政治和法律文獻，在歷史上首次提出政府主要大臣要對委員會而非國王負責以及定期召開議會的原則。政府已不再由國王或宮廷領導，而由「15 人會議」領導，貴族開始掌權，國王僅具象徵性意義。「牛津條例」等於公開宣布議會是全國最高立法機構、「王在法下」，它完全改變了中世紀統治者的統治方式。

長久以來，《大憲章》不是作為博物館文件去封存，而是作為英格蘭普通法的一部分得到維護。比如，通過愛德華・柯克的闡發，《大憲章》在 17 世紀重新成為具有政治重要性的文件。柯克和同行不是為整部文件而戰鬥，而是為他們從中挑選出的條文以及為他們對於這些條文的解釋而戰鬥。柯克尋求英國法的持續線索，他關注先例、原則和司法判決，把他生活的世界與過去連接起來。

《大憲章》中的 63 個條款，許多已被後代廢棄，如今只有幾條仍保留在英國法律中。比如，保護英國教堂的自由及權利；確認倫敦及其他城鎮的自由及習俗。最初在《大憲章》中很不起眼的第 39 條，後來成為英國法律的精華和基石：「任何自由人，如未經其同級貴族的依法裁判，或經國法判決，皆不得被逮捕，監禁，沒收財產，剝奪法律保護權，流放，或加以任何其他損害。」當然還有第 40 條：「不得向任何人出售、拒絕或延遲其應享之權利於公平審判。」

以及第 60 條：「須盡力使王國內全體人士享有本憲章規定之權利。」上述規定反覆強調「國王不得……」、「自由人享有……」的字句，體現其竭力限制王權以保障個人自由與權利的意圖，同時強調依法審判與司法正義以彰顯法治精神。

《大憲章》是英國秩序的重要象徵。18 世紀的英國法學家威廉・布萊克斯通（William Blackstone）在解釋《大憲章》第 39 條時指出：「既然在英格蘭，法律是每個人的生命、自由和財產的最高裁判者，那麼，法院就必須在任何時候都要服從法律，由此，法律才能被執行。普通法依靠的不是哪個法官的個人意志，它本身就是永恆的、確定的、不可更移的，除非被國會修改或廢止。」英國保守主義政治家及歷史學者丹尼爾・漢南評論說：「請再次注意『國法』一詞。國法指的是哪些法？很明顯，不是國王的法令，因國王在這裡真是要同意接受國法的制約的，也不是聚集在國王身邊、在《大憲章》上蓋章的那些主教和貴族，他們也同樣要發誓遵守這些比他們更大的東西。被《大憲章》奉若神明的、不惜以明文形式規定下來的，真是這個國家的最高權力。這種最高權力，不是行政權，而是一套確定的法律原則；並且，行政權若與之衝突，則法律高於政府。」

英國由此與歐陸國家分道揚鑣。在法國國王路易九世看來，當束手束腳的英國國王一點意思都沒有，「如果這樣統治國家，我寧願去扶犁翻地」。然而，他卻沒有料到，為所欲為的絕對君主制是無法持久的，他的後代路易十六以及整個法國的貴族和教士階層都被暴民送上了斷頭台，暴民領袖也漸次被送上了斷頭台，如埃德蒙・伯克所說，被暴政激發出來的暴力革命「是人類罪惡的淵藪，是驕傲、野心、貪婪和陰謀詭計集大成的表現」。法國大革命的腥風血雨實在是慘絕人寰，此後法國的政體持續動盪了兩百多年。相比之下，有《大憲章》呵護的英國，在光榮革命之後再未發生企圖推翻國王和憲制的

政變或革命，英國的人民享有人身保護權、財產權、言論自由和信仰自由，所以英國少有暴君和暴民。這些英國最可寶貴的傳統，也應該成為世界上一切民主所應尊重和沿襲的寶貴傳統。

英國人何其幸福，八百多年前就擁有了《大憲章》——其中的諸多原則，八百多年後的東亞大陸仍是求之不得。劉曉波為《零八憲章》付出了生命代價：在中國，「憲章」這個名詞本身就犯下了「顛覆國家政權」或「煽動顛覆國家政權」的重罪，獨裁者害怕「憲章」，不是沒有道理的。毛澤東、鄧小平、江澤民、胡錦濤和習近平等中共黨魁，不知道比約翰王殘暴陰狠多少倍。

《大憲章》宛如一枚定海神針。美國歷史學家邁克爾·亞歷山大（Michael V. C. Alexander）認為，《大憲章》繼往開來，其制定者航行於一片缺少航標的未知水域。他們像所有的先行者一樣注定無法避免錯誤，他們在一位背信棄義的國王及其反動走卒威脅下進行的良好工作令人敬佩。後世英國人對《大憲章》內涵進行擴張解釋，直至其成為適用於所有社會群體的權利憲章，而非少數貴族階層的奢侈品。

有一條筆直的路，從蘭尼米德通往費城

蘭尼米德草地附近最顯著的《大憲章》紀念物是美國律師協會修建的紀念亭，這不是沒有理由的——《大憲章》在美國享有比它的誕生地英國更崇高的地位。

2012 年，美國電視節目主持人大衛·萊特曼（David Michael Letterman）在一期節目中採訪英國首相卡梅倫（David Cameron）。節目中，卡梅倫這位牛津大學一等榮譽畢業生居然不知道《大憲章》的拉丁語怎麼說——邱吉爾曾在下議院為「在場的老伊頓公學校友們」翻譯過《大憲章》的拉丁文版。這個細節顯示，當代英國人對自

身傳統的遺忘和冷淡到了令人驚訝的地步。在場的若干美國觀眾比英國首相更熟悉《大憲章》——美國本身就建立在最純粹最正統的盎格魯政治原則之上，人們對宣示這些原則的第一份書面文件情有獨鍾。《大憲章》在美國落地生根，最終長成參天大樹。

一份解密的英國二戰期間的祕密文件顯示，當時內閣曾考慮將一份《大憲章》抄本送給美國，並把這個行動形容為「我們權力之內僅有的確實有力動作，可以換取保存我們國家的方法」。邱吉爾曾親手批准同意這個建議，但最後因為政府沒有權力處置不屬於自己所有的《大憲章》而讓計畫告吹——這份《大憲章》屬林肯大教堂所有，二戰時期為避免毀於納粹的轟炸，一直保存在美國諾克斯堡的金庫中，直到戰爭結束後的 1946 年歸還英國。

美國自初建之始，便何其幸運。北美第一個定居點落成時，正值英國國內的憲章運動達到最高峰。17 世紀頭 30 年，殖民先驅們在維吉尼亞和新英格蘭開基立業，英國國會議員和律師們正公開反對斯圖亞特王朝的政策，他們自認為享有與當年舉國上下反對約翰王同樣的特權。愛德華・柯克提出，國王詹姆士一世及其兒子查理一世任意加稅、解散國會，破壞了「古代憲法」——最重要的「古代憲法」之一就是《大憲章》。

正如柯克等所主張的，《大憲章》是自然的、與生俱來的權利，因此在美洲殖民地，此類原則從一開始起就被確立為針對所有形式的權威（立法、行政或司法，代表國王、政府或參議機構，或者後來代表州和聯邦政府）可以實施的個人權力。詹姆斯・C・霍爾特（James Clarke Holt）分析說，這包含了兩股思想潮流。一方面，它來自英國法，包含在早期殖民地的法律結構之中。例如，1641 年《麻薩諸塞自由典則》(Massachusetts Body of Liberties) 的第一章就是基於《大憲章》的第 39 條。1638 年，馬里蘭獲得許可，承認《大憲章》是本

地法律的一部分。最好的《維吉尼亞憲章》誕生於 1606 年，基本上是由柯克本人負責起草的。早在 1687 年，北美大陸就首次印行《大憲章》副本。該副本收錄於威廉‧潘（William Penn）所著的《論自由與財產權之優越性：作為生而自由的英國臣民的天賦權力》（The Excellent Priviledge of Liberty and Property）一書。威廉‧潘是賓夕法尼亞殖民地的創始人，他毫不懷疑正是《大憲章》將英語民族和世界上其他國家區別開來：「在其他國家，法律僅僅是國王的意志。君主一言，可叫人頭落地，稅率高漲，或者原屬某人的土地一夜間充公。而在英國，每個人都有一套與生俱來的、確定的基本權利，尤其是人身自由和屬於他所有的財產。非經他本人同意，或因犯罪而接受法律的懲處，這些權利不可剝奪。」

　　另一方面，它結合了自然法。在英格蘭，這兩方面曾經水火不容。在美國，它們則並肩作戰。1776 年頒布的《維吉尼亞權利法案》援引洛克（John Locke）的思想，在第一章聲明：「所有人生而同樣自由和獨立，擁有某種與生俱來的權利……也就是說，通過獲得和擁有財產、追求和獲得幸福與安寧，而享受生活的自由」；同時，根據《大憲章》的原則，在第八條規定，「非經國家的法律和同儕審判，任何人不得被剝奪自由」。之後，《大憲章》的精神和語言被保留在美國憲法，尤其是權利法案當中。美國憲法第五修正案就是對《大憲章》第 39 條的回應。事實上，《大憲章》第 39 條的正當程序法包含在諸州及聯邦政府的權利法案中，從 18 世紀到 21 世紀一直在實施。《大憲章》不再只是關於政治原則的宣言，通過第 39 條，它與自然法一道存活下來，成為自然權利的簡便表達形式，成為美國人日常生活中活生生的常識。

　　在英國，君主在法律之下；在美國，總統、議長和最高法院大法官也在法律之下。1937 年，富蘭克林‧羅斯福總統（Franklin Delano

Roosevelt，姓名簡稱為 FDR）的一系列破壞憲法的作為，引起當時眾議院司法委員會主席薩姆納斯（Hatton Sumners）的警惕，他為此發表了一篇關於美國憲法理論的真摯懇切的聲明：「有一條筆直的路，從蘭尼米德通往費城。我們的自由不是從英國憲法中『借』來的，它們源於人民；這些條文就是我們自己的，先輩們浴血奮戰，為之付出了生命的代價。我無需再重複這一事實。我要告訴你們，我們的憲法來自一個懂得自我治理的自由民族共同體。但是，如果它得不到實施，我們將失去此一能力。」美國憲法能否延續，美國這個共和國能否延續，端賴於此。

第二章

威廉・華萊士：
誰願生做自由人，死做自由魂？

打倒驕橫的篡位者！/死一個敵人，少一個暴君！/多一次攻擊，添
一分自由！/動手——要不就斷頭！

——勞勃・伯恩斯（Robert Burns，1759 年—1796 年）

1297 年 9 月 10 日，威廉·華萊士（William Wallace，1272 年─1305 年）率領的蘇格蘭起義軍與英軍在史特靈橋兩岸對峙，次日爆發史特靈橋之役。勇猛的蘇格蘭士兵打敗了裝備精良的英格蘭軍，是蘇格蘭史上一場光榮地以少勝多的戰役。威廉·華萊士因這場戰役聲名鵲起，成為蘇格蘭的護國公。他後來兵敗被俘、以身殉國，卻成為蘇格蘭代代稱頌的民族英雄。

有「長腿愛德華」之稱的英王愛德華一世，多次親率大軍征討桀驁不馴的蘇格蘭人，最終死於征途中，留下遺言，要求兒子帶著自己的骨灰衝鋒，直到最後一個蘇格蘭人投降。然而，英格蘭始終無法以武力征服蘇格蘭，有史學家認為，對英格蘭而言，蘇格蘭成為其「揮之不去和代價高昂的一根肉中刺」。

蘇格蘭與英格蘭合併三百多年後，蘇格蘭獨立運動始終絡繹不絕，進入 21 世紀甚至愈發高漲。即便備受全英國國民愛戴的英國女王伊麗莎白二世竭盡所能彌合兩國民族的分歧和矛盾，最終在蘇格蘭的巴摩拉城堡（Balmoral Castle）去世，但支持蘇格蘭獨立的民調一直居高不下。

那個人有一顆勇敢的心

隨著悠長哀婉的蘇格蘭風笛奏響，鏡頭像在長空中翱翔的蒼鷹的眼睛一樣，掠過鬱鬱蔥蔥的山巒，白霧從河流中上升騰起再緩緩散開。樹林之中，漸漸出現人和馬的影子與動靜。一個男子沉鬱蕭穆的聲音響起：「我將為你們講述威廉・華萊士的故事，英國的歷史學家們會說我在說謊，但歷史是由處死英雄的人寫的……」

在被英格蘭人殺害的父兄的葬禮上，少年華萊士在眾人憐憫的眼光下默默無語，臉上卻有堅毅不拔的神情。一個更年幼的小女孩一直注視著這名少年，當眾人紛紛離開時，小女孩掙脫母親的手，跑到原野中摘下一朵紫色的薊花（蘇格蘭國花）送給少年。當少年接過花時，那是他在整部電影中唯一的一次流淚。他可以忍受失去至親的莫大悲痛，也可以戰勝看到被吊起的屍體的恐懼，卻承受不住一朵野花的關愛與憐憫。

我在北大讀書時，看到這部名為《勇敢的心》的電影，迷上扮演華萊士的梅爾・吉勃遜（Mel Gibson）。那時的北大校園，籠罩在六四屠殺之後肅殺沉悶的氣氛中，我看完《勇敢的心》，心潮起伏、徹夜無眠。華萊士激活了我身上的蒙古人基因，我的祖先原本就是像華萊士那樣在馬背上作戰的戰士，而不是自願為奴的漢人。「幸福的祕密是自由，自由的祕密是勇敢」，我找到了效法的榜樣，儘管我手中沒有華萊士的長劍，只有一支小小的筆。

作為偏居不列顛一隅的小國，蘇格蘭最大的悲劇無疑是離英格蘭太近——這種地理上的困境，也是台灣難以擺脫的悲劇吧？從中世紀開始，蘇格蘭與英格蘭就紛爭不斷。如一位編年史學家所言，英蘇戰爭「冬去春來，周而復始」，尤其自稱「蘇格蘭人之錘」（Hammer of the Scots）的愛德華一世繼位後，多次征伐蘇格蘭，雙手沾滿蘇格

蘭人的鮮血。

然而，愛德華一世做夢也沒有想到，他們最大的敵人居然是一個名叫華萊士的蘇格蘭鄉巴佬。華萊士早年的經歷無據可考，人們只知道他出生於蘇格蘭倫弗魯郡（靠近格拉斯哥）的一個鄉紳世家。他的父親老馬爾科姆拒絕向英王低頭，為了躲避迫害，帶著長子離家出走，卻被英格蘭騎士殺害於艾爾郡的羅頓山。父兄遇害後，華萊士隨母投靠叔父。叔父是一位牧師，教授給華萊士拉丁語和聖經箴言，並向其灌輸自由思想。據說華萊士的劍術和騎射功夫也是在這段時期學的。隨後，華萊士因殺死向他挑釁的英國官員而遭到通緝，從此浪跡江湖、四海為家。

華萊士為蘇格蘭而戰，並非出於後世的民族主義或愛國主義，而是一種「蘊積於心中而不自覺的情感」，這種情感永存後世。如特里維廉在《英國史》中所論，瑞士在威廉‧泰爾（Wilhelm Tell）之下也有同樣的動作；但蘇格蘭先瑞士數年而有一種新的、富有潛勢力的理想發生。

傳說中的華萊士，天生神力、武藝高強，可力敵數人並取勝。他能屢次從追剿和血戰中生存下來，相信傳說不虛。在史特靈郊區的華萊士紀念塔，存有華萊士使用過的一柄長劍。這柄劍原來供奉在頓巴登城堡，紀念塔落成後被移送至此。這是一柄常見的雙手使用的闊劍，經歷七百年歲月，依然光亮奪目。這把劍沒有製造者的標記，打造年代亦不詳，更無花俏華麗的裝飾和花紋。從材質上分析，是蘇格蘭國貨。1505 年，蘇格蘭王詹姆斯四世給它重新裝了劍柄，為的是讓它能配得上英雄的名字。此舉是典型的貴族思維，貴族認為只有華麗才算高貴。而在華萊士看來，能殺死敵人的劍才是好劍。要把這樣一柄長大而沉重的武器運用自如，不僅需要臂力過人，還必須有足夠的身高。這又印證了華萊士身材高大的傳說——依據蘇格蘭神職人員

華特・布沃（Walter Bower）所著的編年史記載，華萊士的外貌「有著像巨人般身體的外貌，寬大的臀部，強壯的手腳，四肢都非常結實強壯。」此記載略顯誇張，卻絕非空穴來風。

華萊士還是一位優秀的指揮官，他沒有受過正規的軍事教育，但縱橫山林多年，深諳游擊戰術，懂得收集和利用情報，能夠根據敵我雙方的特點揚長避短，合理運用部隊，也善於利用地形，對攻擊的時機把握得恰倒好處。他領導蘇格蘭軍隊取得多場大戰的勝利，如羅頓山伏擊戰、夜襲拉那克、多加特湖之戰、珀斯之戰及阿伯丁之戰等，史特靈橋戰役是其勝利的頂峰。

電影《勇敢的心》並未完全尊重歷史事實。比如，歷史上「勇敢的心」其實是指華萊士的戰友、在華萊士殉國後自立為蘇格蘭國王的羅伯特・布魯斯，但布魯斯在電影中被醜化為背叛者。歷史事實是：布魯斯領導蘇格蘭人在班諾克本之戰中取得關鍵性的勝利，將英格蘭人趕出蘇格蘭。在此役中，布魯斯衝到陣前，一斧頭劈死敵將。布魯斯死後，追隨他多年的騎士道格拉斯將其心臟帶到聖地耶路撒冷埋葬。走到西班牙時，正好趕上異族襲擊當地的天主教徒，道格拉斯英勇地加入戰鬥，浴血奮戰時，掏出裝有布魯斯之心的盒子，奮力向天空一拋，並放聲喊到：「向前衝吧！就像你以往做過的那樣。道格拉斯將追隨或戰死！」

以寡敵眾的史特靈橋之戰

史特靈曾是蘇格蘭的古都，其郊區的史特靈橋是一處兵家必爭之地。

1291 年，蘇格蘭國王亞歷山大三世死後，由於沒有子嗣，蘇格蘭陷入王位繼承危機。蘇格蘭貴族邀請英王愛德華一世來監督這個

王國，直到他們選出自己的國王。卻沒有想到這是引狼入室，愛德華一世趁虛而入，將蘇格蘭當做其附庸國，並強迫蘇格蘭出兵參與英格蘭對法國的戰爭。蘇格蘭人不願當砲灰，愛德華一世便對蘇格蘭發動戰爭，擊敗了他此前為蘇格蘭挑選的國王約翰・巴里奧（John Balliol），後者被迫退位。愛德華一世順勢征服了蘇格蘭大部分土地。

華萊士等人在蘇格蘭貴族的支持下，對侵略者發動反擊。愛德華一世派出名將薩里伯爵為主帥，清剿蘇格蘭義軍。兩軍在史特靈正面相遇。蘇格蘭義軍率先趕到福斯河北岸，佔據奧奇爾山上的有利地形，山頂的克雷格修道院成為華萊士的指揮部。

蘇格蘭作為一個多山的農牧業國，既沒有那麼多資源供養大規模的騎兵，也沒有騎兵的用武之地，其主力是手執 15 英尺長矛的步兵，其軍事制度和技術與英格蘭及歐洲大國相比遜色許多，但蘇格蘭的戰士個個擁有驚人的勇氣和戰力。來到史特靈迎擊英軍的這支隊伍，如同美國獨立戰爭時華盛頓的軍隊一樣，是一群看似衣衫襤褸的烏合之眾。莫雷率領的六千北方部隊，有一些正規軍的底子，包括 150 名裝甲騎兵。華萊士率領的一萬人，由揭竿而起的平民組成，加上一些赴義的小貴族，缺少軍官，裝備低劣，訓練不足，幾乎沒有什麼戰鬥經驗。

相比之下，英軍統帥薩里伯爵經驗豐富、深孚眾望，擁有一支可怕的力量：共有一千重裝騎兵、五萬步兵、三百威爾斯長弓手，不僅在數量上佔優勢，而且大都是久經沙場的老兵。

但蘇格蘭義軍佔了地利之便：這是一個宜守不宜攻的戰場。蜿蜒的福斯河兩岸，鬆軟的溼地令重裝甲部隊無法展開戰鬥隊列；河上僅有的一座木橋只能容納兩名騎手並行，附近的河口淺灘只有低潮時才可涉渡。誰主動發起進攻，誰就將自己擺在相當不利的位置。

華萊士和莫雷正是看到這一點，遂採取以逸待勞的戰略。他們嚴格約束鬥志高昂、躍躍欲試的部下，在距史特靈橋頭半英里外的山坡上列陣靜候，保持進可攻、退可走的有利位置，等待敵人來犯。根據《海明堡編年史》記載，華萊士的戰略是確保足夠多的、且他們能應付的敵人過橋，然而切斷過橋的敵人與未過橋的敵人之間的聯繫，對過橋的敵人發起致命一擊。

　　開戰前夕，英方希望不戰而屈人之兵，派遣兩名修士前去轉告華萊士，如果他接受「王上的和平」，將保證其生命安全，並對他以往所犯之「罪行」既往不咎。對此，華萊士的回答是：「告訴你們的人，我們到這裡來不是為了什麼和平，我們是來打仗的。我們要向你們報仇雪恨，我們要解放自己的國家！！他們想來就來，我們已經做好的準備，就在這裡恭侯。」

　　1297 年 9 月 11 日上午，英軍將領正在討論戰略，愛德華國王的稅務官休‧格雷辛漢（Hugh de Cressingham）站出來大聲喝道：「你們不要在這件事情上繼續糾纏下去了！國王陛下的金錢不能被這樣白白地浪費。讓我們衝過橋去，盡忠盡職吧！」薩里伯爵對此人的冒失輕率相當不滿，卻不敢得罪這位國王的心腹，而且身邊將士的激情已被激發出來，他只好下令發動攻擊。

　　英軍的隊伍以手持愛德華一世王旗的掌旗手為首，後面緊跟著薩里伯爵和大隊騎士，在一面面長三角旗、令旗和燕尾旗的簇擁下，騎士首領和男爵們身著華麗的禮服和全副的鎧甲，排成雙列縱隊，浩浩蕩蕩、趾高氣揚地跨過史特靈橋，好像是去參加狩獵而非上陣廝殺。

　　中午 11 點，由五千四百名英格蘭與威爾斯步兵以及數百騎兵組成之英軍前鋒盡數過橋，密密麻麻擠滿狹窄、泥濘的橋頭。在修道院鐘樓上觀察英軍行動的華萊士，發現時機已到，命令吹響進攻號角。憋足勁的蘇格蘭步兵，平端長矛，揮舞刀劍，高舉板磚，高聲吼叫，

像山洪一般衝向山下。同時，一支精銳分隊殺開血路直奔橋頭，去封閉包圍圈。

蘇格蘭人的衝擊兇猛而迅速，措手不及的英軍立時被打亂陣形，潰退到堤道和橋頭東南河流迂曲的地方，深陷在泥沼中，被緊緊地壓縮成一團。無法奔跑衝擊的騎兵只能笨拙地原地掙扎，被敵人的長矛刺成蜂窩。摔下馬來的騎兵和跌倒的步兵被同伴踩成肉醬。僅少數重騎兵突出重圍，退回對岸；還有一些聰明的士兵脫去鎧甲泅水逃脫，直接跳下去的或擠撞中落水的騎兵則被沉重的鎧甲拖下河底溺斃。

指揮英軍重騎兵的馬默杜克爵士羅伯特・德・茨溫格，擊敗了蘇格蘭輕騎兵，卻發現跟自己一起過橋的官兵大都潰敗，且橋頭已被蘇格蘭人佔領。他揮動寬邊重劍殺出一條血路，率領少數人逃回南岸。為了防止蘇格蘭人乘勝追擊，他不顧還留在南岸的英軍殘部，下令將史特靈橋拆毀。留在北岸的英軍殘部遂成為蘇格蘭人刀俎上的魚肉，任其宰割。南岸的英軍萬分驚駭地望著對岸血肉橫飛的戰場，眼睜睜看著同袍在哀嚎中喪命。

短短一個小時後，大規模的戰鬥基本結束。是役，蘇格蘭人格斃英軍一百名重騎兵和五千名步兵，照例不抓俘虜，一律格殺。導致英軍失敗的罪魁禍首、最為蘇格蘭人痛恨的稅務官休・格雷辛漢被抓獲後，予以處決並剝皮。蘇格蘭人把剝下來的人皮切成長條，編綴成一條皮帶，華萊士就用這條皮帶系配劍。中世紀的戰鬥就是如此慘烈。

一代名將薩里伯爵魂飛魄散，拋下史特靈城的守軍，奪命狂奔，一路南下，直到進入英格蘭境內才停住逃竄的腳步。

我不曾背叛愛德華，因為我從未效忠於他

華萊士打了一場勝仗，卻無法贏得整場戰爭。決定一場戰爭勝負

的，不是將軍的戰術，而是雙方的國力。蘇格蘭的人力和物力都難以跟英格蘭匹敵，隨著戰爭持續進行，華萊士逐漸力不從心，在隔年的福爾柯克之役便嚐到了失敗的滋味。後世史學家指出，華萊士擁有個人魅力，是一個優秀的游擊領袖，但他缺乏系統性組織和指揮軍隊的能力。他的主力潰敗後，他只能持續進行游擊戰，雖屢屢給英軍造成重創，但七年後在格拉斯哥被當地貴族出賣，被英軍抓獲。

1305 年 8 月 23 日，華萊士被送到倫敦西敏大廳。他的罪名是「國王的叛徒」，愛德華一世繞過法庭審判的環節，直接將其處以絞刑並分屍——電影《勇敢之心》的結尾基本是真實的。華萊士在臨刑前否認叛徒的罪名，擲地有聲地宣告：「我不曾背叛愛德華，因為我從未效忠於他。」

華萊士以身殉國，其悲壯形象一直是蘇格蘭文人謳歌的對象。華萊士剛就義不久，一位叫哈利的盲詩人就寫下〈華萊士之歌〉（原名為〈光輝且英勇的冠軍威廉·華萊士爵士的偉績〉）。這位英格蘭人眼中的「恐怖分子」，被蘇格蘭詩人描繪為「謎一般的英雄」，「橫空出世來解放人民，塑造歷史」。蘇格蘭「國民詩人」伯恩斯在其名篇〈蘇格蘭人〉中將華萊士塑造成偉大的民族英雄：「跟著華萊士流過血的蘇格蘭人，/ 跟著布魯斯作過戰的蘇格蘭人，/ 起來！倒在血泊里也成，要不就奪取勝利！……誰願生做自由人，死做自由魂？——讓他來，跟我出擊！/ 憑被壓迫者的苦難來起誓，/ 憑你們受奴役的子孫來起誓，/ 我們決心流血到死——但他們必須自由！」

在蘇格蘭境內，有若干華萊士的紀念地。首府愛丁堡的城門處有華萊士塑像，阿伯丁市中心也有華萊士銅像。在史特靈，除了後來重建的史特靈橋，在旁邊的山坡上還有華萊士紀念塔。紀念塔於 1869 年落成，坐落在康柏斯內斯修道院（Cambuskenneth Abbey）視線上方的山丘（Abbey Craig），據說華萊士當年曾在康柏斯內斯修道院監

看英格蘭軍隊的集結。華萊士紀念塔共有 246 級臺階，全部費用高達一萬八千英鎊——在當時並不是一筆太小的數字，這些費用一大部分來自民間捐款，捐獻者包括世界各地的蘇格蘭人，以及很多歐洲國家的領導人，其中有同樣為民族獨立和自由理想奮戰一生的義大利民族英雄——解放者加里波第（Giuseppe Garibaldi）。

那是一座用淺黃色、褐色塊石砌成的四方型塔樓，狹窄的窗以及頂層的垛口、四角的圓形棱堡，很像一座古堡。在紀念塔西南角，有一座高九米的華萊士雕像。華萊士落腮鬍鬚，身軀強壯，穿著蘇格蘭短裙和披風，左手扶盾，右手高舉利劍，面貌冷峻，直視前方，如同一尊戰神。

沿著狹窄而封閉的旋轉樓梯盤旋而上，登上 71 級台階，到達第一層，這裡是華萊士生平事蹟陳列和斯特靈橋戰役介紹。

再登上 64 級臺階，就到了第二層「英雄廳」，陳列著布魯斯、司各特、伯恩斯、利文斯頓、瓦特等蘇格蘭名人的大理石雕像和生平事蹟。

再上行 62 級臺階，到達第三層，設置有一幅 360 度全景畫，描繪周邊景物，並標出不同歷史時期的幾場大戰的位置，譬如史特靈橋之戰、班諾克本之戰等。

第四層是被稱為「王冠」的塔頂。「王冠」由八道粗壯的拱券飛架而成。每條拱券上都有三座小尖塔，拱券合龍的最高處也有一座。這種建築風格是哥德建築在蘇格蘭的變種，模仿蘇格蘭王冠的形狀，代表蘇格蘭的民族性。

前有英雄，後無來者。蘇格蘭最終未能保有獨立地位。1707 年 5 月 1 日，蘇格蘭與英格蘭的合併的聯合法令（Act of Union 1707）正式生效。這次合併帶給蘇格蘭人巨大的心理衝擊。蘇格蘭經濟學家亞當・史密斯在給友人斯特拉恩的信中寫道：「英格蘭和蘇格蘭合併成

為大不列顛⋯⋯但這種好處的前景既很遙遠，又有些捉摸不定。」詩人伯恩斯憤恨地寫道：「別了，蘇格蘭的雄聲，╱別了，我們古代的榮耀，╱別了，甚至蘇格蘭的國名。╱武功曾是她的驕傲，╱武力和欺詐不曾把我們征服，╱歷盡多少世代的戰爭，╱如今幾個膽小鬼把大事全誤，╱為一點賞錢幹了賣國的營生。」伯恩斯甚至宣稱：「我必定不顧白髮高年，戰死在布魯斯、華萊士的墳外！」

蘇格蘭與英格蘭合併為一國之後，雙方並未水乳交融，英格蘭統治者經常歧視和凌虐蘇格蘭人。比如，剛愎自用、喜好殺伐的喬治二世下令自 1747 年 8 月 1 日起禁止蘇格蘭人穿格子裙，同時禁止蘇格蘭人演奏風笛，以此淡化蘇格蘭人的民族意識。性格倔強的蘇格蘭人不屈不撓，堅持在公共場合身穿蘇格蘭裙招搖過市，蘇格蘭風笛的聲音響徹城市和鄉村。穿裙人和吹笛人的人數如此之多，讓警察無法執法——難道要將全部蘇格蘭人都關進監獄？那麼，英國國王得到的難道不是一座大監獄？到了 1782 年，喬治三世不得不取消該禁令。相比之下，滿人入關建立清帝國之際，下剃髮令，強迫全部漢人按照滿人的方式剃髮，所謂「留髮不留頭」。結果，人數是滿人數百倍的漢人在屠刀之下乖乖服從，從此腦後留起了長辮子。三百年後，清王朝傾覆，民國建立，很多漢人早已習慣了作為身體一部分的辮子，他們痛哭流涕地拒絕剪辮子，竭力保留這一為奴標誌，跟堅貞不屈的蘇格蘭人相比，何止天壤之別？

脫英與留歐，蘇格蘭何去何從？

華萊士殉難已七百多年，蘇格蘭與英格蘭合併也三百多年，但蘇格蘭人並未接受成為英國的一部分的命運。晚近半個多世紀以來，蘇格蘭獨立運動日漸蓬勃發展，在民意的壓力之下，倫敦中央政府不斷

給蘇格蘭地方當局放權。蘇格蘭議會於 1999 年成立，使愛丁堡政府獲得部分自治權。主張蘇格蘭獨立的蘇格蘭民族黨迅速竄起成為蘇格蘭第一大黨，從 2007 年以來已連續執政四屆。

在英國的憲法框架中，蘇格蘭人爭取到了獨立公投的權利。2012 年 10 月，英國首相卡梅倫與蘇格蘭政府首席大臣薩蒙德（Alex Salmond）簽署蘇格蘭獨立公投協議。經英國議會授權，蘇格蘭議會有權在 2014 年組織獨立公投。

2014 年 9 月 18 日，蘇格蘭舉行獨立公投，計票結果顯示，反對獨立的為百分之 55，支持獨立的為百分之 45。此次投票結果是：蘇格蘭將留在英國。獨立受挫，但獨派並未放棄獨立的主張和努力。蘇格蘭民族黨表示，將視時機發動第二次獨立公投。

2017 年 3 月 29 日，英國首相梅伊（Theresa May）宣布，英國將正式啟動脫歐程序。幾乎同時，極力反對脫歐的蘇格蘭議會以 69 票對 59 票表決通過，將向英國政府提出，要求倫敦同意，兩年內舉辦第二次蘇格蘭獨立公投。保守黨執政的英國政府拒絕同意蘇格蘭於未來六年內再次舉辦獨立公投。英國政府堅持說，2014 年辦過公投，已為這一世代的選民給出了答案。

這一爭議一直上訴至英國最高法院。2022 年 11 月 23 日，英國最高法院裁定，沒有倫敦中央政府同意，蘇格蘭不能自行舉辦第二次獨立公投。最高法院院長韋彥德指出：「蘇格蘭議會沒有立法進行蘇格蘭獨立公民投票的權力。」最高法院監督英國的憲政，本次裁決阻斷了愛丁堡再辦獨立公投的法律道路。

蘇格蘭當局表示尊重最高法院的裁決。但蘇格蘭首席大臣施特金（Nicola Sturgeon）強硬回應說，這項裁決只顯示蘇格蘭有必要爭取獨立。她表示，在無法舉行獨立公投的情況下，下一次的選舉將是「實質上的獨立公投」，呼籲選民踴躍支持蘇格蘭民族黨。施特金對

記者團說，讓蘇格蘭獨立是使蘇格蘭遠離脫歐「災難」的必要行動，「我們必須，也絕對會找到另一個民主、合法與合憲的方式，讓蘇格蘭人表達他們的民意」。

在脫歐問題上，蘇格蘭的民意與英格蘭背道而馳。英格蘭的主流民意支持脫歐，蘇格蘭的主流民意卻支持留在歐盟，蘇格蘭獨派抓住英國脫歐造成的一系列困局，將獨立與留在歐盟的議題掛起鉤來。而2021年蘇格蘭議會改選中，蘇格蘭民族黨大獲全勝，與友黨蘇格蘭綠黨獨力過半，傳統政黨工黨與保守黨不敵獨立派勢力。尤其是保守黨在蘇格蘭的民意支持度低到只有百分之15。

獨立或住民自決是天賦人權的一部分，但蘇格蘭若想以獨立來作為重新加入歐盟的籌碼，則是走上了一條危險的歧路。蘇格蘭因為長期經濟不振，希望獨立後重新加入歐盟，從歐盟拿到比英國所能給的更多補助，這種想法這是飲鴆止渴、緣木求魚。從來沒有從天上掉下來的餡餅，也沒有白吃的午餐，不勞而獲不是蘇格蘭的民族性格。歐盟這個「婆婆」看上去財大氣粗、多財善賈、天女散花，其實早已是囊中羞澀、積重難返的空架子。歐盟這個可怕的利維坦，一開始或許會給你甜頭，但等你上鉤後，將會奪去你更多的自由與主權——蘇格蘭人難道沒有看到希臘的下場？就連左派政客、曾任希臘財政部長的瓦魯法克斯（Yanis Varoufakis）都哀歎，「過去幾十年來歐洲已經逐步失去了正直、喪失了靈魂」，而他自己「被推入那頭怪獸的肚子裡」。英國正是對歐盟這個貪得無厭的太上皇忍無可忍，才毅然退出歐盟。蘇格蘭難道要再入火坑嗎？

無論蘇格蘭的前景為何，獨立運動不會偃旗息鼓。不過，今天，無論蘇格蘭獨立議題引發怎樣尖銳的論爭，卻不會出現華萊士這樣浴血奮戰的英雄人物。以前通過戰爭和殺戮解決爭端，如今可以用公民投票的方式來決定。這就是民主的真意——即便是最為棘手的統獨問

題，也在憲政和憲法的框架內以和平方式來表決。無論是蘇格蘭獨立運動，還是魁北克獨立運動、德克薩斯獨立運動，人們（包括反對者）都將民意的表達視為理所當然。在民主國家，主張獨立不是犯罪行為。但在中國這樣中央集權的獨裁國家，卻以《反分裂法》根絕獨立的選項和民眾的選擇。東突厥斯坦、圖博、南蒙古、香港和台灣以及更多地方，都被「大一統」這個黑暗邪惡的意識形態籠罩或威脅。

我不是華萊士那樣手持長劍為民族獨立衝鋒陷陣的戰士，但我願意用我的筆為獨立鼓與呼。我期盼有一天，我出生和生長的四川，能有獨立公投，若是公投成功，建立一個人口和面積與德國相似的「蜀國」；我也期盼有一天，我種族意義上的故鄉南蒙古（內蒙古），能有獨立公投，若公投成功，南蒙古加入蒙古共和國，組建一個更大的蒙古國。我相信，華萊士與每一個熱愛自由與獨立人的同在。

第三章

莎士比亞：
即便我身處果殼之中，仍自以為是無限宇宙之王

我們幸運的少數，我們相依為命的兄弟。

——莎士比亞（William Shakespeare，1564 年—1616 年）

1594 年，倫敦瘟疫減退，劇院開始解禁，莎士比亞入股宮廷大臣劇團，既當編劇也參與演出，進入其戲劇創作的黃金時期，一步步走向輝煌的高峰。三年後，倫敦落成第一個供專業劇團演出的劇場，莎士比亞創作的《羅密歐與朱麗葉》、《仲夏夜之夢》、《約翰王》、《威尼斯商人》、《理查二世》、《亨利四世》、《亨利五世》等劇本均在此演出，深受觀眾歡迎。教區牧師兼作家米爾斯（Francis Meres）將他從一群英國作家選出來，認為他在喜劇和悲劇兩方面均是「最佳的」。莎士比亞去世後僅一兩百年，其作品就成為英國文學排名第一的典範，彌爾頓稱莎士比亞的作品是具有「深刻感人的神諭」的「無價之書」。哈羅德‧布魯姆（Harold Bloom）更指出，莎士比亞處於西方正典的中心，他設立了文學的標準和限度。莎士比亞成了英國的國寶，邱吉爾曾經說過：「我寧願失去一個印度，也不願失去一個莎士比亞。」

英國歷史上最神祕的文豪

莎士比亞是四百多年前的人物，但其生平資料卻比兩千多年前的古希臘劇作家埃斯庫羅斯、索福克勒斯和歐里庇得斯少得可憐。歷史

學家羅伊・史壯（Roy Strong）認為，莎士比亞是佔據了歷史重要篇章卻不留下任何訊息的神祕人物之一，「莎士比亞生活的平淡無奇與他戲劇的超凡魅力形成了驚人的對比」。

這位出生於英格蘭中部愛汶河畔史特拉福鎮（Stratford-upon-Avon）的青年，只受過中等教育，若是留在故鄉，只能子承父業——成為經營手套和羊毛的商人。他 28 歲之前的經歷，幾乎是空白，說明他是一名平庸無奇的中產階級家庭的孩子，沒有什麼驚人之舉。他 18 歲時與一名鄰村女子結婚，對方已有三個月身孕。21 歲時，他已是三個孩子的父親。此後，他或許嘗試過海員、軍人、律師、家庭教師等不同職業，但都不成功，很快退回原點。

28 歲時，莎士比亞孤身一人到倫敦闖天下，成為數以萬計「倫漂」青年之一。他被那個時代最偉大的文化產物之一——大眾劇場——所吸引，欣然加入其中。當時，倫敦市議會在清教徒控制下，對戲劇持否定看法，認為那是「輕浮又淫蕩的人們」才會去的地方，屢屢禁止戲劇表演。就法律而言，在伊麗莎白時代的英國，演員的地位近乎乞丐和類似卑微者，這無疑令莎士比亞感到痛苦，於是他加倍地辛勤工作，以便擁有更多財富，以紳士身分榮歸故里。

儘管如此，在中世紀晚期的英國，劇院得到王室、貴族的資助以及平民的喜愛，發展迅猛。莎士比亞從馬夫和雜役開始幹起，很快就錐處囊中、脫穎而出。他既寫劇本，又當演員——他的名字曾出現在 1589 年的戲劇《人人有脾氣》的演員表中。他創作的劇本《馴悍記》和《亨利六世》等頗受觀眾歡迎，久演不衰，戲劇界元老、牛津和劍橋畢業的「大學才子」們對他不無嫉妒。劇作家格林（Robert Greene）攻擊莎士比亞這個死對頭是「那隻新竄起的烏鴉」，「借我們的羽毛來打扮自己，在戲子的外皮下包藏著一顆虎狼的心」——具有諷刺意味的是，四百年後，格林被後人記得，不是因為他本人的作

品，而是因為他惡毒地攻擊過莎士比亞，他是否會感激被他嫉妒的莎士比亞呢？

1592 年，倫敦爆發一場嚴重的瘟疫，在長達兩年多裡，倫敦市政當局關閉了所有劇院——病毒和瘟疫造成的恐懼遠遠大於其本身的危害，今天經歷過中國病毒肆虐全球的人們，或許能對此感同身受。在被迫離開劇院這段時間裡，莎士比亞轉向詩歌創作，同樣出手不凡，詩人濟慈（John Keats）稱莎士比亞為「皇冠詩人」，「我們內心深處永恆主題的生產之父」。

瘟疫減退之後，一切恢復正常，莎士比亞得以重返劇場，進入宮廷大臣劇團，每年都要創作幾個新劇本由這個水準最高的劇團演出。當環球劇場落成後，成為那個時代規模最大、設備最佳的劇場，莎士比亞的四大悲劇先後在這間能容納三千名觀眾的劇院裡演出，他亦成為其股東之一，將其經營得有聲有色——他不僅是傑出的編劇和演員，也是優秀的劇院管理者和精明的商人。

那時的劇場是環形的，舞台伸展到觀眾中間，舞台和觀眾並不分隔，而是融為一體。舞台上沒有帷幕。道具不多，因此對演員和劇本的要求更高。作為演員、劇作家和劇場經理，莎士比亞了解觀眾的需求和心態，更了解每個演員的特長和優勢，充分發揮他們的潛力，他與演員是親密合作，他的觀眾包括從國王到販夫走卒的英國各個階層的人們。

公元 1600 年，莎士比亞已變得相當富有，他放棄倫敦的浮華，早早衣錦還鄉，購買了史特拉福鎮的第二大房屋及附近大片土地，在家鄉過著悠閒的鄉紳生活。在朋友的記載中，他是一個和善的平常人，開朗、機智、親切、文雅、不擺架子，是一個能與親友隨意小酌的平凡人。人們眾口一詞地認為莎士比亞的性情和善謙遜，當然在事業上他相當精明——在那個沒有職業經紀人的時代，他充當自己的經

紀人；在那個沒有明晰的版權觀念的時代，他竭力捍衛自己的智慧產權。他在劇作中看透人性的幽暗面，在生活中卻對人性保持著樂觀的期待。

這隻鳥在為誰歌唱？為何歌唱？

我少年時代即熟讀莎士比亞作品，讀的是朱生豪譯本，文辭華美，猶如希臘羅馬神殿之堂皇巍峨，後來又讀到梁實秋的譯本，梁譯或許更準確，卻太過拘泥及充滿學究氣。

18 歲，我進入充滿浪漫主義和理想主義的大學年代，覺得包括莎士比亞在內的英國文學（以及美國文學）不慍不火，轉而喜歡充滿宏大敘事、風格崇高壯闊的俄國文學和法國文學，尤其喜歡托爾斯泰和杜斯妥也夫斯基、雨果和司湯達。再後來，當我成為基督徒，對基督教色彩強烈的俄國文學和法國文學更如醉如癡。但與此同時，我心中始終有一個疑惑：為什麼文學成就如此之高的俄國和法國，偏偏未能建立起一套保障基本人權和自由的穩定的憲制呢？為什麼偏偏是文學風格低調內斂、更貼近普通人日常生活瑣事的英美，卻走上了托克維爾所說的民主和憲制的坦途？

又過了很多年，我不再是初信時的狂熱和偏狹，也不再將文學當做宣教工具，更是從聖經中看到既複雜又庸常、既卑微又幽暗的人性。我不再崇拜聖人，更沒了成為聖徒的虛妄的雄心壯志。我的文學趣味自然而然從俄國文學和法國文學回到英美文學，我再一次重讀莎士比亞，「聽見樹林的呢喃、發現溪流中的知識」，讀出了跟少年時代不一樣的味道。如同辛棄疾《醜奴兒》中之感嘆：「少年不識愁滋味，愛上層樓，愛上層樓。為賦新詞強說愁。而今識盡愁滋味，欲說還休，欲說還休。卻道天涼好個秋。」也如同蔣捷《虞美人》中之感

嘆：「少年聽雨歌樓上。紅燭昏羅帳。壯年聽雨客舟中。江闊雲低、斷雁叫西風。而今聽雨僧廬下。鬢已星星也。悲歡離合總無情。一任階前、點滴到天明。」要有相當的人生閱歷，才讀得懂和喜歡讀莎劇。

莎劇超越時代、語種、文化和國族。即便吹毛求疵的繆塞爾·約翰遜（Samuel Johnson）也承認：「莎士比亞凌駕於所有作家之上，至少超越所有現代作家，他是自然的詩人，為他的讀者舉起了一面生活和世態的忠實鏡子。」美國文學史家哈羅德·布魯姆在《西方正典》中指出，莎士比亞是一種世界性經典雛形的中心，而不是僅僅屬於西方或東方，更別提歐洲中心論了。在文學力量方面，莎士比亞的作品是唯一可以跟《聖經》匹比的。莎士比亞無可取代，即使古今少數堪與他作對或者與他為伴的戲劇家也無法取代。他追問道：如今有什麼作品能媲美莎士比亞的四大悲劇？正如喬伊斯所坦承的，即使但丁也缺乏莎士比亞的豐富多彩。這意味著莎士比亞筆下的人物是寓意無盡的，也意味著莎士比亞的 38 部戲劇再加上 14 行詩組成了一部《俗曲》，遠比但丁的《神曲》更恢弘，也更清晰地擺脫了但丁的神學寓言。

莎士比亞之後的每一個作家都從其作品中汲取靈感，比如二十世紀最偉大的英語作家歐威爾。莎士比亞的《麥克白》和《李爾王》揭示了權力的殘忍與滅絕人性，這也是歐威爾在《動物莊園》和《一九八四》中深刻洞察的主題。在莎士比亞筆下，就連《李爾王》中那三個無名的刺客都是有人性的：三個僕人見證了葛洛斯特雙眼被挖出的那一幕，這是戲劇舞台上最殘忍的一幕，三名僕人展現了普通人的恐懼感。僕人甲試圖阻止他們挖出葛洛斯特的眼睛，但是被對方從背後刺死了。其他兩個僕人在這一幕的結尾處出現，僕人丙說出第三幕最後三句台詞：「我去拿些麻布和蛋白來，敷在他流血的臉上。願上帝

保佑他！」在歐威爾時代的極權世界，這種形式的反抗或同情是不可想像的。在史達林統治的蘇聯和毛澤東統治的中國，連家人都必須跟被歸入「人民公敵」的親人決裂，加入到揭發和批判親人的行列中，習近平和薄熙來都曾發瘋了般地高呼打倒他們父親的口號。而當代中國最優秀的劇作家之一的老舍，命運比被挖掉眼睛的葛洛斯特更悲慘——他遭受紅衛兵毒打之後，沒有人幫他包裹傷口，他的妻子和孩子將他拒之於門外，他只能用自殺表達自己對毛澤東的忠誠而不是做出最後的反抗。

然而，1962 年，皇家莎士比亞劇院導演布魯克在排演半個世紀中排得最好的一場《李爾王》時，在一片爭議中，刪去僕人丙的這幾句台詞，也刪去本幕結尾處的仁慈和希望。如米蘭・昆德拉所說，偉人的遺囑通常都會遭到背叛；當年，莎士比亞留下遺囑焚毀他所有的手稿，但其朋友和出版人沒有這樣做——這不是背叛，真正的背叛是像布魯克那樣堂而皇之地篡改經典，使之「與時俱進」。對此，作家瑪格利特・德拉布爾（Margaret Drabble）哀歎：「歷史證明，人類正在走向歐威爾描述的那種人性的喪失，而逐步遠離莎士比亞戲劇中人性的復甦。」

被刪去的那幾句台詞也是歐威爾的心聲。《一九八四》的主人公溫斯頓與後來背叛他的情人裘麗亞第一次幽會時，聽到一段驚人而美妙的鳥鳴。溫斯頓對此浮想聯翩：「這隻鳥在為誰歌唱？為何歌唱？」溫斯頓所要捍衛的是，不僅是自由飛翔的鳥兒，還有在《一九八四》的世界中，書店裡不再出售、圖書館裡也不再借閱的莎士比亞的著作——「就連這也是屬於過去那個時代的。溫斯頓醒來時說著『莎士比亞』這個詞」——在這裡，莎士比亞成為溫斯頓和歐威爾共同珍視而又害怕失去的精神遺產。

多年以後，中國獨裁者習近平在訪問英國時，死皮賴臉地爭取到

乘坐英國王室黃金馬車的殊榮。他在英國女王面前再次背書單，名列其書單之首的是莎士比亞。但實際上，他在延安鄉下當知青時不可能讀到當時已成禁書的莎士比亞著作中譯本。英國女王出於禮貌，送給習近平一本莎士比亞的詩集，其實是嘲諷這個「非常粗魯」的野蠻人讀不懂莎士比亞。女王在宴請這個倪匡所說的「會使用刀叉的食人族」時，特別選用了一瓶 1989 年份的紅酒，以此暗示英國人民「從來沒有忘記 1989 年的天安門屠殺」。雖然女王在國宴上沒說半句和人權有關的言論，這瓶紅酒卻成為媒體最矚目的焦點，讓自認不可一世的習近平灰頭土臉。

湯顯祖離開莎士比亞有多遠？

中國人常常將湯顯祖譽為「東方莎士比亞」。1946 年，文學評論家趙景深在〈湯顯祖與莎士比亞〉一文中論及湯顯祖和莎士比亞的五個相同點：一是生卒年相同，二是同在戲曲界占有最高的地位，三是創作內容都善於取材他人著作，四是不守戲劇創作的清規戒律，五是劇作最能哀怨動人。1959 年，劇作家田漢到江西臨川拜訪「湯家玉茗堂碑」，作詩：「杜麗如何朱麗葉，情深真已到梅根。何當麗句鎖池館，不讓莎翁在故村。」然而，湯顯祖與莎士比亞，中國戲曲與英國戲劇，宛如天淵之別。湯顯祖難以望莎士比亞之項背。數百年後，湯顯祖的戲曲，很少演出，也很少人閱讀；而莎士比亞的戲劇，仍在世界各國的舞台上演出，劇中人物活在無數讀者和觀眾心中。

作家木心認為，中國最偉大的戲曲家是湯顯祖，「他應該成為中國的莎士比亞，可惜沒有成。中國第一期劇作家數量遠遠超過希臘和英國，而六大家的才華和劇本產量都很高，沒有一個達到莎氏的高度。」那麼，原因出在哪裡？「很簡單，就是沒有莎士比亞這份天

才。」當然，也不能忽略客觀原因、社會背景、歷史條件——個體的才華很難不受其所處的文化、政治和經濟環境之束縛。

木心分析說，中國劇作家的創作觀念是倫理的，寓教於戲，起感化教育作用，在古代有益於名教、風化、民情。有了這種觀念，容易寫成紅臉白臉、好人壞人，不在人性上深挖深究。兒女情長，長到結婚為止；英雄氣短，短到大團圓，不再犧牲了。作家沒有多大的宇宙觀、世界觀，不過是忠孝仁義，在人倫關係上轉圈圈。這些，都是和莎士比亞精神背道而馳的。莎士比亞的作品中，也有好人壞人，但他關心怎麼個好法，怎麼個壞法，所以他偉大。人性，近看是看不清的，遠看才能看清。人間百態，莎士比亞退得很開。退得最遠最開的，是上帝。莎士比亞，是僅次於上帝的人。莎士比亞的宇宙觀，橫盤在他的作品中，如老子的宇宙觀，滲透在他說的每一句話中。但不肯直說、說白。中國中世紀劇作家，沒有宇宙觀、世界觀、人生觀，只有倫理——藝術家的永久過程，是對人性深度呈現的過程。莎士比亞的作品中好像在說：你們要知道啊，還有許多東西，作品裡放不進去呀！作品裡放不下，但又讓人看出還有許多東西，這就是藝術家的深度。

湯顯祖所在的明帝國與莎士比亞所在的英格蘭，包括劇作家在內的戲劇從業人員的地位都很卑微。但明帝國與英格蘭的作家所享有的創作自由大不相同。明帝國政府對戲曲內容有嚴格限制，劇作家不能隨心所欲地批判本朝，更不能質疑乃至顛覆儒家倫理道德，湯顯祖在「存天理，滅人慾」的宋明理學框架內只敢打一點擦邊球，《牡丹亭》中的「人鬼情未了」卻必須由皇帝來證婚才有「合法性」。而英格蘭政府基本不干涉劇作家的創作，大多數時候對「大不敬」的作品保持寬容態度。莎士比亞經常出入宮廷，跟李白一樣，也曾諂媚庇護他的官員，頗有「生不用封萬戶侯，但願一識韓荊州」的意思，但他

在劇本中對君王和權貴從未筆下留情——他不只把君王「曝露於光天化日下」，還讓君王受到咄咄逼人的怒視，呈現出遭羞辱、罷黜、殺害的可憐而可悲的國王的形象。他筆下的國王、王后與農民一樣具有豐富的人性——自私、殘酷、懷疑、無能、好色、不忠。

莎士比亞是英國文化的代言人。僅以歷史劇而論，莎士比亞的歷史劇甚至取代歷史著作，成為人們認識歷史的最快捷的途徑。歷史學家羅伯特‧圖姆斯認為，後人所想像的中世紀晚期的英格蘭，很大程度上受到莎士比亞筆下的人物和語言的影響，除了英格蘭，沒有哪個國家把本國歷史的其中一段如此「戲劇化」。莎士比亞生活在中世紀末期，宗教改革和啟蒙運動潮起潮落，英格蘭正率先邁向前途未卜的現代世界。他不是單向度的愛國者，也不是道德說教者，他鮮少美化英國的歷史，下筆時常帶有嘲弄的味道，偶爾帶著懷疑及悲觀。莎劇中，英雄甚少，惡棍和無能者甚多，徒勞無功之事業所在多有。角色努力的目標往往終歸徒勞、荒謬可笑、沒有意義。就連最正義或光榮的戰爭都帶來瘡痍、腐敗、殘酷和「惡臭生蛆」的死亡，歷史看上去沒有決定論。德國哲學家黑格爾說，莎士比亞「充分喚起了我們對罪人、最庸俗低能者及蠢人的興趣」。從莎士比亞的戲劇中，可以發現卡夫卡式的或卡繆式的荒謬，日光之下無新事。

他們仇恨莎士比亞，就是仇恨我們對人性的熱愛

有了經典，必然有企圖顛覆經典的人——現代社會的一大特徵就是「解構大師」是偽大師的成名捷徑。莎士比亞無意與他人為敵，卻無法迴避後世的敵人。

莎士比亞的第一個敵人是弗洛伊德。弗洛伊德認為，莎士比亞不是一個來自小鎮的平庸之輩，而是一個謎一樣的有權力的貴族，經過

其看似科學的「精神分析」，真正的莎士比亞是牛津伯爵。弗洛伊德以此實現了對莎士比亞的顛覆。弗洛伊德為何對莎士比亞充滿嫉恨？

若是對弗洛伊德本人來一次精神分析，就真相大白：莎士比亞是比弗洛伊德早數百年的心理學大師，通過發現心理活動發明了精神分析，戳穿了弗洛伊德「我發現了精神分析，因為此前並無文獻記載」之謊言。有了莎士比亞的存在，弗洛伊德的精神分析理論如同孩童的把戲。莎士比亞極大地損傷了弗洛伊德的原創性，令他的面具被揭開並受到羞辱。所以，當「莎士比亞是一個冒名頂替者」的說法帶來報復的機會時，弗洛伊德的嫉妒心得到了發洩。從理性的角度看，這種仇恨無損於莎士比亞的偉大。

莎士比亞的第二個敵人是托爾斯泰。哈羅德‧布魯姆評論說：「莎士比亞對於世界文學，正如哈姆雷特對於文學人物的想像領域；一種四下蔓延又不可限制的精神。一種脫離教條和簡單化道德的自由就成了精神自由揮灑的必要因素，雖然這種自由使約翰遜博士感到不安，並讓托爾斯泰義憤不已。」托爾斯泰專門寫了一本小冊子，譴責莎士比亞的作品主題充斥著最低劣和最鄙俗的生活觀念，更譴責莎士比亞「不僅拋棄了一切宗教，也拋棄了改善現存秩序的人道努力」。

歐威爾發現，托爾斯泰與莎士比亞的對立是不可調和的：「別人越是喜歡莎士比亞，就越不聽托爾斯泰的。托爾斯泰不會請警察搗毀莎士比亞的所有作品，但他會給莎士比亞潑髒水。他會想方設法進入到每個熱愛莎士比亞的人的內心，運用一切手段，殺死他們對莎士比亞的熱愛。」歐威爾奮起為莎士比亞辯護，駁斥托爾斯泰的攻擊，盛讚莎士比亞的人性、詩歌，還有對「大地和生命過程」的熱愛。歐威爾在《李爾王、托爾斯泰和弄人》中指出，托爾斯泰責備《李爾王》，他自己卻成了一個可悲的諷刺，他在人生的最後時刻不知不覺變成了李爾王。托爾斯泰跟李爾王更深層次的相似之處在於，他們都

是出於錯誤的動機，也沒有得到希望的生活。李爾王的失敗在於，凡人不可能冒充聖人。李爾王的失敗就是托爾斯泰的失敗，托爾斯泰不承認他的失敗，也不願看到莎士比亞在戲劇中揭示的李爾王的失敗。托爾斯泰對莎士比亞的批判，不是因為他沒有讀懂莎士比亞，而是因為他認識到莎士比亞的作品對他一生營造的精神烏托邦具有致命的威脅——莎士比亞提出了新的道德觀：「如果你想放棄你的土地，那就請便；但不要指望會因此得到幸福。你很可能得不到幸福。如果你想為別人而活著，你就必須為別人活著，別想做靠它為自己謀取什麼好處。」

歐威爾說，對托爾斯泰的性格，他總有一些懷疑，就跟他對甘地的性格也有懷疑一樣（邱吉爾從來不喜歡甘地，不完全是帝國主義者對殖民地反抗領袖的痛恨，更是他看到了甘地「自我聖化」的虛妄）。我讀過很多托爾斯泰的崇拜者為他寫的傳記，我曾信以為真，並以這些傳記為資料寫了一篇歌頌托爾斯泰最後出走的長文。歐威爾卻警告說：「對於托爾斯泰這樣的人，我們不能完全採信其信徒對他們的評價。總有這樣的可能性，即他們的所作所為，不過是一種形式的自私換取另一種形式的自私而已。」歐威爾從加泰隆尼亞戰場上歸來後，幾度與死亡擦肩而過的極端經驗，讓他洞悉人心的詭譎與幽微：「托爾斯泰放棄了財富、聲望和特權，他棄絕一切形式上的暴力，並且準備為此忍受痛苦；但我們很難相信他棄絕了脅迫的原則，或者說他棄絕了脅迫他們的慾望。」他舉例說：在一些家庭中，父親會對孩子說：「如果你再敢這麼做，我就揍你。」孩子的母親則眼含淚水，摟過孩子，對他說：「看在媽媽的分上，別那麼做了，好嗎？」有誰會認為，第二種辦法的脅迫程度比第一種要小？「真正重要的，不在於暴力與非暴力的區別，而在於有沒有權力慾。有的人深信，軍隊和武裝力量都是邪惡的，但他們在觀念上卻毫不寬容，連那

些相信在某些情況下使用武力是必要的普通人都不如。他們雖然不會對別人說『做這個，做那個，否則把你送進監獄』，但只要有可能的話，他們都會鑽進別人的腦子裡，指揮別人的每個動作。像和平主義和無政府主義這樣的教派，儘管表面上看似乎完全放棄了權力，但實際上卻鼓勵這種思維習慣。」

在此意義上來說，托爾斯泰的思想與後來俄國無政府主義乃至共產主義的興起不無關係。當然，布爾什維克掌權之後，帶有貴族氣味的托爾斯泰的文學遺產並不受歡迎。1920 年代，徐志摩途經莫斯科，專程去拜訪托爾斯泰的女兒——她說托爾斯泰的書差不多買不著了，不但托爾斯泰的，就連屠格涅夫、杜斯妥也夫斯基等作者的書都快滅跡了。徐志摩問她，現在莫斯科還有什麼重要文學家？她說，全跑了，剩下的全是不相干的人。

莎士比亞的第三批敵人，是充斥當代西方名校的新左派文科教授們。1985 年，蘇塞克（Sussex）大學的多利莫爾（Jonathan Dollimore）和辛菲爾德（Alan Sinfield）編著了一本名為《政治意義上的莎士比亞》（Political Shakespeare）的論文集，他們認為莎士比亞的作品只是右派的政治宣傳品，並沒有太高的文學價值，莎士比亞對人性的洞察並不比其他人更「根本」、「深刻」或「超越時代」，因此應該被剝奪英國文學奠基石的地位。該書在大學課堂上頗受歡迎，很快地就再刷三次。有一位評論家寫道：「一位保守的評論家可能會驚恐地得出結論，莎士比亞已經死於一種學術愛滋病，他的免疫系統已被馬克思主義、女性主義、符號學、後結構主義和精神分析批評悲慘地破壞掉了。」莎士比亞敵人的名單很長。

新左派試圖取消西方文化經典課程，首當其衝的就是莎士比亞。在美國，一些人將莎士比亞看作被用於建立歐洲中心主義的勢力，以及反對各種少數群體合法的文化追求（反猶主義者、男權中心主義者

等），其中包括現在已很難被稱為少數群體的學院派女性主義者們。新左派對莎士比亞的仇恨，是對正常、真實、永不完美的人性的仇恨。他們仇恨無損於莎士比亞作品的魅力——他們那詰屈聱牙、裝腔作勢的學術論文，沒有生命力，無法接近文學的本質。

哈羅德·布魯姆是莎士比亞最偉大的辯護者之一。他認為，所有西方經典所能帶給人的，是對自身孤獨的恰當使用，而孤獨的最終形式是與自己的有限生命的照面。西方經典的核心是莎士比亞，「我們所認識的最偉大作家」。莎士比亞是英美秩序和英美文明的大拼圖中不可或缺的一塊最美的拼圖，只要人性不變，莎士比亞就將永存。

第四章

艾薩克・牛頓：
我僅僅是一個在海邊嬉戲的頑童

我不知道世上的人對我怎樣評價。我卻這樣認為：我好像是在海上玩耍，時而發現了一個光滑的石子，時而發現一個美麗的貝殼而為之高興的孩子。儘管如此，那真理的海洋還神祕地展現在我們面前。

——艾薩克・牛頓（1642年—1727年）

1687 年 7 月 5 日，艾薩克・牛頓出版了《自然哲學的數學原理》（*Philosophiae Naturalis Principia Mathematica*，1687）一書，在書中闡述了萬有引力和三大運動定律（即慣性、加速和反作用定律），無可爭辯地推翻了亞里斯多德的物理世界，奠定了近代物理和天文學的基礎，至今仍是人類智力最了不起的成就之一。

在人類歷史上，《原理》的出版是一個特殊的啟蒙時刻，它將地面上物體的運動和太陽系內行星的運動統一在相同的物理定律之中，完成了人類文明史上第一次自然科學的大綜合。它不僅標誌著 16、17 世紀科學革命的頂點，也是人類文明進步的劃時代標誌；它不僅總結和發展了牛頓之前物理學的幾乎全部重要成果，而且是後來所有科學著作和科學方法的楷模。

這個堅實的靈魂，永遠孤獨地航行在陌生的思想之海

1643 年，牛頓生於林肯郡科爾斯沃斯村畔伍爾索普（Woolsthorpe-by-Colsterworth），是早產兒和遺腹子（他父親在他出生前三個月去世）。他母親漢娜・艾斯庫說過，牛頓剛出生時小得可以裝進一夸脫的馬克杯。牛頓三歲時，母親改嫁，將牛頓託付給其外祖母瑪傑里・

艾斯庫。當時英國發生清教徒革命和內戰對這個孩子的影響並不大。

　　童年時期，牛頓喜歡讀書，學習製作機械模型。少年時代，他被送到格蘭瑟姆的國王學校，成為該校最出色的學生。他寄宿在藥劑師威廉‧克拉克家中，曾愛上藥劑師的繼女安妮，但兩人未能結合。此後，牛頓再也沒有愛上其他女子，終生未娶，全然獻身於科學研究事業。他一度從學校退學，回到再度守寡的母親身邊。母親希望他當一名農夫，他順從母親的意思，但耕作工作讓他很不快樂。所幸國王中學校長亨利‧斯托克斯說服牛頓的母親，牛頓又被送回學校完成學業。

　　1661 年 6 月，牛頓進入劍橋大學三一學院求學。他研讀笛卡兒的學說，以及伽利略、哥白尼和開普勒等天文學家的著述，他站在他們的肩頭，發現了一個更加廣闊的世界。1665 年，牛頓發現廣義二項式定理，並開始發展一套新的數學理論，即後來為世人所熟知的微積分學。同年，他獲得學位，但他對大學生活並無好感，他說過：「大學裡絕不會教你如何生存；同樣道理，大學教授也和我們一樣，簡直對這事一無所知。」

　　後來，牛頓在大學任教多年，他是數學家、物理學家和天文學家（他設計了第一座反射式望遠鏡），也是優秀的組織管理者（他曾出任英國皇家學會會長），還是煉金術士、金融學家和刑偵專家——他在擔任皇家鑄幣廠總監時，致力於抓捕偽幣製造者，成功將十名罪犯定罪並處決。他還非正式地將英鎊從銀本位轉移到金本位，這一重大改革大大增加了英格蘭的財富和財政穩定。1705 年，安妮女王授予牛頓爵士勛位。牛頓與同時代的很多學者交惡，過著孤獨的生活，正如詩人威廉‧華茲渥斯（William Wordsworth）所言：「這個堅實的靈魂，/ 永遠孤獨地航行在陌生的思想之海。」

　　牛頓是第一個對於地球在太空中的運動，還有行星系統（地球只

是這系統的一部分）的運作提供精確說明的人。他逐漸建構起一個數學化的物理系統，將行星系統描繪成一個完整且精確的圖像。他將靜力學和動力學帶向巔峰，並應用在科技上，促使工業革命發生，也改變了地球的面貌——更不用說，改變了人類社會的本質。美國學者威廉・麥克尼爾（William H. McNeill）在《西方的興起》中指出：「牛頓理論的偉大力量在於它的經驗可證實性，也在於它的簡明性。牛頓把月球和其他星球的運動簡化為數學方程式，最令人驚奇的是，這些方程式還描述了地球上物體的運動。對自然現象多樣性如此清晰簡化的描述極大地提升了人類的思維能力。哲學家們曾長期力求證明的東西現在似乎已冊庸置疑地得到證實：人們以數學的清晰、準確和完美描述出的規律確實支配著宇宙，而且這一客觀規律包羅萬象，既支配著天體的未來運動，也支配著炮彈的運行軌跡。」

牛頓的實驗方法以及他的科學成就所帶來的成功，極大地提高了自然科學的社會地位，振奮了歐洲知識界，並激勵一大批科學研究的展開。牛頓的理論迎來更廣泛的讀者，其影響力並不侷限於英國，他的大名和理論很快傳遍歐洲，普通人也能大致理解牛頓力學的原理。在這樣一位巨人面前，人們能做的不是相信他的理論，而是臣服於他的理論。馬丁在《牛頓哲學頌》裡形容：「自然哲學是一個隱藏了千年萬代的奧祕，它現在卻透過不朽的牛頓爵士的神聖書寫，向萬國顯現了。」天文學家哈雷（Edmond Halley）是牛頓《原理》一書的贊助者，他在卷首以拉丁文寫下一首六音步詩歌以表敬意，其結句云：「凡夫如此接近上帝已屬踰度。」

不僅科學界對牛頓頂禮膜拜，眼高於頂的人文學者也在他面前低下頭顱。伏爾泰說過，牛頓是歷來活過最偉大的人：「倘若偉大是指得天獨厚而才智超群，並以此才智啟發人心，那像牛頓這樣一位千年來罕見其匹的人，才真正是偉大人物；至於那些政治家與征服者（哪

個世紀都不缺少這種人），不過是些大名鼎鼎的壞蛋罷了。」他宣稱，「我們現在全是他的門人」，「哥白尼以前，所有人都是盲的。哥白尼有一隻眼睛，而牛頓有兩隻」。牛頓過世時，法國學者豐特奈爾（Bernard Le Bovier de Fontenelle）在法蘭西科學院發表頌詞：「多麼讓人驚異的一個數學家啊，他解開了宇宙複雜神祕之謎！」德國哲學家康德認定，有必要對牛頓加以禮讚和用自己的主要著作去為之服務。所有的啟蒙思想家都接受伏爾泰的說法──將牛頓、培根和洛克並列為歷史三巨人。

英國哲學家休謨（David Hume）在《英國史》中將牛頓描述為思想者的化身，也是英國之光：「因為牛頓，這個島國得以自詡它產生過歷來能為人類生色和帶來教益的最偉大與最罕有的天才，他為人小心謹慎，不接受除得自實驗以外的任何原理，而一旦從實驗中得到任何原理，則不管其多麼新奇古怪，他都會堅信不疑。由於謙虛，他不知道自己比其他一切人都優秀，因此不太在意調整自己的推理去遷就普通人的理解力；他在意的是實驗，不是虛名。職是之故，他有很長時間都不為世人所知。然而，他的大名最後還是傳了開來，這大名的光輝是他在世時的任何學者都未曾有的。雖然看來揭開了大自然的一些神祕面紗，牛頓卻同時看出機械論哲學並非萬能，所以願意讓大自然把它的最終奧祕藏回到混沌中──它們過去不為人所知，也永遠不會為人所知。」

在我望遠鏡的末端，我曾看見上帝經過

牛頓在自然科學理論領域的突破，帶來一系列連鎖反應──無論是政治哲學還是神學領域，都感受到一場暴風驟雨般的衝擊。人對自然萬物的看法發生了改變，人對自己的看法發生了改變，甚至人對上

帝的看法也發生了改變——數學已被證明是千真萬確的真理，不難推論，創造宇宙的上帝原來是一個數學大師，上帝既然已經創造了一個如此複雜而又出奇的簡單的機器，就絕不會僅僅為了人類的利益就用武斷地干涉毀掉自己的傑作。

　　牛頓不是傳統意義上反智的基督徒。1667 年，他獲得獎學金，作為研究生重返劍橋大學三一學院。按照規定，只有被正式任命的牧師才有資格成為三一學院的研究生，由於持有非正統的宗教觀點，他不願意成為牧師。但牧師職位的任命沒有最後期限，因此他先獲得研究生的名額，牧師職位的任命被無限期延後。但後來牛頓被任命為盧卡斯數學教授席位時，問題就來了——如此重要的職位不可能迴避牧師職位任命這一條件。幸運的是，牛頓獲得查理二世的特許，繞開了這一限制。他傾向於不依字面理解《摩西五經》，而是視之為關於上帝創造和人類最早期歷史的一個可信解釋，其內容經過作者裁剪，以適應讀者的有限理解力。他相信摩西有些話只是比喻與意象，但不懷疑它們道出本質性的真理：不管上帝是透過什麼程序創造天地，也不管祂花了多少天創造宇宙，世界和所有活物都絕對是上帝創造的。

　　美國歷史學家彼得・蓋伊（Peter Gay）在《啟蒙運動》一書中專門將牛頓列為一章加以論述，他認為雖然牛頓生活在啟蒙運動時代，卻並非啟蒙運動者中的一員。有趣的是，啟蒙主義者們在打碎此前所有聖像的同時，將牛頓塑造成最新的神祇（或至少是半神）。伏爾泰等啟蒙主義者和無神論者企圖將牛頓描述成反對上帝的科學家和革命家，並致力於淘汰牛頓思想裡的基督宗教成分。但牛頓所開創的 17世紀的科學革命並沒有跟基督宗教的世界觀決裂，他們做的是讓上帝的存在進一步透過祂創造的奇妙宇宙，而不只是靠祂的話語得到證明。

　　1692 年，牛頓對友人本特利說，他之所以辛勤地去建立「這一

原理（牛頓力學），是為了讓深思的人相信上帝」。他對無神論者不以為然：「無神論是無知的。我觀看太陽系，看見地球與太陽保持一定的距離，得到適當的熱能和光線。這絕不可能是機緣巧合。」他反對將宇宙解釋為一部純粹的機器，譬如一座大鐘，他寫道：「引力解釋了行星的運動，但卻不能解釋誰讓行星運動起來的。上帝統治萬物，知曉所有做過和能做的事。從諸天文系的奇妙安排，我們不能不承認這必是一位全知全能的上帝的作為。宇宙間一切有機無機的萬象萬事，都從永生真神的智慧大能而來；上帝是無所不在、無所不能的；上帝在這無量無邊、井然有序的大千世界中，憑其旨意，創造萬物，運行萬物，並將生命、氣息、萬物賜給萬人；我們生活、動作、存留，都在乎上帝。萬物之新陳代謝，如果否認系出自上帝大能的運行，實在無法解釋。」

在牛頓看來，上帝是主動的存有：祂是創造者和警醒的主人，明智、公正、善良而神聖。牛頓及其追隨者認定上帝有意讓社會關係、政治關係、宗教關係和自然世界一樣有序、和諧。牛頓認為，是上帝使得萬有引力能夠運作。他深信終極的洞見證明了一個有章法且仁慈的造物主，祂創造了一個理性、有序和穩定的世界，這個世界迥異於英國內戰諸派系的無政府魔幻世界，也不同於霍布斯在《利維坦》中想像的黑暗世界。

對牛頓來說，科學和宗教都在尋找同樣的終極真理。他既研究科學，又研究《聖經》，宣稱自然只是上帝賜予人類的僅次於《聖經》的「第二本書」，他的發現恰恰證明了宗教的真理性。他強調，上帝「不是以世界之靈的身分，而是以支配者的身分管治一切。」一般來說，神學家和科學家們傾向於各走各的路，各自忠實地堅持他們日益分道揚鑣的知識傳統的標準和習慣。但是，包括牛頓在內的許多傑出人物，力圖將新科學與舊信仰結合起來，其途徑是建立宗教和科學各

自獨立的真理標準,或者巧妙地在科學的新世界或基督教的宇宙觀中為對方找到一席之地。牛頓認為,他的研究不是要將上帝驅逐出科學的範疇,而是通過發現上帝所設定的規律,才能更好地完成上帝所給予的義務——崇拜上帝。換言之,他的科學研究是為了證明上帝的偉大。雖然牛頓的後代稱讚牛頓的謙虛,但驕傲地宣稱「上帝已死」的他們並沒有真正學到這種高尚品質。

牛頓是英國人,這絕非偶然

我在西敏寺大教堂中殿瞻仰過牛頓墓地,比起國王和元帥來,絲毫不遜色——墓地上方聳立著一尊牛頓的雕像,他倚坐在一堆書籍上,身邊有兩位天使,還有一個巨大的地球造型。英格蘭詩人蒲柏(Alexander Pope)為之寫下墓誌銘:「自然和自然的法則隱藏在黑暗之中。/上帝說:讓牛頓出世吧,/於是就有了光一切都顯得豁然開朗。」(Nature and Nature's laws lay hid in night. God said, let Newton be! and all was light.)伏爾泰(正是他杜撰了牛頓看到蘋果落地就發現地心引力的故事)在牛頓墓前感嘆說,牛頓得到的待遇「就像個曾造福百姓的國王」。而牛頓生前對其成就做出謙遜的表述:「如果說我對世界有些微貢獻的話,那不是由於別的,而是由於我的辛勤耐久的思索所致。」他又說:「每一個目標,我都要它停留在我眼前,從第一線曙光初現開始,一直保留,慢慢展開,直到整個大地一片光明為止。」

牛頓是英國人,這絕非偶然。這個事實必然引發另一層追問:近代的科學突破和工業革命為什麼發生在英國而不是別的國家?

國家的強弱興衰絕非由偶然因素所左右。牛頓和笛卡爾在各自祖國的不同遭遇,已然決定工業革命只會發生在英國而不是法國:笛卡

爾生前在祖國得到的只有污衊、恐嚇和追捕；出身卑微的牛頓在英國卻功成名就，備受尊崇，終身安樂——牛頓的人生證明了自由的好處，反證了壓迫的愚蠢。

牛頓不是像孫悟空那樣從石頭縫裡蹦出來的，他的成功和成就依賴於英國的社會環境。英國學者艾倫・麥克法蘭（Alan Macfarlane）《現代世界的誕生》一書中指出，諸多重大的科學發明出現在英國，而較之具體發明和具體事件，更重要的是一些較為間接的現象。一個現象是，通過論證，通過抗辯，通過立論和反駁，通過提出假說並檢驗假說，英格蘭的大學和法學院保存了一種「學問傳統」。這便是培根曾經總結過的方法，今人稱之為「實驗方法」。

一旦將宗教、政治、經濟、社會等領域分隔出來，便有了專門的空間，供各個專門的建制大放異彩。與英國大不相同的景象是：歐洲大陸、伊斯蘭國家和中國的權勢者對知識階層的財富和獨立滿懷嫉妒，對自由探索滿懷恐懼。培根一語中的「知識就是力量」，在專制國家，力量當然不允許落到專制政權的掌控之外。但在英格蘭，知識大體上保持了自治，而且，知識不僅不被視為洪水猛獸，反倒被視為福祉。復辟的查理二世（Charles II）幫助牛頓獲得大學教職就是一個非常能說明問題的事件。專制國家的君主即便偶爾對文化人表達好感，但他們的友誼大都不能善始善終，比如俄國雄才大略的葉卡特琳娜大帝（或譯作：凱薩琳大帝）與伏爾泰等啟蒙運動巨人之間無法避免凶終隙末。

英國最早具備思想家波普（Karl Popper）所說的「開放社會」之雛形，現代社會開放式理性的精髓就在於，它以知識能夠不斷膨脹作為前提假設，認為一切現存知識都是暫時的，不完美的；天下之大，新知不斷。培根所概括的那種開放的、好問的、質疑的、「尋找新事物」的方法，作為一種理念，從 13 世紀以降就一直貫穿於英格蘭的

思想史中。英格蘭人絕不僅僅滿足於探索物理世界——如他們後世對待他們的巨大帝國那樣，而是建構了一個「思想帝國」。

學者泰勒解釋了旅行、從商和廣泛的興趣如何導致「正信息源源不絕地流入英格蘭人的大腦，彷彿河水流入水庫」。但泰勒指出，還有一個更關鍵的因素：「僅憑所有這些資源的可達性，尚不足以解釋水庫為何如此飽滿；此外還有某種東西，不妨說一道斜坡，決定了水的流向或英格蘭民族的天生傾向，那就是他們對事實的愛好，對實證的愛好，推理的本能，對確然性的需要。任何研究過英格蘭文學和哲學——從莎士比亞和培根直到今日泰斗——的人都知道，這是英格蘭人代代相傳的一個組成部分。若以英格蘭的方法看事物，那麼，認知一棵樹必須通過其果實，評價一條理論必須通過實踐。」

美國學者瑪格麗特・雅各布（Margaret Jacob）亦指出，工業的長足進步發軔於英國，其原因必須歸結為科學和文化，而不能單純地或排他地歸結為原料、資本積累、廉價勞力，或技術創新。自然世界的諸般元素被編成來科學代碼，這對工業化和西方霸權並不是什麼外圍因素，相反卻是核心因素。她全面調查了整個歐洲的科學和技術，英國顯然獨樹一幟。她由此追問：「是什麼使得英國人採納科學並運用科學，創造出一種新的實用科學文化，與我們在法國看到的情況大相逕庭？」她發現，至少從 17 世紀中葉開始（那正是牛頓的時代），英國科學就被包裹到一種鼓勵物質繁榮的意識形態之中，1740 年代末之前，在一家倫敦咖啡館的系列講座中可能學到的應用機械學，比在法國任何一家全日制學院學到的都要多。

雅各布列出實用科學在英國得以發展的幾條因果鏈：新聞出版的相對自由，土地持有者和從商者的財產權和財富期望，公民社會——以自願結社為形式，以自我教育和自我完善為宗旨——的欣欣向榮。這些都跟《大憲章》及普通法傳統有關。她的論述格外發人深省，她

揭示了科學技術如何在一個小島上實現突破,成為現代世界的先導,又如何因為一連串因素交叉聚合,方才得以實現。她還揭示了義大利、荷蘭、德國和法國的科學技術如何故步自封。沒有英格蘭的案例,人們很難看出知識革命何以能夠發生。知識革命的發生有賴於一個由俱樂部和協會構成的公民社會,有賴於一個龐大的中產階級,一種寬容更多的安立甘宗(英國聖公會)教義和一個強有力的議會。

大清王朝為什麼出不了牛頓?

「牛頓為什麼只能誕生於英國?」這個問題的反面就是「大清王朝為什麼出不了牛頓?」美國學者喬納森・戴利(Jonathan Daly)在《現代西方的興起》中指出,在英國,政治權力是碎片化的(國王、教會、貴族及司法官員各自掌握一部分權力),且擁有公平理性的司法和法律傳統。英國統治者和法學家保留習慣法傳統,法官在判案和處理訴訟時有著巨大的靈活性。習慣法催生了一種相當絕妙的機構——信託。信託擁有永久的法人地位,在 17、18 世紀之交,有幾百家聲名卓著的紳士俱樂部、知識學會、政治聯盟和宗教團體以信託的方式運行——牛頓在科研過程中得到這些機構大筆資助。而歐陸國家依據羅馬法來制定新法,助長了專制主義,壓制了民間社會。

喬納森・戴利特別對比了中國與英國不同的文化與法律傳統:《大憲章》代表著英國很早就具備了法治社會之雛形;與之相比,中國有著燦爛的文化成就,但除了刑法之外,其他法律概念與實踐對於社會並沒有什麼作用。其次,英國人在中世紀晚期就明白,科學的進步需要將物理現實隔離於生命的價值和道德之外。但在整個東亞地區佔支配地位的儒家理學教義則將科學與倫理混為一談,讓人難以對其中之一展開單獨研究。

這種對比還可以繼續上溯——英國繼承了希臘的哲學傳統，而中國人沒有像希臘人那樣發展出具有重大影響的哲學體系或方法來推動科學革命。希臘城邦的體制不停發生變化，在政治與法律領域形成一種對抗性文化，這讓任何事件的正反方皆能夠暢所欲言地辯論，也導致了知識上的懷疑主義。而中國歷史上只有少數人對數學公理和哲學確定性進行不懈求索。在中國，幾乎所有菁英階層都懷抱一個單一的理想，認為統治者是仁慈而睿智的。比起創新與批判性思維，儒家更強調和諧、穩定與群體意識。

現代世界的存在是允許人們探索任何一個公共空間。英國的權力是碎片化的，早在《大憲章》之前，英國國王就不是絕對專制的君主，權力的碎片化導致公共空間不斷擴展。而東方是一個宗教、政治、經濟、社會融為一體、不分彼此的世界，分立的思想空間很少見，即便出現亦宛如彗星一閃而過。那裡當然也會有一些思想家試圖越過雷池，跑到宗教或政治領域，去對國王或宗教領袖講邏輯，不過他們的下場多半很慘：要麼是馬上被要求悔悟，要麼是立即遭到迫害。明朝思想家李贄（1527—1602 年）比牛頓早出生 116 年，他因散佈「異端邪說」而被治罪，在獄中割喉自殺，這種遭遇讓人心驚膽戰，不會有人起而效仿。

中國沒有出現牛頓，不是因為英國人天生就比中國人聰明。美國學者伊恩・莫里斯（Ian Morris）的《西方將主宰多久》（編按：雅言文化有出版繁體版《西方憑什麼》）一書中，專門有一章討論「大清王朝為什麼出不了牛頓和伽利略」的問題。他認為，東方的自然和社會哲學家們確實提出一些與西歐人同樣的問題。比如，清代學者戴震認為自然是機械化的，它不以任何意圖或目的而運行，可以經受實證的分析和檢驗。但是，作為一名傑出的古文學家，戴震總是將其論據建立在古代典籍的基礎上，因而到最後，保存過去的輝煌與榮光在

中國似乎比解決問題重要得多。

　　莫里斯指出，中國學者面對的是一個與西方完全不同的外部環境：清朝統治者想盡一切辦法，試圖將士大夫階層聚攏到國家行政事務上來，而不是流連於私立學院或遊歷四方尋找事實加以考證。中國的王朝建立了科舉制度，即高等官員資格考試制度，正如日本學者宮崎市定在《科舉史》中所說，科舉將各界事物全都包含在儒教氛圍之中，延續一千三百多年而無本質性的改善，它帶有過多的政治性意味，無論從行使方還是接受方來看，都不可能是非常良心的制度。雖然有西方學者稱讚中國的科舉制度是一種「競爭性」的考試制度，打造了一部高效的國家機器和官僚系統，但實際上，儘管科舉制度競爭激烈，卻不測試或鼓勵任何科技知識，或跟管理官僚體系及治理國家有關的任何技術。

　　明清兩朝，科舉制度成熟完善，中國的科學和文化卻停滯乃至倒退，即便是所謂的康乾盛世也難掩此頹勢。年輕的康熙皇帝以身作則，刻苦鑽研儒家學說，特別召集一群學者與他一起學習，以政府的名義編纂《古今圖書集成》等百科全書。但這些書並沒有像同時期西方的百科全書那樣在社會上引起觸動，朝廷編纂的目的本身就是什麼也不觸動，只是選擇性地保存古代文獻，因為放縱新奇思想的危險大大地超過它可能具有的優點。

　　康熙皇帝是一名強勢統治者，一個實幹家，他一開始對西學懷有濃厚的興趣，欣賞和學習來華的耶穌會的神父們擁有的天文學、數學、物理學知識，任命他們在朝廷中擔任官員，讓他們幫助制定曆法和鑄造大炮。他寫道：「我意識到西方數學有其可用之處，在後來的南巡中，我利用西方的方法向官員們展示在規劃河工時怎樣計算得更為精確。」他也承認：「西方曆法的基本理論沒有絲毫錯誤。」但他只是停留在「師夷長技以制夷」層面，斷然拒絕耶穌會士們宣揚的宗

教與科學原理及世界觀。

1675 年，萊布尼茨在給法國財政大臣柯爾培爾的信中寫道：「當他們（中國人）看到你製作的這個不可思議的裝置（機械鐘），它反映了諸天在任何給定時間的真實狀態，我相信，他們會認識到，人的心智裡包含了某種神性，而這種神性專門與基督教進行交流。」然而，中國人卻不是這樣想的。他們對鐘錶很滿意，卻堅決地將《福音書》和邏輯學拒之於門外。作為外族統治者，康熙對中華文化優越性的捍衛比漢人還要堅定：「數學之原理皆源出於《易經》，西式方法皆源出於中國。」威廉‧瓊斯指出，東方民族有道德哲學，也有一些非常有能力的數學家和出色的天文學家，但在抽象科學方面，「亞洲民族還處在嬰兒期」，他們的成就從未達到「牛頓、萊布尼茲等人所達到的完美程度」。

莫里斯認為，康熙只是一個「偉大的傻瓜」──康熙攻下了台灣，卻沒有利用台灣得天獨厚的地理位置將其發展成亞太國際貿易基地；康熙來自北方草原，卻在 1690 年代關閉了草原通道，那是中國獲得內亞及西方先進技術的重要渠道。當時耶穌會士們所傳授的數學，以及少數的代數和微積分，本來已經落後牛頓好幾十年，康熙將這一與西方科學的聯繫切斷後，東西方的學術差距很快變成了深淵。

牛頓執掌的皇家學會中充滿爭吵，牛頓本人即深陷於各種不同學術觀點的爭論之中；與之相比，康熙建立的科學機構中的學者們，享受著數目可觀的俸祿，感到沒有任何必要去發明微積分或者弄清楚地球是不是圍著太陽轉，將數學──像醫學一樣──變成典籍研究的一個分支，好像對他們更為有益。在此背景下，被史家余英時譽為「儒家智識主義」代表人物的戴震注定了不可能成為「中國的牛頓」。「歐洲的五十年，勝過中國的千百載」，英國桂冠詩人丁尼生的詩句一語成讖。

第五章

詹姆士・庫克：
每個英國人都把自己看成船長

我不打算止於比前人走得更遠，而是要盡人所能走到最遠。

——庫克船長（Captain James Cook，1728 年—1779 年）

1768 年 8 月 26 日，40 歲的英國皇家海軍上尉詹姆士‧庫克率領「奮進號」開始第一次遠航。102 位船員中，有水手、海軍陸戰隊護衛人員，以及庫克的老朋友、植物學家班克斯（Sir Joseph Banks）——25 歲的班氏已是英王喬治三世的科學顧問和英國皇家學會的會員，還有瑞典博物學家丹尼爾‧索蘭德（Daniel Carlsson Solander）、芬蘭博物學家赫爾曼‧斯波林（Herman Spöring）、植物插畫家（Sydney Parkinson），以及藝術家亞歷山大‧布坎（Alexander Buchan）等人。這一搭載科學家的遠航，事實上開創了未來科學探險的先例。班氏在給瑞典自然學家林奈（Carl Linnaeus）的信中寫道：「從來沒有人出於研究自然史的目的，像這次一樣以第一流的配備出海。我們擁有一座很好的自然史圖書館，有各種用來捕捉和保存昆蟲的設備。」他們分別記錄了沿途發現的植物和風景，這些精美的圖畫後來都被印刷發行。他們沿途搜集了數以千計的動植物標本，包括此前尚未為科學界所知的八百多種植物標本。庫克船長也是一位人類學家，其航海日誌就是珍貴的人類學田野調查報告。

這個卑微的學徒，卻成為帝國的領航員

愛默生（Ralph Waldo Emerson）說過，「英國就像是一艘船，漂浮在大海上」。作家卡內蒂（Elias Canetti）指出：如果說德國人的象徵是黑森林，那麼英國人的象徵則是大海。這個比喻非常精闢，這就是希特勒為什麼擱置入侵英國的「海獅計畫」的原因——德國人可以征服森林，卻不能駕馭大海，駕馭大海是英國人的特長。自從光榮革命以來，英國再也沒有被外來者侵入過，所依賴的就是海軍的力量。

公元 1500 年是近代來臨的標誌。在此之前不久，葡萄牙航海家亨利王子（又譯恩里克王子）改進了航海技術，將大西洋風暴與潮流襲擊的危險降低到可以容忍的程度。歐洲的船長和水手們發現沒有他們不能進入的大海，也沒有任何未被冰封的陸地是不能登上的——哥倫布、達·伽馬（Vasco da Gama）、麥哲倫只是其中的佼佼者。歐洲在這個時期成功地建立了土地廣闊的海外帝國。1500 至 1700 年可以看作人類生存圈關係由舊的以陸地為中心向新的以海洋為中心的模式轉變的時期。

卡內蒂說，「每個英國人都把自己看成船長」，庫克船長是這個充滿冒險和求知精神的航海民族的代表人物。

庫克船長生於約克郡的馬頓（Marton），17 歲時他被介紹前往鄰近的港口市鎮惠特比（Whitby）投靠沃克（Walker）兩兄弟。沃克兩兄弟除了從事煤業貿易，也是惠特比知名的船主，其故居在 1986 年被改建成為庫克船長紀念博物館（Captain Cook Memorial Museum）。受沃克兩兄弟僱用，庫克起初在他們細小的船隊中任職商船隊見習學徒，負責定期往返英格蘭沿岸各地運載煤炭。庫克本人的故居一磚一瓦全部被搬遷到澳大利亞墨爾本，澳洲人對他十分崇敬，這棟不遠千里搬來的小屋已然成為一處聖地。

庫克在海邊長大，熟悉大海的脾性，大海「在暴風雨裡可以撫慰、威脅或破裂，但它始終都在」，有人被大海震懾，有人則產生征服大海的激情。在海上航行的人是孤獨的，這或許是英國個人主義的民族性格的來源。

作為一個出生於農場工人家庭的孩子，庫克只在小學受過讀、寫、算的基本教育，很小就得打工掙錢養家，無緣接受牛津、劍橋的高等教育。18 歲時，他上船當水手（納爾遜在這個年紀已經上船六年），自學數學、天文學及與航海相關的知識和技能。後來，他在英國皇家海軍服役，軍隊就是他的大學。他參加過英法戰爭，承擔過海洋勘察、海圖繪製工作，並憑藉個人的才華在海軍中當上軍官。1768年，當他首次開始遠航時，或許是那個年代航海技術最為精湛的人。

那個時代，遠洋航行對所有人來說都是對身心的雙重考驗。英國探險家盧克・福克斯（Luke Fox）曾描述水手的命運「只能忍受痛苦，忍耐堅硬的船艦、冷鹹肉、斷斷續續的睡眠、發霉的麵包、走味的啤酒、濕漉漉的衣服以及沒有火的日子。」在《帝國：大英世界秩序興衰以及給世界強權的啟示》尼爾・弗格森（Niall Campbell Douglas Ferguson）指出，長途航行中常有壞血病、痢疾、瘟疫、瘧疾、斑疹傷寒症、黃熱病等致命的疾病。在庫克的三次探險開始之時，都有水手打退堂鼓乃至跳船逃走。

航海這項事業危險且飽受爭議。在 1770 年 8 月 17 日的日記中，庫克較為細膩地道出面對航海和探險的心聲：

「謝天謝地，我們又一次戰勝了那些險灘，可是就在兩天前我們還以為已經徹底擺脫了它們而興奮到了極點。從事航海這種職業，就會遇到這種大起大落的情況，至於在未知的海域航行，就更是這樣了。如果沒有因成為第一個發現者而引起的那種快樂，如果除了沙灘

和險灘什麼也沒有的話，那麼這種職業是令人無法忍受的，特別是當你航行到遙遠的海域，像我們現在這樣，食品和幾乎所有生活必需品短缺。

「一個航海者經過了一段海岸，卻沒有去考察它，儘管它有他的理由，但他很難獲得世人的理解。如果他說是因為太危險了，那人們就說他膽子太小了，意志不堅定，而且馬上就會斷言他是世界上最不適合去搞探險的人了；反過來說，如果他冒險行事，什麼困難、障礙都不放在眼裡，而最後運氣不佳，沒有取得成功，那人們就會說他太魯莽，缺乏理智。

「公平地說，前一種誹謗是落不到我身上的，而如果在今後的航程中我有幸能夠戰勝可能遇到的所有危險，那麼後一種誹謗也無從說起。我必須承認，我就憑這一條船單打獨鬥、穩健行事，在這個陌生海岸附近的島嶼、險灘之間所經歷的磨難，已經超出了人們的預期。但是，如果我沒有經歷這些磨難，我對這些島嶼、險灘的描述就會非常膚淺、籠統，基本上也就跟沒看見它們差不多了。」

他在每一個地方吸收知識

在大航海時代來臨之際，西班牙、葡萄牙和荷蘭率先從遠航中致富，英國是後起之秀。到了伊麗莎白一世時期，英國已經迎頭趕上其他海上強權的航海技術。在船隻設計不斷精進的同時，英國的槍炮也隨著鐵礦的發現和鐵的用途的增加而得到改善——這些槍炮被安置在船隻上，使得英國艦隊的戰力迅速提升。此外，隨著港務局的重組，歐幾里德（Euclid）幾何學的應用，對羅盤偏向有更多的認識，荷蘭語航海書的翻譯，以及持續改版的地圖（莎士比亞的《第十二夜》中就提到「新版地圖中新增了近期發現的印度群島」），這些因素都讓

英國水手的航海技術逐步精進。英國對航海人員健康的關注和改善也開了先例——這也是庫克船長高度重視的一個領域。

　　庫克船長得到了英國皇家海軍和皇家學會的資助，這兩個機構的財務表面上看來自政府，實際上來自一個活躍和廣闊的自由市場。英國的國家銀行不僅存儲國民的稅收，還通過證券交易所發行長期債券來管理公共債務。英國率先建立了有信譽的信貸系統，這個系統成為國家富強的重要動力，正如新海洋航道的史詩巨著《魯濱遜漂流記》的作者丹尼爾·笛福（Daniel Defoe）所解釋的那樣：「信貸製造了戰爭與和平，組建了軍隊，裝備了海軍，發起了戰爭，包圍了城鎮，總的來說，與其把它叫作金錢，還不如把它叫作戰爭之源泉更為合適。信貸迫使士兵戰鬥，卻不付給他們報酬，讓海軍前進，卻不給他們提供保障。但是只要它高興或是有需要，它就會給英國財政部與銀行帶來數百萬的收入。」儘管這段描述不無嘲諷，卻實實在在地勾勒出銀行信貸系統的巨大威力。

　　在此時代背景下，庫克船長脫穎而出——他的航海和科學考察事業，並未給英國帶來肉眼可見的真金白銀，卻帶來更為長遠的利益。內閣和國會成員、海軍將領、銀行家以及皇家學會的主事者，對此形成了共識。

　　1769 年 6 月 3 日將會有一次「金星凌日」。觀測這一現象，是確定太陽視差的極好機會（下一次金星凌日得等到一百多年後的1874 年），因為可以根據視差數值確定太陽與地球之間的距離。為此，英國皇家學會建議政府安排一次遠航，到南太平洋的大溪地島進行觀測，「以此推進航海活動極為依賴的天文學的發展」。皇家學會推薦領隊遠航的是一位繪製海圖的權威人士，但落實任務的海軍卻另有一番盤算——海軍提出，皇家學會的人選可作為文職觀察員隨行，但艦上的指揮官必須由海軍軍官擔任。他們屬意的軍官，是名不見經

傳但已有多年航海經驗、擔任過海洋測量員的庫克。

「奮進號」很小，只有 30 米長，是一艘專門為這次航行購買和改裝的前運煤船。該船航速也很慢，每小時航海約 15 公里。「奮進號」一路順風順水，穿越大西洋，經馬德拉群島（葡萄牙語：Madeira）後到達巴西里約熱內盧補給物資，再繞航合恩角（南美洲最南端）。1769 年 4 月 10 日，他們抵達太平洋上的大溪地島。這個島上居住著玻里尼西亞人。他們在大溪地島停留好幾個月，成功觀測了金星凌日。

同年 10 月 6 日，「奮進號」航行到紐西蘭，在那裡待到次年 3 月底。庫克繪製了海岸線，並升起英國國旗。儘管他對傳說中的「南方大陸」持懷疑態度，但仍向西航行。1770 年 4 月 19 日，他們抵達澳洲大陸東海岸，再沿著海岸線向北航行，到達一個很大的淺水灣。4 月 28 日，庫克與隨員在現稱為科內爾半島（Kurnell Peninsula）的岸邊正式著陸，由於隨船植物學家約瑟夫・班克斯和丹尼爾・索蘭德在該處發現不少獨特的物種，因此庫克又將該處命名為「植物學灣」（Botany Bay）。他們也成了最早發現袋鼠的歐洲人，庫克寫道：「我們差一點把牠們當作野狗，只不過牠們跳起來很像野兔。」然後，他們沿著澳大利亞海岸航行，經過大堡礁，駛向巴達維亞（今印尼雅加達）。終於 1771 年 6 月 12 日返抵英格蘭唐斯（The Downs）。

庫克不是最早發現澳洲大陸的歐洲人。記載中第一位踏足澳大利亞的歐洲人是荷蘭航海家威廉姆・詹索恩（Willem Janszoon）。他於 1606 年抵達澳大利亞昆士蘭，但庫克是第一個對澳洲進行大規模科學考察並宣布對其擁有主權的歐洲人。繪製澳大利亞東海岸地圖是一項非凡的壯舉，代表了庫克卓越的航海和繪圖能力。這位「水手之中的水手」，科學知識淵博、航海經驗豐富。詩人庫柏（William

Cowper）在詩作《任務》（The Task）中頌讚說：「他在每一個地方吸收知識，/ 並在歸來時，/ 將他深入研究所得的蜂蜜散播，/ 成了我的盛宴。/ 他旅行，我也旅行。」

庫克的航行也有商業目標。他載著許多專家來到新世界，在發現與記錄新的植物品種的同時，也竭力探索這些植物是否能成為經濟作物。在登陸大溪地時，他曾記錄此地的麵包樹。班克斯將這些可食用的植物視為潛在的搖錢樹——他認定，他的專業之一的植物學是「英國貿易的侍女」。

海洋是唯一一個自然歸屬於我們的帝國

庫克是航海家和科學家，是英國商業的開拓者，也是英國海上力量的代表。他攜帶著委任統治的使命，對所有無主之地以及當地居民不能充分利用的土地宣告英國的主權。他理直氣壯地將澳大利亞表明為「無人之地」並吞併了它，這樣做有英國的法律依據，安德魯·弗萊卻爾說：「海洋是唯一一個自然歸屬於我們的帝國。」

1770 年 8 月 22 日，庫克船長抵達澳洲東北部的約克角半島，庫克登上一個當地人稱為貝達努格（Bedanug）的小島，庫克將之命名為「占有島」（Possession Island），宣布英國國王的所有權。他在航海日誌中寫道：「船載艇和高低桅小帆船，載著船長和諸位紳士，上岸查看這個地方，從某座小山上看了海岸。六點，代表國王陛下占有這個地方，納歸他旗下；當場小型武器齊射數次，歡呼三次，大船上歡呼回應。」除了庫克一行人，沒有其他人在場目睹這一重大歷史性場面，沒有人質疑庫克「對整個他命名為新南威爾斯的東海岸，和位在這些沿海地區上的所有海灣、港口、河川」的領土主張。庫克自信尚未有其他歐洲強權發現澳洲這一側，且同樣自信（對後世影響重大

的自信）當地沒有他必須尊重其統治地位的酋長或國王，於是輕鬆自在地離開。

　　約翰・達爾文（John Darwin）在《未竟的帝國》一書中分析說，庫克得到的指令鼓勵他將還未有其他歐洲強權造訪而可能有助於英國未來在南太平洋海上利益的土地納為英國領土，不過應當先徵得當地人的同意再吞併他們的土地。庫克在澳大利亞、紐西蘭及周邊島嶼登陸時，發現當地原住民分布太稀疏零散，沒有永久性聚居地，當然更沒有建立國家或政權，因而沒有統治者可與他締結條約，他原打算吞併的土地就是無主之地。1819 年，英國法律官員說，新南威爾斯非「透過征服或割讓取得，而是當成荒涼、無人居住之地占有，後來我國人民前去殖民。」

　　1772 年 12 月，庫克船長再度啟航，完成了人類歷史上第一次環南太平洋航行，並在 1773 年 1 月 17 日實現橫跨南極圈的創舉，書寫了人類南進的新記錄。在長達七萬英里的航行中，只有一名船員死於疾病。庫克最為人們所稱道的一個舉措是，遠航中通過經常提供新鮮的蔬菜水果，並以科學方法食用，使船員們避免了可怕的敗血症的威脅，而且始終保持健碩的身體和昂揚的鬥志。

　　1776 年 7 月 12 日，庫克船長開始第三次航海旅程。他希望尋找西北航道，英國國會承諾給予兩萬英鎊贊助。先後在塔斯馬尼亞島、東加和大溪地島停留後，1778 年 1 月，庫克一行抵達夏威夷群島，他們是第一批到達該群島的歐洲人。庫克不會想到，當時剛剛獨立的美國將在一百多年後吞併夏威夷群島，此舉為美國將自身打造成新的太平洋帝國的關鍵步驟。他們繼續前往諾卡特灣，沿海岸航行至阿拉斯加，並穿過白令海和白令海峽，遠至阿拉斯加的冰角。之後，他們回到夏威夷——一場意外的事故讓庫克船長偉大的航海生涯戛然而止。

從 1768 年至 1779 年，庫克進行了三次遠航，不僅為了拓展地理意義上、科學意義上和人類學意義上的知識，同時也是讓這些知識為祖國和帝國所用。所到之處，庫克都細緻地觀測、測量並繪製海圖，還將有關內容和一些思考寫進日記。他坦言，自己「無非是一個為其國家奉獻終身的普通人」。既有理想主義也有功利主義的動機，讓他和同僚們戰勝海上的危險，以及長期航行的孤獨感和緊張感，他帶回來的知識滿足了公眾的需要，並增加了英國和歐洲的啟蒙主義。

對於庫克船長這樣的英國人來說，海洋是要被控制的。卡內蒂指出，這個觀念是具有決定意義的。在廣闊無垠的大海上，船是孤獨的，就像人格化為船長的分散的個人一樣。船長掌握的航線，就是他對海洋下達的命令，他確定目標，而海洋則像有生之物那樣把他帶到目的地；當然途中會遇到風暴和其他頂風逆浪的時刻。海洋如此之大，因此重要的是它慣常聽命於誰——英國人掌控了海洋，因而建立了帝國。

在短短十年間，庫克就贏得世界性聲譽。1778 年，法國為幫助美國打獨立戰爭，對英國宣戰。法國海軍將領得到上級指令，不要去干涉庫克的船隻，因為庫克的遠航所獲得的知識是給人類共享的。

牛津大學歷史學家勞倫斯·詹姆斯（Lawrence James）認為，庫克的航海探險對大英帝國具有劃時代的意義，英國在美國獨立戰爭中敗北，失去了北美殖民地之後，沒有走向崩潰，反倒繼續繁榮，跟庫克發現澳洲、紐西蘭等太平洋中的新土地，讓太平洋變成英國的內海有密切關聯。庫克抵達澳大利亞和紐西蘭之後不到一百年，這兩個地方成為英國及歐洲新移民趨之若鶩的移民目的地（僅次於北美），當地的喬治·巴特勒·厄普公司的推銷員指出：「澳大利亞和紐西蘭正在迅速成為盎格魯 - 撒克遜族群的最高點……成為新帝國的締造者之一是了不起的成就，可以影響人類的命運——那樣的帝國正在南半球

崛起。」

　　紐西蘭最熱心的擁護者赫斯特豪斯說，這塊殖民地「勇敢而美麗」，擁有「實際上可能最好的未開發的農業用地」。薩拉・塔克描述說，「花園裡種滿了中歐和南歐的水果和鮮花」，「平原上現成的或蕩漾著金色的麥浪，或布滿覓食的牛群」。幾乎所有紐、澳的支持者都會提到創造一個由自耕農自治的國家，在荒野中複製和完善英國平均地權的觀念。許諾一個簡化版的英國是不夠的，還必須讓新移民相信，遷居之地將比母國更美好。年輕的貴族喬姆利在紐西蘭短暫逗留之後寫道：「這裡就像一種全新生活的象徵，我們可以在這裡重新開始，獲得新的能力；新鮮的能量從一個具有創造力和建設天賦的年輕社會散發出來，該社會迄今沒有受到傳統的壓制，也沒有被火損害。」赫斯特豪斯說，一個移民到紐西蘭的英國人會發現，「他擁有同一位女王、同一種法律風俗、同一種語言、同一種學校、同一種教堂、同一種報紙、同一種社會機構；除了這裡的樹是常綠的，且沒有冬天，沒有歌劇，沒有貴族，沒有所得稅，沒有貧民，沒有乞丐，沒有棉紡廠外，實際上，他就生活在青年時期的英格蘭。」他接著指出，「敢去荒涼地區開墾的都是強壯且大膽的人」，移民活動「喚起了勇氣、耐力、幹勁、進取心甚至所有的男性美德。意志薄弱、缺乏男子氣概、過分講究和害羞的人，都不會移民」。這些就是紐、澳等地成為「新不列顛」的原因——拓荒者那代人的努力和品格取自英國價值觀裡最好的成分，並拒絕了最壞的部分。英國秩序在此獲得了新生。

為什麼鄭和沒有成為庫克？

　　1779 年，庫克意外地在夏威夷死於與土著的一場武裝衝突。庫

克一行人在 1779 年 1 月 17 日於凱阿拉凱夸灣（Kealakekua Bay）登陸，造訪群島最大的島嶼夏威夷島。庫克到訪的時候，當地人恰巧正在慶祝「瑪卡希基節」（Makahiki），該節日是一個祭祀玻里尼西亞神明龍諾（Lono）和慶祝收成的節慶。無獨有偶的是，決心號的桅杆、帆和索具的形態，與部分用於節日祭祀的手工藝品相似；再加上他們登岸前，曾順時針環繞夏威夷島一圈，巧合的是祭祀龍諾的隊伍也是在島上順時針環島巡遊一圈。一連串的巧合使身為艦長的庫克被部分島民誤以為是龍諾下凡，對庫克敬拜、奉若神明。庫克與他的船員在夏威夷島逗留了大約一個月的時間後，在 1779 年 2 月 4 日重新出發，再一次向北尋找西北航道。然而，就在出發後不久，由於決心號的前桅損毀，庫克被迫帶領船隊折返，並在 2 月 11 日返回凱阿拉凱夸灣修理。但庫克的回歸完讓夏威夷島民感到錯愕，原因是祭祀龍諾的「瑪卡希基節」已經完結，他們突如其來的回歸不僅對島民的心靈構成沉重打擊，更使他們對庫克的虔誠信奉轉化成為憤怒。2 月 14 日清早，庫克帶同一批海軍陸戰隊員登陸凱阿拉凱夸灣，試圖平息此前與當地土著的對立，但雙方早有成見，再加上誤會對方的暗號和意圖，使得武裝衝突突然爆發。

庫克一方擁有先進的武器，卻寡不敵眾，唯有後退到灘頭。庫克安排同伴登上小艇撤退，自己留守到最後。他被島民從後打中頭部倒地，他立即起來反抗，但隨即又被按在地上，被島民用亂石擲打，繼而被人刺死，死時臉部朝下，貼著被浪花沖刷的岸邊，終年僅五十歲。

作為艦隊最高指揮官，庫克在危難之際展示了英國紳士和騎士的高貴氣質與身先士卒精神。與之相比，在新疆維吾爾自治區克拉瑪依市的一場大火中，中國官員留下「讓領導先走」的名言，導致大批學童被活活燒死，盲歌手周雲蓬所詠唱說：「不要做克拉瑪依的孩子，

火燒痛皮膚讓親娘心焦……不要做中國人的孩子，餓極了他們會把你吃掉。不要做中國人的孩子，爸爸媽媽都是些怯懦的人，為證明他們的鐵石心腸，死到臨頭讓領導先走。」這就是英國秩序與中國秩序的本質差異。

遇難之後，庫克以民族英雄之姿進入大英帝國名人殿堂。托馬斯・班克於 1789 年出版《新地理體系》，在其封面畫面的中央，庫克由尼普頓引薦給克麗奧女神，而這位女神恰好正要記錄庫克的豐功偉績。在畫面底部，為了表明庫克的功績刺激了英國的貿易，畫家描繪了四個跪著的人向不列顛尼亞供奉的畫面，這四個人象徵四大洲。在遠處，庫克的兩艘船正準備出海，進行新的探索。

這就是庫克與鄭和的根本差異——鄭和航行的時間點比庫克早三百多年、規模大得多。1405 年，明朝的永樂皇帝宣布派船隊到西洋（印度洋）各國「耀兵異域，示中國富強」，也有人說是為了追蹤傳說逃到海外的建文帝。這是一支有史以來最大規模的船隊，一共有三百多艘船和近三萬名船員。負責率領這支船隊的穆斯林太監鄭和是皇帝操縱的傀儡，代表皇帝到海外炫耀皇權，他對在遠航中觀察到的新事物和新知識並無太大興趣，皇帝本人更無興趣（中國也沒有英國式的皇家學會）。

鄭和的航行沒有觸動明帝國的政治、文化和經濟結構。一旦皇帝決定停止航行，鄭和的成就立即化為烏有，有關檔案材料被付之一炬——1436 年，九歲的正統皇帝下令不再派船出海，之後的歷任皇帝都重複此一決定。1477 年，當有人重提製造寶船出海的計畫時，高級官員、儒家學者劉大夏對兵部尚書說：「鄭和前往西方的航海浪費了上百萬的金錢和穀物，而且成千上萬的人死於此……這是一個極其糟糕的行動，大臣們本應該予以強烈反對。即使這些舊資料現在還保存著，也應該被燒毀。」在得到上司默許後，他悍然燒毀兵部保存

的有關資料，並上奏皇帝說，找不到造船的資料。而其上司讚揚他說：「你的陰德不小，這個位置遲早是你的。」後來，劉大夏果然當上兵部尚書。他的作為儘管「欺君」，卻完全符合儒家的道德原則。梁啟超感嘆說：「鄭君之初航海，當哥倫布發現亞美利加以前六十餘年，當維哥達嘉馬（瓦斯科・達・伽馬）發現印度新航路以前七十餘年。顧何以哥氏、維氏之績，能使全世界劃然開一新紀元；而鄭君之烈，隨鄭君之沒以俱逝？我國民雖稍食其賜，亦幾希焉。則哥倫布以後，有無量數之哥倫布；維哥達嘉馬以後，有無量數維哥達嘉馬；而我則鄭和以後，竟無第二之鄭和。噫嘻，是豈鄭君之罪也！」毫無疑問，「鄭和之後，再無鄭和」，不是說沿海的中國人缺乏鄭和或庫克的航海技術，而是說中國的制度與文化泯滅了中國人的冒險和開拓精神。

研究航海史的學者陳佳榮指出：就航程所經而言，鄭和七下西洋的路線大抵均從東海入南海，轉赴印度洋，並無任何地理意義上的發現。鄭和艦隊七下西洋，幾乎重複同一航線，也未留下航海圖錄，更遑論稍稍明確的航海日誌，以致鄭和是否到過美洲、澳洲乃至菲律賓、台灣，都讓後人聚訟不休、迄無定讞。現在流傳的《自寶船廠開船從龍江關出水直抵外國諸番圖》，雖被考證為《鄭和航海圖》，但其繪製隱隱約約、比例失調，完全奠基於民間舟子船工的經驗而集大成。其與西方航海圖相比，天壤之別。

鄭和船隊數量、船隻大小的記載，全都漏洞百出、謊話連篇。按照《明史》記載，鄭和寶船的尺寸是長 44.4 丈，寬 18 丈，以明尺為 0.317 米計，折合長寬約為 140 米和 57 米。《瀛涯勝覽》明鈔本《說集》本、顧起元《客座贅語》及鄭和家譜的記載與之相同，似無疑問。但人們以現代技術按照這個尺寸加以復原，卻從未成功——世上造不出這個尺寸的、排水量為三萬噸的木船。

鄭和下西洋還有一個重要目的，就是尋找異邦寶物，供皇室享用。當時下西洋的船逕稱「寶船」或「西洋取寶船」，《明史・鄭和傳》云「所取無名寶物，不可勝計」。明朝皇室標榜「厚往而薄來」，勞師動眾、不惜代價地尋覓奇珍異寶，以滿足宮廷奢靡的需求，完全不符合市場規律和經濟原則，結果造成國家財政嚴重的入不敷出。

　　1980 年代末，橫空出世的電視片《河殤》呼籲中國由黃河文明走向蔚藍色的海洋文明，卻被六四屠殺的槍聲打斷。如今，中國瘋狂製造航空母艦和組建艦隊，以為這就是走向海洋國家的捷徑。殊不知，同樣愚蠢的行為，大清帝國末期早已嘗試過，主事者只願意「師夷長技以制夷」，效法西方的船堅炮利，卻不接受西方的「民主、科學、憲政、共和」。朝廷耗費巨資向西方購買大批鐵甲船，也在西方的幫助下修建了大型造船廠。北洋艦隊的規模一度號稱亞洲第一，曾遠航到南美耀武揚威，卻沒有納爾遜和庫克船長這樣的海軍俊傑。所以，北洋艦隊與大清帝國一樣腐敗不堪，只是中看不中用的繡花枕頭。這支龍旗飄飄的艦隊，一旦跟日本海軍交手，幾個時辰之後便灰飛煙滅。今天一口氣打造出五艘航空母艦的中國，不過是重蹈大清帝國和北洋艦隊的覆轍而已。

第六章

埃德蒙·伯克：
保守主義政治宏大且美

良好的秩序是一切的基礎。

——伯克（Edmund Burke，1729 年—1797 年）

1775 年 3 月 22 日，下議院國會議員埃德蒙‧伯克在西敏寺議會大廳發表〈論與美洲和解的演講〉（Speech of Edmund Burke on moving his resolutions for conciliation with the colonies）。他反對英國政府向美洲殖民地開戰，主張與之和解，因為北美居民不是外國敵人，而是英國的一部分，他們是海外英國人，帶著英國的理念、語言和法律：「我們不可能竄改這一勇猛民眾的血統並說服他們相信不是源自一個靜脈中流淌著自由血液的民族……你的說辭會背叛你。一個英國人是這個世界上最不適合將另外一個英國人論證成奴隸的人。」伯克的演講持續了兩個半小時，論證無懈可擊，言辭真摯懇切。

　　然而，一意孤行的英王喬治三世不能容忍殖民地人民的抗議，平民院的議員們也堅持要給桀驁不馴的美洲人一個教訓，他們根本聽不進去伯克睿智的建議。伯克的第一個同時也是完全無害的動議、一個純粹的事實聲明，居然被以 270 票對 78 票的投票結果否決。很多時候，先知確實是孤獨的，民主也未必能導致一個正確的決策。和解的時機轉瞬即逝，英國與殖民地人民的戰爭爆發了，美國的獨立勢不可擋。伯克未能扭轉乾坤，但這不是伯克的失敗，而是英國的失敗。

我像一棵老橡樹般倒下

　　1797 年 7 月 9 日午夜，伯克在白金漢郡比肯斯菲爾（Beaconsfield）的家中去世，享年 68 歲。他生前非常擔憂法國大革命的暴政波及英國，他將法國大革命形容為「橫跨於英吉利海峽的一個巨怪。它一腳立於外國海岸，另一腳已落在英國土壤上。」如果英國也發生類似的暴民革命，作為法國大革命的反對者、「絕對民主」，和「全民主權」等激進思想觀念的反對者，他一定會被暴民掘墓鞭屍，甚至連累家族成員的墓地也遭破壞。於是，伯克留下遺囑，要求將其祕密埋葬在家族墓地之外，且不留墓碑。他在給一位友人的信中哀歎：「我像一棵老橡樹般倒下，我被剝去所有的榮譽；我被連根拔起，然後無力地躺倒在地上。」六天之後，伯克的妻子簡（Jane）及其他家人安排葬禮，在其早夭的愛子理察的墓旁為其立碑，但其棺木究竟葬在何處，則眾說紛紜。

　　保守主義者對人性和未來總是悲觀的。但伯克並未倒下，他也並不孤獨。他宛如一棵枝繁葉茂的橡樹，一棵保守主義橡樹園中最老、最高、最壯、最莊嚴肅穆的橡樹，蔭蔽著英國、美國、盎格魯圈乃至整個世界。亞當・史密斯說道：「伯克就我所知是唯一一個在與我相識之前便已經與我有完全相同的經濟思想的人。」與伯克同時代的學者塞繆爾・約翰遜評論說，他不會嫉妒伯克成為下議院的第一人，因為「伯克在任何地方都會是第一人」。伯克傳記的作者傑西・諾曼（Jesse Norman）指出：「伯克是一名一流的哲學家型的政治家，終身反對專斷權力和不正義，同時也是基本權利和盎格魯 - 美利堅憲法傳統的堅定擁護者。」正如數百年後《大憲章》在美國的地位比在英國還要高，如今伯克在美國的地位也比在英國更高。所謂「美國例外論」，其實更準確的說法應當是：美國在精神氣質上更像伯克理想中

的國度。

伯克出生於愛爾蘭都柏林，父親是律師及新教徒，母親是天主教徒。伯克跟隨父親的信仰，信奉安立甘宗（Anglicanism），但並未與母親信奉的天主教決裂，「他總能看到抽象的教義或政治理念與實際生活之間的差異」。他青年時代來到倫敦，通過發表作品獲得知名度，先後出任下議院議員威廉·漢密爾頓及輝格黨領袖羅金漢侯爵（Charles Watson-Wentworth, 2nd Marquess of Rockingham）的祕書──後者很快發現伯克非凡的才華和價值，將其帶入輝格黨政治核心圈，並在 1765 年安排他獲選下議院的一個席位，這是伯克未來 30 年裡的政治大舞臺。

伯克具有兩種高度重疊卻又有所區隔的身分：政治家（政治活動家）與政治學家（政治哲學家）。以前者而論，在其漫長的政治生涯中，他確立了在輝格黨主要發言人的地位，先後投入五場重大的政治鬥爭：支持對行政權與王室任免權施加憲法約束；支持給予愛爾蘭天主教徒更平等待遇；反對英國對北美十三個殖民地的鎮壓；反對東印度公司在印度的法團（法人團體）權力及英屬印度總督黑斯廷斯（Warren Hastings）的濫權；以及反對法國大革命的影響和教義。這些政治取態的共同主題──這一靈感被葉慈（William Butler Yeats）在其詩歌《七賢人》中描述為伯克的思想旋律──是伯克對不正義、權力濫用、政治活動中的激進意識形態和暴力的憎惡，正如其傳記作者莫雷（John Morley，1838 年─1923 年）所說：「伯克痛恨居高位者的無知和殘酷，還有他們一切愚蠢和專橫的作為，因為他豐富的想像力和極度的感性，他眼中呈現的是下層民眾最無以復加、不可迴避的疾苦。他對善政的敏銳感覺是他汲汲於每一個生靈都能在其治下獲得幸福安寧的結果。」然而，在政治實踐層面，只有第一項鬥爭取得了些許勝利，其他四項都慘遭失敗──儘管後來事態的演變證明他最初

的努力方向是正確的。

伯克是曾任首相的羅金漢侯爵的智囊，可惜後者在位非常短暫，很多政策來不及展開。伯克並不願意當大人物的傳聲筒，也不願被選民所左右，他在 1774 年告訴選民，自己應該為他們奉獻判斷力，而不是服從——即便當今的政治人物也很少敢於如此公開表達。伯克還提倡宗教信仰自由，改革財政和貿易政策。他堅決反對奴隸貿易，認為它是不人道、不公正的，必須廢止。

作為政治家，伯克的政治活動沒有在英國政治史上留下深刻烙印，他後來失去議席，回鄉隱居。但作為政治思想家，他如同蘇格拉底一樣，超越了其身處的國族與時代，他的保守主義理念形塑了近代英國人的民族性格，讓英國避免暴力革命。即便左派政治學家、曾任工黨主席的政治學家拉斯基（Harold Joseph Laski）亦稱讚說：「他為他那一代的政治哲學帶來一種方向感，一種崇高力量，以及關於政治複雜性的完備知識，而其他政治學家並不曾擁有這些。他的洞察力光芒刺入了政治複雜性的隱祕深處，很少有人堪與比肩……他寫下了不朽篇章，永久地成為關於政治家技藝的最高分析。」多年後，伯克的論敵潘恩的著作讀者稀少，伯克的讀者卻越來越多，愛爾蘭歷史學家萊基（William Edward Hartpole Lecky）指出：「自培根以來或許還沒有哪位英國散文家的作品閃耀著如此濃密的思想光芒。也許會有那些作品不再被閱讀的時候，但永遠不會有閱讀那些作品而不使人更明智的時候。」

伯克畢其一生反對的，唯有任何專橫的權力對憲政結構的破壞。他的思想與著述歷久彌新。在 20 世紀下半葉，伯克的反極權主義修辭被美國保守主義政治家和思想家接受，運用於冷戰時期反共產主義的鬥爭之中。彼得‧斯坦利斯（Peter J. Stanlis）把伯克呈現為反對實證主義和隨之而來的國家主義、極權主義、無政府主義和民眾的僭政

種種疾病的「我們的大師」及「歐洲的基督教人道主義的復辟者」。哈維・C・曼斯菲爾德（Harvey C. Mansfield）亦指出，伯克是「最能夠指導我們回歸自然法的思想家」。在美國高中畢業生的 SAT 考試中，解讀伯克的文章幾乎是必然出現的考題。

柏林圍牆倒塌之後，中、東歐知識分子和政策制定者在他們的憲政反思中吸收了伯克關於政府的正面理論。而在華語文化圈中，長期遭到忽視的伯克正成為逆轉百年激進主義驚濤駭浪的定海神針——曾經也是「憤青」的我，如今自視為伯克精神上的後裔。伯克的思想與著述應該要成為一種社會防護體系，這個時代似乎也正尋找其中的某些觀念，但如果沒有伯克思想中真誠的原則，將會陷入玩世不恭的冷漠，和讓人精疲力盡的壓迫之中。

歐洲的偉大資源在英格蘭

伯克曾說，「若要人愛國，首先國家得可愛才行」。他以身為英國人而自豪。在伯克的視野裡，作為社會成員的個人，與其說是「生而自由的個體」，不如稱之為「自由的後裔」。英國人得以享有「高貴的自由」，是因為它有「自己的家譜和顯赫的祖先，有它的支柱，它的徽符，有它的肖像畫廊、紀念銘文，它的記載、物證和勳銜」，這些才是「我們繼承的遺產」。每個人從他出生的那一刻，通過這些遺產，就進入了許多契約關係，例如家族關係、財產和商業關係、社區和教會等等，這些契約關係都不是自由選擇的結果，無論是個人還是「人民」，都沒有權利隨意加以改變。即使是形成國家的政治契約，也不過是封建民事契約關係的延伸，像伯克極為推崇《大憲章》的內容和行文風格，便可清楚地感受到這一點。伯克說，「我從不讓抽象的和普遍的東西主宰自己」，也就是說，自由不是抽象的，它必

須「與政府結合在一起，與公共力量，與軍隊的紀律和服從，與有效而分配良好的徵稅制度，與道德和宗教，與財產的穩定、和平的秩序，與政治和社會風尚結合在一起」。

伯克是英國憲制的捍衛者，在其憲法思考中，傳統、權力平衡和自由是三足鼎立的三大要素。學者張偉指出，對伯克而言，傳統不僅僅是憲法演進的客觀線索，更是憲法的合法性來源，這集中體現在他的「古憲法」思想中；權力的平衡是憲法的基本架構；自由則是憲法的目的所在。

首先，法律和政權都是隨著時間的推移慢慢形成的，從來不是「由某個時刻的慣例所決定的」。英國憲法是「約定俗成的憲法，其唯一的權威正是它存在的時間久不可考」，「該憲法是許多代裡許多顆偉大心靈之思想的產物」。將英國憲法根植於英國本身的歷史情境之中，是一種「無須思考即可獲得之智慧」。這種看法，與歷史學家波里比阿（Polybius，204 BC—122 BC）對羅馬政制的論述不謀而合——「羅馬共和國政制是一個自然發展過程，不是某個立法家在某一特定時刻的創造。」伯克尊重「那些締造古代共和國的立法者」，他們留下的遺產就是這個國家本身——它的制度、習俗和所提出的觀點，而遵循慣例始於一種謙卑的感激態度。世代相傳和歷史悠久的法律讓人心生尊重，並催生對自己所屬社會的善意情感。人的本性總是受到新奇和刺激事物的吸引，而激情在政治活動中扮演負面角色。但只有既定事物的美才能感動它們，讓人看到其優點，從而對推翻它保持懷疑和謹慎態度。

其次，英國憲法的高明之處在於創建了一種混合政體，君主、貴族和平民分割權力，相互設置權力邊界。同樣，波里比阿指出，羅馬政制乃是「混合政制」，執政官、元老院和公民大會的權力分別代表著君主制、貴族制與民主制，諸因素之間彼此平衡，產生和諧穩定。

伯克繼而認為，社會平等是法律和道德上的平等，但在一個社會之中，不同能力和品格的人必定擁有不同的權力。「統治」具有相當高的難度，並不是任何人都能輕易做到，在一個慣例法定型的社會裡，統治需要對歷史和傳統有所了解，需要對人有所了解，以及決策時的審慎。讓那些得到更好培育、能夠做出正確判斷的人來統治，沒有什麼好羞恥的，也不涉及什麼不公平。社會理應得到完善的管理，而不僅僅是運用抽象的政治平等理念，完善的管理需要授權給更適合統治的人。伯克也看到英國秩序的多個來源和多種風格，它是混合而多元的，任何企圖讓其變得完美和統一的努力都會招致事與願違的結果：「儘管這棟舊建築部分是哥德式風格，部分是希臘風格，部分是中國風格，它都好好地矗立在這裡，直到有人企圖將它的風格統一。因為毀滅的無差異性，它可能整個轟然倒塌，砸到我們頭上。」

第三，英國憲法的目的和內在價值在於自由，這種自由不是抽象的觀念，而是附著在「一定的事物」之上。就英國的歷史而言，其自由始終與產權和賦稅問題緊密關聯，這也是美洲殖民地居民與母國英國衝突的根源，殖民地人民最初的抗爭口號不是獨立，而是「無代表，不納稅」。英國憲法與英國的民族性是契合的：「多虧了我們對變革的堅韌抗拒，多虧了溫冷峻持重的國民性，我們還保留著祖先的特徵。……從《大憲章》到《權利宣言》，我們憲法的一貫政策都是要申明並肯定，我們的自由乃是我們得自祖輩的一項遺產，而且是要傳給我們的後代的，那是一項專屬本王國人民的產業，不管任何其他更普遍或更優先的權利是什麼。」這是「英國例外論」——後來發展為「美國例外論」。伯克認為，真正的自由是「有德行的自由」，「它是一種狀態，在這種狀態下自由通過同等的約束得到保障……這種自由實際上是正義的另一種名稱，它由明智的法律確定，並通過完善的制度得到保障。」

伯克堅定不移地擁抱保守主義。可是，保守的對象又是什麼？柯克認為，伯克不屈不撓地要維護的是英國憲制及其分權傳統。在伯克的思想中，縱觀整個歐洲，英國的這一體制是最有利於自由和秩序的，胡克（又譯胡克爾，Richard Hooker）、洛克和孟德斯鳩的觀點都強化了此一看法。伯克要維護的也是範圍更大的文明體制，他的寫作和演講中內含有一種屬於所有文明人的普世憲制，其主要內容有：敬畏社會偏好的神聖淵源；從傳統和成見中獲取公共和私人的生活的指引；確信上帝面前人人平等，不過人與人之間的平等僅限於此；堅定地支持個人自由和私人財產權；反對空泛教條的變革。英格蘭憲制存在的目的是保護所有階層的英國人：確保他們的自由、他們在司法上的平等、他們體面地生活的機會。保守的姿態固然重要，保守的內容更重要——近代以來，中國的所謂保守主義，大都只有保守的姿態，保守的內容卻錯了，比如晚年康有為、學衡派、梁漱溟、新儒家以及近年來的「儒家憲政主義」都是如此。

伯克來自愛爾蘭，母親是天主教徒，這使他在倫敦處境艱困——他常常被政敵妖魔化為愛爾蘭分裂主義者和天主教奸細。但是，作為外來者的伯克，反倒比很多英格蘭土生土長的紳士更熱愛英國憲制和英國秩序。馬修・阿諾德（Matthew Arnold）指出：「英國幾乎只有他一個人，能夠讓思想作用於政治，讓政治浸透著思想。他的作品之所以重要，是由於它們傳達出這種經驗和知識。最終，單純的個體經驗具有了劃時代的意義和價值。」柏克屬於阿諾德所說的「內斂的時代」，說他抵制所有改革並非事實，但是他最猛烈的火力所針對的，確實是所有的全盤革新或激進重建。

熱愛自由的美洲人民是不可征服的

當伯克在議會為美洲殖民地民眾的權益奔走呼號時，很多盛氣凌人的政客將其視為賣國賊。但伯克才是真正的愛國者，他愛的是英國憲制，英國的偉大在於「對人類的苦難與快樂抱持憐憫之心，感受到沒有什麼人類事務是外在於她的。」

若用後世反殖民主義者的立場來審視伯克，他確實具有「帝國社會」觀念——如果英國能將英國憲制推廣到天涯海角，帝國成為分享自由果實的共同體，那麼英國的殖民地多多益善。但是，對伯克來說，不惜一切代價確保帝國的完整並不是最終目的，若英國的帝國政策貶低了英國憲法之核心的政治原則，他會在自由和帝國之間選擇自由。可惜，很多懷抱帝國抱負的國家及其領袖，偏偏缺少了對自由的信仰。

伯克書寫的包括〈論課稅於美洲的演講〉、〈論與美洲和解的演講〉、〈致布里斯托城行政司法長官書〉在內的《美洲三書》，是一個愛爾蘭人致美洲精神的情書——致表達在美洲且通過美洲表達出來的英國人和英國制度的精神。傑西・諾曼評論說，部分是詩，部分是散文，部分是佈道文，部分是說教，它是明智而先知般的存在，不僅是政治思想的傑作，更是政治家技藝的傑作。它前瞻後顧：後顧者，一種關於英國商業與憲制成功之源的細緻入微的歷史論證；前瞻者，一種建立在共享性認同和制度基礎上的非強制性帝國概念——尤其是法治——這將在未來的世紀裡證明具有巨大影響力。

伯克不希望美洲殖民地獨立——就連美國國父之一的富蘭克林一開始也沒有獨立的想法，他期望英美建立一個超級邦聯，如果這個計畫成功，近代史會是另外一種路徑。在美洲殖民地與母國就貿易問題發生嚴重爭議、波士頓傾茶事件發生後，殖民地居民約有三分之一希

望繼續身為英王臣民，約三分之一模稜兩可，只有三分之一堅決主張獨立。然而，不是美洲人民太過僭越，而是英國統治階層太過傲慢，輕易開戰，導致英國失去了美洲。莫雷寫道：「我們就這樣見證了歷史上前所未有的罪惡聯盟，武斷的君主和專橫的議會、貴族、教會、下層民眾並肩而戰，他們聯合起來的目的，卻只為壓迫自己的遠親同胞。專制是愚昧的必然結果，國王和他最卑微的子民都被這種思維所左右。」對於美洲戰事的結局，伯克懷有大逆不道的想法：「如果英國獲勝，那英國和美國的自由事業都將迎來末日。」這句話如此不合時宜。伯克冒著與選民為敵的危險，寫信給布里斯托行政司法長官，並請他們將該信內容轉告給選民：「為爭奪虛幻的權力，我們開始染上了宰割他人的壞習氣、開始喪失對平等的愛好。……我們寧可原諒對權力的最大濫用，也不原諒對權力的最小抵抗。……我們只相信蠱惑，以為誰想欺壓自己的同胞，誰就是愛國；誰恨內戰，誰就是煽動造反；誰有寬大、克制、溫柔與和解的品格，誰善待本王國之屬民的特權，誰就是背叛了國家。」

從伯克最後一次和解的努力算起，美洲的獨立戰爭打了八年之久，結果如伯克所料，英國的主權，被美洲人「甩在了他的臉上」。喬治三世和英國統治階層下決心「永不承認美國獨立，又承諾永恆地以永無休止的持久戰爭懲罰他們的堅不服從」，國王和軍方將領計畫要破壞美洲殖民地的沿海商港、炸毀碼頭、劫掠與焚燒沿海城鎮以及解除對印第安人的管制並挑動其襲擊殖民地邊區的平民。喬治三世相信這些行動可有效地鼓動當地的保王黨、分裂大陸會議並「持續地使造反者感到煩擾、不安和困乏，終有一日，更將不滿和失望自然及無可避免地轉化為懺悔和自責」，從而乞求由他重新來管治美洲殖民地。但事與願違，北美殖民地越戰越勇，在 1776 年 7 月宣布從大不列顛王國獨立，並建立「美利堅合眾國」。《獨立宣言》對英國

國王、立法機關及全體國民提出多項控訴——包括「拋棄此地之政務……掠奪我海域，踐踏沿岸，焚燒城鎮，殘民以逞」等等。

伯克讀過《獨立宣言》的文本，他感嘆其原則與他在《美洲三書》中的論述驚人一致。伯克沒有去過美洲大陸，但他靠直覺嗅到那片遼闊大地上的自由氣息，「在美洲人的性格中，對自由的熱愛是壓倒一切的特徵，它是美洲人之整體性格的標誌和有別於其他人的要素」，美洲人是「清教中的清教派」，對於「任何有專制政府氣味的兄弟」都會異常敏銳和反感。大衛‧布羅姆維奇（David Bromwich）在《愛德蒙‧伯克思想傳記：從宏大與美到美國獨立》中幾乎將伯克視為美國的國父之一。伯克的預言沒有落空，美國人一直忠於他們的首要信條，從未誤入專制和暴政的歧途，從未放棄自由和共和的原則。伯克相信，美國獨立是維護英國政治自由必須付出的代價，美國會成長為一個偉大的國家。

在法國這個萬惡之源的大學校，只有絞刑架高高豎立

對英國來說，美國獨立戰爭只是皮肉之傷，法國大革命則是一場致命瘟疫。法國大革命發生時，英國政壇最初的反應是樂觀的。輝格黨領袖福克斯說：「這是世界上曾經發生過的最偉大的事件！也是最美好的事件！」首相皮特在議會宣布：「法國當前的動亂遲早必定會以普遍的和諧結束……法國將享有我所尊崇的那種自由。」

唯有伯克再次發出逆耳之言，奮筆疾書寫下《法國革命反思錄》（在其他的論文及書信中，他多次論及此一主題），他在書中充滿憤怒，這是對暴行的義憤。在他看來，法國大革命不是偉大的事件，不是普遍和諧，不是值得稱頌的自由；而是一場災難，革命不會帶來所謂公正人士、激進知識分子及其同路人所預期的優良秩序或理想社

會。法國人正在建立的新制度，是一種無法僅憑經驗加以評說的統治形態，而且它不可能提供自由的前景。法國革命並不是「暫時的罪惡，一定會帶來長久的好處」；它也不是尚不完備、可以逐漸成熟的自由計畫。它從根本上就是錯誤的，「它留下來的只能是暴力、血腥、無政府狀態、恐怖和內戰」。法國大革命的領袖們多為從低級政客、新興金融商人、二流哲學家、落魄文人等種種狂熱野心家、投機牟利分子、鼠目寸光之輩，儘管社會制度發生劇烈變革，不變的是人類對權力的爭奪與濫用，「智慧不夠，就用充沛的暴力來補充」。

伯克認為，大革命所宣揚的聽起來美妙無比「自由、平等、博愛」，是以破壞傳統秩序與社會價值為前提的，必將造成瘋狂的革命激進主義，而這種激進主義會不斷以革命的形式反噬革命本身。法國大革命過程中「正歎他人命不長，哪知自己歸來喪」的場景讓人瞠目結舌：巴黎廣場的斷頭台忙得「腳打後腦勺」，不斷有反對派被推上去，然後是推他的人再被推上去。伯克更預言了從革命的血與火中必然出現比封建君主更專制暴虐的獨裁者：「某一討人喜歡的將軍，精於安撫兵卒之術，掌有統兵作戰之真訣，將會把所有人的目光聚集在自己身上，軍隊將會基於其人格魅力而服從他的調遣……最終那個人就成了你們的主子，你們整個共和國的主子。」伯克辭世兩年後，拿破崙就任第一執政官，不久便登基稱帝。「毀滅性的破壞終將導致一種新的專制主義強權出現，唯有它才能維持社會免於全面的混亂和崩潰。」伯克對拿破崙稱帝的非凡預見，成為「史上最罕見的準確預言」。

而且，法國革命不會在法國國境內止步，法國將會傳播一種鼓吹叛亂的國際精神，這將會傳染給英國，而革命的結果將會是國家間戰爭。如果法國這個「萬惡之源的大學校」所宣揚的原則得勢，世界上的任何政府都不可能安全。伯克在《論與弒君者講和》中更是尖銳地

指出，法國革命者的影響並不是一個帝國向境外的擴張，而是一個「志在建立普世帝國的宗派的擴張，法蘭西不過是它的第一個征服對象」。他先知般地洞穿了這場革命的本質：「弒君的法國完全算不上一個真正意義的國家……我們是在與一種制度開戰，該制度在其本質上與所有其他的政府為敵，我們是在與該制度的一種武裝教義開戰。」這種「武裝的教義」就是現代極權主義意識形態的起源之一。因為有伯克和保守主義的堤壩，法國大革命的瘟疫沒有在英國氾濫成災。但正如伯克所料，此後一百多年，作為法國大革命的後裔和升級版的俄國革命和中國革命以及風靡數十個國家的共產主義運動、德國和義大利等國的法西斯主義政權，將帶來人類歷史上前所未有的、慘絕人寰的種族滅絕和階級滅絕。

《法國大革命反思錄》這部傑作更新並擴展了伯克辛勤耕耘 30 年的系列觀念，成為近代保守主義的奠基石。伯克對法國大革命的抨擊，賦予保守主義運動厚重的哲學信念和宗教鬥爭的熱情。英國保守黨領袖索爾茲伯里勳爵的兒子休·塞西爾（Hugh Richard Heathcote Gascoyne-Cecil）指出，該書中有六大主題是保守主義思想永恆的根基：宗教的重要性及國家對其價值的認可；憎惡政治和社會改革過程中個體遭受的不公正；對無視現實中必然存在的等級及區分的革命性平等觀念的抨擊；私有財產的神聖性及其對社會福祉的必要性；人類社會是一個帶有諸多神祕性的有機體概念；歷史連續性以及盡可能漸進變革、減少混亂的重要性。

法國大革命對基督教的暴力攻擊，讓伯克洞悉了這場浩劫的本質。保守主義甚為重視宗教的作用，伯克甚至認為宗教本是人的天性。他指出，人類是宗教的動物，無神論與人的理性和天性相違背，不可能長久。宗教為人類提供動力和希望，作為穩固的生活指導，能夠使人安分守己地活下去。伯克是敬虔之人，「伯克對有關人類的最

為緊要問題的答案來自聖公會的教理問答」，他相信基督教的宇宙觀，公義的上帝為宇宙設定道德秩序，使人們的得救成為可能。上帝賦予人類法律，以及與法律攜手而來的權利。伯克的思想傳人、林肯郡主教克里斯托弗・華茲渥斯（詩人華茲渥斯的侄子）在 1865 年指出：「各位，什麼是保守主義？它是基督教在文官政府中的應用。什麼是英國保守主義？它是將英國教會的原則作為立法的基礎。先生們，我虔誠地說，世界上最保守的書是《聖經》，之後最保守的書是英國國教的祈禱書。」

伯克並不反對改變，他信奉的保守主義並非一成不變、停滯不前。「一個國家，如果沒有進行改變的方式，就等於沒有自我保全的方法。」但他反對法國大革命式的「全盤推倒重來」。法國人推翻了所有的傳統、法律和宗教，發布了看似冠冕堂皇的《人權宣言》。但在伯克看來，那些美好的言辭都是「虛空的虛空」。英國不能效仿法國，經過漫長的歷史形成的英國憲法，是一部道德機器，「該機器有著另外的裝束、重要性和複雜性，由不同的齒輪、彈簧、平衡器、反作用力與合力裝置組成」，因此，「它不可能被無知之人拆成碎片後再完整地重裝起來。人們很少想到，他們在如此魯莽地亂動他們所不理解的事物時是多麼的不道德。」

伯克反對民粹式的民主，他堅持認為如果不能保護少數派的權益，民主的趨勢必然是暴政。伯克在整個政治生涯中面對時勢與權力關係的改變，始終努力維持憲政平衡。他的《法國大革命反思錄》等晚期論著更加充分地表達了他素有的自由理念：自由是「真實」而非抽象的，同時，民主憲政要與秩序和節制相結合，權利也要與責任相對等。伯克深諳「政治並非抽象的概念，而是以道德為標準的經驗的藝術」，他將政治實踐與思想融為一體，不僅在原則上是一致的，而且將公共生活視作「檢驗、探求和有效運用道德思想的領域」，他

「以一種深邃的洞察力審視政治活動中各種理念及其淵源，並從中構建一個完整而連貫的體系」。阿諾德稱讚道，伯克的偉大在於他超越了狹隘的黨派利益紛爭和思維定勢，「將智識思考帶入政治生活，讓政治充滿思想的光輝」。政治不一定就是骯髒的沼澤地和名利場，保守主義政治宏大且美。

第七章

詹姆士·瓦特：
智慧同智慧相碰，就迸濺出無數的火花

在科學上面沒有平坦的大道，只有不畏勞苦沿著陡峭的山路攀登的
人，才有希望到達光輝的頂點。

————詹姆士·瓦特（James Watt，1736 年—1819 年）

1776 年 3 月 8 日，詹姆士‧瓦特公開演示改良的新式蒸汽機，大獲成功。這種蒸汽機可提供往復直線運動，主要應用於礦場的抽水泵上。瓦特接到大量訂單，奔波於各個礦場之間，幫助安裝由這種新型蒸汽機帶動的水泵。他不斷改良這種機械，提高其功率並應用到其他領域。他發展出馬力的概念，以及以他名字命名的功率的國際標準單位——瓦特。瓦特被譽為人類歷史上最偉大的發明家之一，在美國學者查爾斯‧穆雷的《人類成就》（Human Accomplishment）一書中，他曾做過一個調查，在歷史上最知名的 229 位發明家中，瓦特與愛迪生並列第一位。

瓦特蒸汽機的出現，既是一次革命性的突變，也是長期漸變的一個階段，其重要性是難以估量的，它被廣泛應用在工廠，成為幾乎所有機器的動力，改變人們的工作生產方式，極大地推動技術進步並拉開工業革命的序幕。愛默生說：「蒸汽機使英格蘭的人口和財富翻了四、五倍。」美國歷史學家傑克‧戈德斯通（Jack Goldstone）指出，在人類歷史上，蒸汽機是一項卓越的發明，其重要性堪比火的發現。蒸汽機和煤動力的組合打破了以往所有社會在能源利用上所遭遇的障礙。經濟史學者瑞格理（E. A. Wrigley）將這種轉變稱之為有機經濟（其所有能源都來自於風力、水力和生物）向無機經濟（其生產、運

輸和建築所需要的能源主要來自於無機資源的開採，主要是煤、石油、天然氣）的轉變，這也是人類歷史上最重大的轉變之一。

一個沒有受過正規教育的修理工，如何成為改變世界的發明家？

瓦特出生於蘇格蘭大城格拉斯哥（Glasgow）附近的格利諾克鎮（Greenock），父親是一名手藝精湛的造船工人，擁有船隻和製造航海器具的工廠，在當地頗有聲望，還曾出任公職；母親出身貴族，且受過良好教育。父母都屬於蘇格蘭長老會並且是堅定的誓約派。

瓦特一生下來就體弱多病，經常偏頭痛、牙痛，一直到晚年，這些病痛都在折磨著他。他小時候不喜歡上學，由母親在家中予以家庭教育。他喜歡讀書，對數學和機械製造極有天賦。17 歲時，母親去世，父親的生意破產，他必須自食其力，到倫敦一家儀表修理廠當徒工，每天都辛勤工作，忙到深夜還不休息。一般人必須花三、四年才能學好的技術，他一年就全學會了。

學成後，瓦特回到格拉斯哥，打算開一家科學器具修理店，當時蘇格蘭沒有類似店鋪。他的開店申請被格拉斯哥的錘業者行會（管理所有使用錘子的工匠）拒絕。當時行會的權力比政府更大，該同業公會有權限定非會員的營業，以保障會員的利益，還規定開業者必須有七年的學徒工資歷。瓦特既非會員，又不是本地人，更沒有七年的資歷，當然是開不成業了。

1757 年，瓦特在走投無路之際，結識了格拉斯哥大學教授、物理學家與化學家約瑟夫・布萊克（Joseph Black）。布萊克是二氧化碳的發現者，也是熱學研究的權威，他很賞識瓦特的才華和手藝，委託他修理大學的天文學機械。瓦特出色地完成了任務。教授們大為詫

異，為瓦特提供了一個工作機會，在大學裡分配給他一個房間，讓他開設一間小修理店。

由於技藝超群、工作績效優良，瓦特引起教授和學生們的注意，常有人來他的店裡參觀和聊天。漸漸地，瓦特的店鋪如同沙龍一樣，成為研究科學的學者專家和學生們的聚會場所，大家互相交換心得。在這種研究風氣之下，瓦特學到豐富的科學知識，包括他後來研發蒸汽機所需的知識原理。

1763 年底，瓦特得知格拉斯哥大學有一台紐科門式蒸汽機（Newcomen steam engine），但正在倫敦修理，他請求學校取回這台蒸汽機，由他進行修理，從此開啟了研究改良蒸汽機之路。早在 1712 年，湯瑪斯・紐科門（Thomas Newcomen，1664 年—1729 年）發明了第一台蒸汽機，史稱紐科門式蒸汽機。紐門蒸汽機的設計目的是為了把大氣壓力用於有益的工作，而這是建立在 17 世紀波義耳（Robert Boyle）和帕潘（Denis Papin）的科學發現基礎上。它是對煤炭使用方法是一個突破，人類開始認識到，煤炭不但可以用來取暖，也可以為機械提供動力。但是，這種蒸汽機體積龐大、使用不便、效率較低，最大的缺點是活塞轉動一次時間太久、且耗費太多燃料。因此，隨後半個世紀，它並未得到廣泛使用，在技術上也沒有重大改良。

瓦特修好這台紐科門式蒸汽機，但他並不滿足，他一直在思索這台機器為何效率低下。經過大量實驗，他發現原因是活塞每推動一次，汽缸裡的蒸汽都要先冷凝，然後再加熱進行下一次推動，使得蒸汽八成的熱量都耗費在維持汽缸的溫度上。他希望找到解決方案。有一天，他終於想到了新點子，他寫道：「在一個週日的下午，天氣晴朗，我出門散步……正在此時，一個想法從腦中蹦出。蒸氣具有伸縮性，會衝進真空中。若能在加熱的汽缸和耗盡的器皿中間建立連接，

蒸汽就會衝進去，這樣可以不冷卻汽缸而冷凝蒸汽……當整個過程在腦海中構建妥當時，我發現半晌的工夫已經過去了，我還沒有走到高爾夫球場呢。」

那是個主日，信仰虔誠的瓦特遵守主日不能工作的誡命。到了週一早上，他以現有的材料迅速組建新模型，將冷凝器和蒸汽汽缸分開。這樣，汽缸保持高溫，冷凝器保持低溫，而不是加熱與冷卻交替進行。經過一次又一次實驗，這個模型蒸汽機終於成功運轉。

接下來的工作就是製作一台真實的蒸汽機。擺在眼前的問題是：當時的接縫材料有限，導致蒸汽大量從縫隙中跑出去。第二個問題就是經費。他自己有限的積蓄不足以完成這項發明，迫不得已，只有找布拉克教授商量。布拉克慷慨地借給瓦特 1200 英鎊，並向瓦特介紹一位曾是他學生的實業家羅巴克。

羅巴克是一位成功的企業家，是卡倫鋼鐵廠的擁有者，也經營過礦場，對於瓦特蒸汽機的研究極有興趣，答應出資協助研究，並讓瓦特成為新公司合夥人。試製中的主要困難在於活塞與汽缸的加工製造工藝上，當時的工人稱不上機械師，只能算是鐵匠，製造的結果不能讓人滿意。這時，英國發生了一場全國性的經濟不景氣，羅巴克的公司也受波及，宣布破產，無力繼續支持瓦特，雙方只好終止合作。為了繼續實驗及維持家庭的開支，瓦特只好去當運河工程測量員，一幹就是八年。這位天才，會以默默無聞的測量員的身分鬱鬱而終嗎？

如果瓦特不幸生在其他國家，他的發明夢或許就此夭折，好在他生在英國，英國已擁有鼓勵創新發明並將新發明投入生產、創造財富的社會氛圍和自由市場，所以他能「山重水複疑無路，柳暗花明又一村」。

那是一個星星與星星彼此輝映的時代

在伯明罕的大實業家波爾頓（Matthew Boulton）早就聽說羅巴克與瓦特合作的研發項目，當羅巴克破產後，他出資接收所有羅伯克工廠的儀器材料，他投資、瓦特出技術，新成立「波爾頓 - 瓦特公司」。兩人從此開始了長達 25 年的親密無間合作——瓦特負責研發，波爾頓負責投資和行銷。在英國，發明家與企業家能實現強強聯手，發明家受到企業家的尊重並享有公司的股份。

為了解決工藝上的難題，波爾頓聘來英國數一數二的鋼鐵技師、被稱為「鋼鐵瘋子」的約翰·威爾金森（John Wilkinson）加盟。威爾金森製造過鐵船、改造過大炮，聲稱可用鋼鐵製造所有東西，包括他自己的棺材。新型蒸汽機製造的一個主要困難在於活塞與大型汽缸的密合，這個問題被威爾金森解決了，他在改進加農炮時提出一種新的精密鏜孔加工技術，這項技術可用於蒸汽機製造。

新的蒸汽機完工再度試驗時，鍋爐裡冒出期待已久的蒸氣，引擎運轉也很順利，實驗大獲成功。波爾頓是立即決定製造一台大型蒸汽機，在公開場合實驗，以營造轟動效應。1776 年 3 月 8 日，一個歷史性的時刻到來了：各礦場業者、科學家、社會名流紛紛應邀前來參觀新式蒸汽機的演示活動。在眾目睽睽之下，特大號蒸汽機發揮了無比的威力，只用 60 分鐘就將水從 60 英呎深的礦井中抽上來。它使得工廠選址不必再依賴於煤礦而可以建立在更經濟、更有效的地方，也不必依賴於水，從而能常年運轉，這進一步促進了規模化經濟的發展，大大提高生產率的同時也使得商業投資更有效率。

新機器上市後，消息傳遍英國，訂單像雪片般飛來。接下來的幾年，瓦特繼續改良蒸汽機，波爾頓則傾全力將蒸汽機推向世界各地。

為了讓紡織業等其他工業也可以運用蒸汽機，瓦特接受波爾頓的

建議，研究旋轉式蒸汽機。他還還發明了更先進的複動機及自動速度調節裝置——這種裝置等於是今日工業自動化的先驅。

蒸汽機為一系列精密加工的革新提供了可能，更高的工藝保證各種機器包括蒸汽機本身的性能提高。經過不斷努力，引入更高氣壓的蒸汽，蒸汽火車和蒸汽輪船相繼問世。

在發明和科學探索的道路上，瓦特一直是「吾道不孤」，他身邊陸續出現「貴人」、同道、合作者。最初他得到布拉克教授在專業和資金上的支持，然後是兩位企業家羅巴克和波爾頓的慧眼識英才——尤其是波爾頓，既是企業家又是科學家，他說他生而為工程師，他降生在 1728 年，這個數字是一立方呎中的立方吋數。鋼鐵技師威爾金森的加盟也非常關鍵。

波爾頓、威爾金森等人都是伯明罕科學社團「月社」成員——瓦特來到伯明罕之後，也加入此社團。「月社」發起人是陶瓷製造家韋治伍德（Josiah Wedgwood），韋氏曾為俄國女皇凱薩琳大帝製造上千件美輪美奐的陶瓷餐具，還發明了一種白色日用陶器，讓一般工人階級都買得起，改變了工人階級的廚房。韋氏發明了一種在爐中測量高溫的辦法，是一種膨脹的滑動規，受驗的黏土可在其中移動。在製造陶器與金屬的過程中，量度高溫是古老而困難的問題，這個問題一旦解決，英國製造陶瓷的技術迅速超越被稱為「瓷國」的中國——中國在數千年中始終未能取得此一技術突破。韋氏因而成為皇家學會會員。

那個年代的伯明罕是一個人口稀疏的村落，晚上沒有燈光，若要出門，唯有在滿月的夜晚，才能借助月光，穿越崎嶇的道路。韋氏和朋友們將社團命名為「月社」，他們總是在晚上聚集起來探討科學問題。該社團僅十多名成員，但個個都是一時之選，比如威爾金森的親戚和對其頗有影響的化學家普利斯萊（Joseph Priestley）、發現洋地黃

用途的化學家威瑟靈（William Withering）博士、查爾斯・達爾文的祖父及著名醫生伊拉斯謨斯・達爾文（Erasmus Darwin）等人。科學史家布魯諾斯基（Jacob Bronowski）在《文明的躍升》（The Ascent of Man）一書中指出：「如月社之內的結社代表工業革命的創造者們的感覺（非常英國式的感覺）：他們是有社會責任的。另一方面，月社亦深受富蘭克林及其他有關美國人的影響。貫穿其間的是一個簡單信念：良好的生活比物質的富裕重要，但要以物質富裕為基礎。」瓦特身處這個群體之中，如魚得水，正如他自己所說：「當我們得到理解的時候，智慧是不會人為枯竭的；智慧同智慧相碰，就迸濺出無數的火花。」

保護專利的法律能讓發明家致富，並催生更多的發明

美國學者傑克・戈德斯通在《為什麼是歐洲？》一書中分析說，在 18 世紀，瓦特改良紐科門蒸汽機所應用的方法是設計一個與汽缸分離的冷凝器和旋轉運動的齒輪聯動裝置，但這些發明並不是一個簡單的工匠就能想出來的。瓦特對設計和維修科學儀器有著深入研究，他的發明非常有賴於新的溫度測量方法和科研方法的引用，他和當時主要的科學家們有著經常的聯繫，並在 1785 年當選皇家學會會員。從 17 世紀末一直到 19 世紀初的時間裡，最特別的是英國形成了一種社會風氣，自然哲學家的思想、儀表技師和手工藝人的技術，以及企業家和工廠的目標不再是各自獨立的，而是積極地相互交流並合併到一起。這些不同領域和階層的人士，共同營造了一種創新的氛圍。上層社會的思想家、受市場驅動的企業家、大規模生產的工廠主和技術熟練的手工藝人和技師之間的藩籬在此時消失了。一種新的獨特的社會關係和社會交往模式形成了。自然哲學家們著眼於揭開自然世界的

奧祕,通過儀器公開展示他們所揭示出的自然界中規律性的聯繫。手工藝人通過遍佈英國各地的工藝學院學習到最新的化學和機械知識,並將其應用到生產中,創造出新工具、新機器或改進舊的機械。企業家和工廠主則試圖和手工藝者、受過科學教育或有文化的工程師聯合起來,創造出新的產品或新的生產工藝。人們看到的複雜景象,包括技術、方法的傳播、對科學成就的理解和對科學精神的奉獻。

瓦特的改良蒸汽機迅速應用到生產生活中,且讓自己及投資者波爾頓致富,很重要的因素是英國是當時唯一擁有完備而嚴格的專利法的國家。瓦特的各項技術發明都申請到了專利——儘管當時的相關專利申請需要國會的認可,需要耗費相當部分的資金、時間和精力,但一旦申請成功,法律會給予確實保護,杜絕他人仿照山寨產品。對比今天「山寨大國」的中國(中國不以為恥,反以為榮),雖有保護專利及智慧產權的法律,卻形同虛設,整個國家都在盜竊西方的技術發明,本國民眾和公司之間也互相盜竊,國家、公司和個人都視之為發財致富的捷徑。這個社會很難有真正的科研和創新。

從歷史發展軌跡考察,專利權概念可溯源於文藝復興時期的義大利。首次經官方承認的專利權,是 1421 年佛羅倫斯共和國發給建築師及發明家菲利波·布魯內萊斯基(Filippo Brunelleschi)所創造之船舶;而專利權首次成為成文法所承認之權利,則是威尼斯共和國於 1474 年 3 月 19 日所通過之專利法。

英國是世界上專利制度萌芽較早的國家。1449 年,一個名叫約翰的人以其彩色玻璃製造方法獲得為期 20 年的壟斷權,這是第一件史料記載的英國發明專利。1624 年,英國制定《壟斷法》,是專利權發展史上的里程碑。該法原則上禁止壟斷行為,除非是「新產品製造方式之真正、首位發明者,且不得以提高製品國內售價、傷害交易抑或一般不便利等違反法令抑或欺騙國家為之」。符合此條件之專利

權人，將獲得 14 年壟斷權之保障。未經專利權人允許，任何人不得生產、製造、銷售、使用類似產品，違者將受到經濟和法律制裁。該部法律是英國國會近代最著名的立法之一，奠定了現代英國專利法律體系的基礎。

瓦特的改良式蒸汽機的專利權是 25 年，直到 1800 年到期，瓦特也於同年退休。但瓦特與波爾頓的合作延續到下一代，波爾頓的兒子馬修・波爾頓與瓦特的兒子小詹姆士・瓦特繼續合作，同時吸收了威廉・默多克（William Murdoch）為合夥人，保證了公司的持續成功。

經濟史學家阿博特・沃什（Abbott Payson Usher）指出，工業革命的特點就是「連續湧現新奇事物」。革新不僅僅存在於新產品和新工業之中，它是全面性的。在英國，1760 年以前授予農業工具的專利數量差不多是每十年五、六項，後來逐漸增加到每十年 15、40、60 項，到 1830 年代時已有 80 項之多。經濟史學家威廉・帕克（William Parker）發現，工業革命的一個特點在於「發明（成為）一種大眾活動，由各種各樣不同的人以非常小的規模不斷地進行著。」英國在這個世紀中的領先地位「不僅體現為其自身擁有最先進的技術，更在於其早已形成了一種氛圍，能夠從不計其數的小發明中催生出最優秀的技術來」，並加以廣泛應用。

戈德斯通認為，真正改變歐洲乃至後來的全世界的，是農業、交通運輸、製造業、金融和機械加工業、教育和市場營銷等諸領域長期不斷擴大而且相互關聯的革新。變革的步伐不僅是從 18 世紀末、19 世紀初開始加快，而且直到今天還在不斷地增長著。當人們說革新的模式造就西方的崛起時，說的不是一些離散的發明，而是在很多領域都在發生的一波又一波的連續變化，而它們彼此之間又互相促進，每項變化都在放大著其他變化所造成的影響。

瓦特及蒸汽機誕生在英國是一個偶然事件嗎？

美國學者彭慕蘭（Kenneth Pomeranz）在《大分流》一書中認為，1800 年左右，中國長江流域的經濟水平跟英格蘭差不多，英格蘭發生工業革命，西方與東方「大分流」，並無社會、宗教、政治或經濟的差異，而是由兩個偶然事件決定：煤炭在英格蘭的廣泛分佈和利用；歐洲將亞非拉部分地區當作殖民地，榨取其財富。這種左翼的所謂「去西方中心主義」的觀點，看似振振有詞，其實站不住腳。瓦特及蒸汽機不可能出現在中國和任何一個東方國家，正如鄭和成不了庫克船長、王陽明成不了亞當・史密斯、戴震成不了牛頓。

英國學者艾倫・麥克法蘭指出，17 世紀，英格蘭人對風力、水力和動物力的消耗達到有史以來任何民族所不及的程度，這是因為英格蘭人借助於日益複雜的機器，增進了對這些能源的利用。反過來看，這些機器本身又極容易做出調整，以適應一種使用新能源的機械化要求。於是，第一批蒸汽機被研發出來。在其發明之前幾百年，英格蘭就是一個綜合利用動物力、風力、水力、煤力的經濟體。到了 1800 年，英格蘭的煤產量為歐洲其餘地區的五倍——並非英格蘭的煤炭儲藏比中國豐富，而是工業化讓煤炭開採倍增。蒂姆・賴特（Tim Wright）的研究指出，就煤炭儲量而言，中國是世界上最得天獨厚的國家之一。中國的工業化姍姍來遲，並非因為求煤無門。恰恰相反，是工業需求的缺乏解釋了中國煤炭工業的不發達。所以，彭慕蘭的論點，是本末倒置。

牛津大學經濟史家羅伯特・艾倫亦指出，18 世紀，中國長江三角洲地區居民的工資和生活水平比英格蘭人低得多，長三角看上去更像一個日益內卷的經濟體，而不像一個即將起飛的經濟體，其前景一片黯淡。亞當・史密斯對中國的負面看法是正確的——以英國的標準

而論，中國的生活水平很低。

　　華裔經濟學家黃宗智也認為，18 世紀，英格蘭農業日益資本化，而長三角正在走向相反的方向，變得空前密集化。兩地是相反的兩極。英格蘭具有一系列盤根錯節的表徵，包括農業革命、原工業化、新的人口模式、新的城市化、新的消費模式，以及煤炭的高產量。但是其中任何一個表徵都未出現在中國或其長三角——那裡發生的情況不僅沒有為一場 19 世紀的工業革命埋下根源，反而為 19 世紀層出不窮的社會危機埋下了根源。

　　皮爾・弗里斯（Peer Vries）在《從北京回望曼徹斯特：英國、工業革命和中國》一書中寫道：沒有任何跡象表明中國在 18 世紀，甚至在第一次中英戰爭爆發之際，正處於一場本土的工業革命的邊緣。也沒有任何跡象表明中國即將實現技術突破，而這種技術突破恰恰是英國工業化的關鍵。廣義而言和比較而言，18 至 19 世紀中國的前工業式農業可以描述為「土地密集 - 勞動密集 - 資源密集型」，英國的農業則可描述為「土地泛布 - 能量密集 - 資源泛布型」。事實上，這兩個定義分別適用於這兩個國家的整個經濟。

　　學者布賴恩特直言不諱地指出，忽略中國與英國的根本性差別是「一種社會學上的花言巧語」。中國處於壓倒性的農耕性質，人口相對於資源而言日漸過剩，技術上停滯不前，主要的社會參與者是農民、收租地主、商人和一個只學習斷文識字而不學習技術的政府官吏階層；英國越來越以城市為基礎，並能將新的科學知識有效地應用於技術，從而造成了生產資料（means of production）的革命，而且，隨著這些變革的開展，主要的社會參與者變成了資本主義的農人、產業工人、工業家和議會的代表。兩相對照，前者怎麼可能開門迎接後者所具有的進步可能性？

　　學者羅伯特・布倫納和克里斯托弗・艾塞特在一系列論文中亦指

出，英國和長三角形成鮮明對比，前者的長線趨勢是農業勞動生產力逐步提高，最終構成了工農業之間關係和城鄉之間關係發生變革的基礎，實際上這是一種典型的亞當史密斯式發展模式，即通過來自貿易的利潤而求發展。而長三角及中國是馬爾薩斯式道路。大致在 1500 至 1750 年間，這兩個經濟體的不同發展道路已經將它們引上截然相反的方向，其結果是：時至 18 世紀後半葉，以世界史的標準來衡量，英格蘭已經變成了一個發達的經濟體，並且是一個相當富裕的經濟體，而長三角已經變得空前貧弱。

若以瓦特的改良蒸汽機而論，它使工作效率大大提高，可提供穩定而循環的動力，成為此後英國工廠最普遍採用的動力裝置。1830 年以後，又出現了改良的高壓蒸汽機，重量更輕且動力更為強勁。蒸汽機不只是單一的發明，其影響也不僅限於工廠的使用，它還被廣泛應用到鐵路、船運、採礦、軍艦、農業和建築機械當中。當時英國的人力成本昂貴，使得波爾頓這樣的企業家願意投資蒸汽機，以機器取代人力，降低工廠的成本。但在中國、日本等東方國家，勞動力價格低廉，不會激發商人去投資機器。在 1880 年，開一個僱用六百名中國工人的礦場的成本預計為四千多美金，差不多和一台蒸汽機的價格一樣。所以，即使他們有其他動力可供選擇，精明的中國投資商們通常樂於僱用便宜的勞動力，而不會購買昂貴的蒸汽機。

經濟史家喬爾·莫基爾（Joel Mokyr）指出，要理解工業革命為什麼在那時的英國發生，就必須從 17 世紀的科學革命中尋找答案。現代工業的興起對於英國經濟的重要程度，與中國對比就一目了然：1750 年至 1900 年，英國工業所使用的動力從七萬五千馬力（其中 90% 以上來自水車）增加到接近一千萬馬力（其中 95% 以上來自蒸汽機），由於在這一時期英國人口增長了 5.5 倍，那麼就意味著整個英國工業的人均動力增加了近 25 倍。蒸汽機的動力主要來自於煤，

1700 年英國以煤和木材燃料所獲得的能量合計約相當於同一時期清帝國所消耗能量的十二分之一。然而，到 1850 年，英國煤產量增長近 20 倍，英國 1800 萬人口所消耗的能量差不多是全中國四億人口消耗量的一半。也就是說，英國平均每個居民的消耗量大致相當於中國人的十倍。到了 1900 年，差不多是英國全球霸權的頂峰時期，英國的煤作為燃料提供了全世界總能量的四分之一，而消耗這些能量的人口不足全世界總人口的 3%。

中國乃至整個東方不能出現瓦特及其發明的蒸汽機，還有一個關鍵原因，那就是專制主義。中國人和東方人並不比西方人笨和懶，但專制主義讓他們冷漠、麻木、對新發生的事件和事物無動於衷。隨同拿破崙遠征埃及的學者德農（Vivant Denon）發問說：埃及人是一系列曾經輝煌一時的文明的繼承者，如今他們為何退化到如此野蠻的狀態？「一個人口超過百萬，而且人人都吃苦耐勞的民族，卻受到分散駐守在兩百個據點的四千個孤立無援的法國人的控制」，這就是「習慣性服從的力量」。作家夏布羅爾發現，現代埃及人懦弱、被動、遲疑不決，「從來不會反思自身悲慘的處境」。專制制度導致了這樣的習慣，它使人們想像力貧乏，剝奪了他們天然的創造力。英國思想家約翰·密爾（John Stuart Mill）將該評論的區域擴大，覆蓋了整個東方：「世界上最大的部分，恰當地說，根本沒有歷史，因為習俗的專制是全面而徹底的。整個東方的情況都是如此。……除了一些沉醉於權力的暴君，沒有人會想要反抗。」如今，擺脫了專制主義桎梏的日本、韓國、印度等東方國家，有了他們的「瓦特」及形形色色的科學發明；但仍被專制主義奴役的國家，如中國和北韓，就只能以山寨來顯示自身也實現了「現代化」，用習近平的話來說，就是「中國式現代化」。

第八章

亞當·史密斯：
國家和個人的財富都來自於自由貿易

什麼是好的經濟制度？一個好的經濟制度就是鼓勵每個人去創造財富的制度。

——亞當·史密斯（Adam Smith，1723 年—1790 年）

在人類歷史上，1776 年是一個重要的年份。這一年的 7 月 4 日，第二次大陸會議在費城批准發表傑斐遜等人起草的《獨立宣言》，北美洲 13 個英屬殖民地至此正式宣告自大不列顛王國獨立，美利堅合眾國這個偉大的國家出現在人類歷史上，這個清教徒建立的國家將很快在國際政治經濟中發揮重大影響力。就在四個月之前，瓦特的改良蒸汽機正式公開演示，大獲成功，預示著人類工業革命的開始。瓦特展示蒸汽機之後的四天，即 3 月 9 日，任教於格拉斯哥大學的亞當・史密斯出版了深刻改變人類經濟生活的著作《國民財富的性質和原因的研究》（即《國富論》）。

美國歷史學家弗格森指出：「北美殖民地的獨立，讓英王的王冠上少了一顆璀璨的明珠，但《國富論》的問世，才讓英國變成名副其實的大英帝國。」這句話並非誇張。《國富論》是第一本試圖闡述英國及歐洲產業和商業發展的著作，它將貿易（而非軍事掠奪）描述為英國這個有史以來最富裕的商貿國家的根基──它改變了英國的主流民意，促成了英國從美洲殖民地撤軍。亞當・史密斯認為人類是商貿家和交易家，在社會意義上是契約動物，而英國是「深受店主影響的國家」，英國成功的祕訣在於私有產權的確立和自由市場經濟的建立。《國富論》這本巨著發展出現代經濟學學科，也提供了現代自由

貿易、資本主義和自由意志主義的理論基礎。

「一隻看不見的手」是歷史上偉大的思想之一

1723 年，亞當・史密斯出生於愛丁堡附近的小商港柯卡爾迪（Kirkcaldy）。他是遺腹子，他的父親在他出生前幾個月就去世了。年幼時，他身體孱弱，沒有兄弟姐妹相伴，養成了獨自發呆和自言自語的奇怪習慣。他一生未曾娶妻，與母親瑪格麗特相依為命，對母親孝順備至。

1737 年，14 歲的亞當・史密斯接受完基礎教育後，遠赴格拉斯哥大學求學。1740 年，他獲得牛津大學貝里歐學院（英語：Balliol College, Oxford）獎學金，前往牛津進修。在牛津的六年間，他大量閱讀和思考，形成了個人的學術路向。但他在牛津過得並不愉快，牛津對他不友善，即便他後來名滿天下，牛津也對他極為冷淡，不願授予他名譽博士學位，多年後才悔之晚也。

1751 年，28 歲的亞當・史密斯出任格拉斯哥大學教授，之後兼任教務長、副校長及名譽校長。他的學術地位得到學界的廣泛承認。

亞當・史密斯在法國大革命爆發後一年去世，並未系統地表達對法國大革命的看法。但若他多活幾年，一定會像他的朋友伯克一樣，成為法國大革命堅定的反對者，因為法國大革命否定了他所捍衛的私有產權。他並不贊成一場推翻紳士階級、擁戴貧苦大眾的動亂。

《國富論》的目標不在擁護任何一個階級，而在增進個人和國家整體的財富。亞當・史密斯要回答的疑問是：一個人人追逐己利的社群，怎麼可能不四分五裂呢？是什麼因素，使得每一個人的私利，得以同全體的需要相符？這些問題引導著亞當・史密斯去揭示市場的規律。他發現了一個祕密：國家財富取決於自由貿易、自由商業和資本

自由流通的發展，而且，市場經濟即是合乎道德倫理的法國學者菲利普·尼摩（Philippe Nemo）在《什麼是西方》（What is the West?）中指出，自由不會製造混亂，它能在經濟領域產生一種比傳統秩序或管理秩序更複雜、更高效的經濟秩序。這個觀點與馬克思對市場和資本的仇恨南轅北轍。共產黨人最仇恨就是市場和資本及其背後的自由，無知、無畏的毛澤東就曾寫過一篇漏洞百出的〈反自由主義〉。

法律明確限定了私有財產的邊界，它是一個「消極」的嚮導，告訴人們如果不想因為侵犯他人領域而與其挑起衝突或爭端的話，哪些是不應該做的事情；價格則是一個「積極」的嚮導，告訴人們應該做的事情，價格指明什麼是昂貴而需求很大的商品以及什麼是便宜而需求量小的商品，尋求最大化利潤的經濟代理人千方百計地以便宜的生產元素來生產貴的商品。由此，資源的分配得到最優化。經濟就是如此這般成為一個「自動組織系統」。亞當·史密斯尋找正是「這隻看不見的手」，它能讓「人們的私利與激情」被引導到與「整個社會的利益最為一致」的方向。

反之，政府不應當干涉市場的自動調節功能（即後來海耶克所說的「自發秩序」），政府的干涉通常都會「好心辦壞事」：「想要讓一個國家從最低的野蠻狀態上升到最高的富裕狀態，要求無幾，不過就是和平、薄賦和過得去的司法公正。有了這些，事物的自然發展軌跡就會把其餘事情做好。凡是想阻礙這個自然過程的政府，不管它是想把事物引導到另一個方向還是把社會進步限制在某一點，都是不符合自然之舉，必須訴諸專橫手段才能得逞。」現代經濟理論的核心，就是在闡述市場自由運作的功能及「不要政府干預」的立場。

亞當·史密斯在《國富論》中建立了「一個博大、綜合的思想體系」，在該書卷四〈論政治經濟學的思想體系〉中即開宗明義說：「政治經濟學是一門探討如何裕民又富國的學問。」如何富國又裕民

呢？他否定了當時流行的兩種經濟思想體系：重商主義與重農主義，他提出的致富法門很簡單：分工和貿易，不要政府干預市場。他認為，政府（君主）經營商業和實業必然缺乏效率：「似乎不會有其他任何兩種性格，比商人和君主這兩種，更為不搭調」、「商人（如有君主的權力）是最爛的君主，君主（去做生意）則是最差勁的商人。」社會主義國家的國有經濟和計畫經濟失敗的原因正在於此，而資本主義國家內部的「公營事業」（郵政、鐵路等）往往也都一塌糊塗。

　　如果說伯克對自由的捍衛，讓英國菁英們對北美殖民地的好戰立場有所鬆動，那麼亞當・史密斯讓人無法反駁的經濟計算徹底改變了決策層的態度。亞當・史密斯認為，《航海法》等針對北美殖民地的法案，僅僅餵飽了英王特許的國際貿易商人，是對北美殖民地和普通英國民眾的壓榨，長此以往，將顛覆大英帝國賴以生存的根基。因此，英國應該放棄對北美殖民地的控制。他的理由是：首先，可節省下一大筆軍費，當時北美駐軍一年的軍費是 35 萬英鎊，北美殖民地貢獻的稅收僅為 11 萬英鎊，虧空如此巨大，對英國財政是一個巨大的負擔。其次，北美獨立的大勢既已不可逆轉，就應果斷止損、罷兵休戰，趁著雙方的仇恨還未積累到不可挽回的地步，利用文化上、血緣上、經濟上的緊密聯繫，開啟雙邊貿易。根據《國富論》的基本原理──市場規模越大，分工也就細化，經濟也就越繁榮。而英美所組成龐大的市場規模，將進一步深化國際大分工，最終雙方都能獲得巨大的收益。這些言辭無疑是逆流而上，有「賣國」之嫌，蘇格蘭啟蒙動時期的修辭學、神學家休・布萊爾（Hugh Blair）曾勸他將這一部分刪去，否則可能會招致「殺身之禍」。但亞當・史密斯不為所動，將真話全盤托出。幸虧英國人是一個注重實利的民族，他們很快醒悟過來。

《國富論》是啟蒙運動中一部具有高度代表性的作品，美國學者彼得‧蓋伊在《啟蒙運動》一書中指出：「它代表的世界觀是世俗性的，專注於事實，對尋找科學普遍性充滿信心，致力於把只是轉化為造福人類的行動，相信人道與功利常常是相容的。」兩百多年以來，亞當‧史密斯已成為人類的經濟學之父、自由市場經濟理論的奠基人。諾貝爾經濟學獎得主艾羅（Kenneth Arrow）曾說：「亞當‧史密斯最奧妙的觀察是在（市場）參與者背後操作的體系是『一隻看不見的手』」。另一位諾貝爾經濟學獎得主杜賓（James Tobin）也說：「『一隻看不見的手』是歷史中偉大的思想之一，是最有影響力的一種。」

　　隨後《國富論》的出版，奠定了亞當‧史密斯「經濟學鼻祖」的地位。他晚年倍極尊榮：有一次，首相小皮特（Pitt the younger）與亞丁頓（Addington）、威伯福斯（Wilberforce）、格連維（Grenville）等重要政治人物會晤，邀請亞當‧史密斯與會。當這位年長的思想家步入房間時，所有人都起立致敬。亞當‧史密斯說：「諸位先生，請坐。」小皮特回答說：「不。我們要等您入坐後才坐下，因為我們都是您的學生。」

　　亞當‧史密斯生命的最後幾年，一直埋首修改已出版的著作，一絲不苟、精益求精，宛如自己著作的「拋光匠」。他在一封給友人的信中表示，「我現在正在緊張地專心用功對《道德情操論》的每一部分作增補和訂正」。他自認「我是個遲鈍、非常遲鈍的作者，每一篇作品在我能勉強滿意它之前，至少要寫上六、七遍。」1790 年，即將逝世前的幾個月，《道德情操論》的新版本面世，這一版新增的內容極大部分是他在重病之下寫成的。在去世前，他留下遺囑將手稿全數銷毀——莎士比亞也曾留下類似遺囑，幸虧執行他們遺囑的友人都沒有這樣做。或許，他們都是完美主義者，不願他們不滿意的手稿流

傳後世。

為什麼「經濟學之父」只能出現在英國？

很多人都知道亞當‧史密斯的代表作是《國富論》，卻很少人知道亞當‧史密斯在更早的 1759 年出版了另一本巨著《道德情操論》（The Theory of Moral Sentiments）。這是一本倫理學著作——最高級的經濟學必然指向倫理學，而最高級的倫理學必然指向神學。在那個時代，「道德情操」是用來說明在人身上作出判斷和克制的德性能力。作者在書中闡明了具有利己主義本性的個體，如何控制情感和行為，如何建立一個確立行為準則的社會。「人天生，並且永遠是自私的。」個人利益是人們從事經濟活動的出發點，這個從利益角度出發從事經濟活動的人，便是「經濟人」。「經濟人」的所有活動都與利己有關——「人的本性就是追求個人利益」、「交換傾向出於自利的動機，並且引發了分工」、「每個人都不斷努力為自己所能支配的資本找到最有利的用途。當然，他所考慮的是自身的利益。在競爭中，個人的野心往往會促進公共利益」、「只要法律允許，人人都有完全的自由以自己的方式追求自己的利益」、「人只要照顧好自己的幸福，就自然會帶給別人幸福。」

亞當‧史密斯並非赤裸裸地宣揚「適者生存」的強權思想家，他將基於個人利益的利己主義心理稱為「自愛」，「我們在這個世界上辛苦勞作、來回奔波是為了什麼？所有這些貪婪和慾望，所有這些對財富、權力和名聲的追求，其目的到底何在呢？歸根結柢，是為了得到他人的愛和認同」，「不管某人如何自私，這個人總是存在著憐憫或同情的本性。他看到別人幸福時，哪怕他自己實際上一無所得，也會感到高興。這種本性使他關心別人的命運，把別人的幸福看成是自

己的事情。」在他看來，利己和自愛是一種美德，這與儒家及共產主義文化中的「天下為公」、「狠鬥私字一閃念」的觀念截然相反。先利己才能利人，任何將此秩序顛倒的做法，是將人推上神壇的自欺欺人之舉。文學史家錢理群將「精緻的利己主義」當做貶義詞來使用完全是錯誤的。

亞當・史密斯和他的著作只能出現在英國——英國是最早發生商業革命及工業革命的地方，亞當・史密斯是這場革命的代言人。美國歷史學家喬納森・戴利指出，18世紀下半葉，唯有英國和荷蘭擁有針對商業和實業的法律與社會保護、相對寬鬆的管治環境和複雜的金融體系，財富可以變成不斷增殖的投資與購買力。隨著商人的財富與經濟影響力巨大擴張，他們不可避免地要求在政治上發出更多聲音。財富、產業、商業技術、金融影響力和其他經濟特徵給予擁有者自信與尊嚴。這些人習慣於高級、明智並成功地對重大事情作出決策，但在大多數人類社會中，政府官員、政治巨頭或其他貴族習慣於細節化管理甚至干涉所有經濟事務，更糟的會沒收財產或騷擾商人。商人應對這種磨難只能靠賄賂、尋求庇護或者其他屈辱性舉動。在近代早期的英國，明確的財產權、對商業利益的法律保護、具影響力的金融機構和相對穩定的財富聚集，讓相當數量的人群能夠挑戰由統治者與政府官員所壟斷的政治力量。

美國歷史學家威廉・麥克尼爾分析說，英國與歐洲大陸（荷蘭、瑞士和德意志的一些自由城市除外）社會模式最根本的區別或許在於：英國商人和金融家享有更高的聲譽和更大的自主權。在法國和整個歐洲大陸，有成就的實業家總是急於擺脫自己的過去：他或者直接向王室購買貴族封號，或者設法讓兒子進入政府機關任職，從而可望贏得或購買與高級職務俱來的貴族身分。這就必須退出有失身分的工商業活動。而在英國，貴族通過參與商業投機，正規地加入了市場活

動。發了財的商人購買鄉村地產過著紳士生活，但卻不必放棄自己的商業活動，儘管他們大多成為金融家而不是活躍的企業家。在英國，土地貴族和商人階級的相互滲透使資本相對來說更容易集中，從而促進了英國經濟在 17、18 世紀的顯著增長。

德國的財經記者烏麗克・赫爾曼（Ulrike Herrmann）也在《資本的世界史》中指出，英國貴族從事商業活動已是司空見慣，英國雖然也是一個階級嚴明的社會，但貴族與平民的界限是流動的，英國的菁英向來有生意頭腦，也願意與來自較下階級、白手起家的富人往來。布里奇沃特公爵（James Bridgewater）在 1761 年建造了第一條現代化的運河，將自己位於沃斯利的煤礦場與曼徹斯特的通路連接起來，他因此而躍升為英國一大富豪。他的投資報酬極為客觀：運河造價 20 萬英鎊，但每年受益達八萬英鎊。這條運河堪稱是技術上的傑作。但在歐陸國家，貴族像尋常商人般做生意確是難以想像的，因為不參加勞動是高階貴族的基本原則，而且這種原則受到嚴格的監督。

亞當・史密斯的經濟學理論是用來闡明「英國奇跡」的，這種理論不可能出現在英國之外的地方。在其生活的 18 世紀上半葉，英國率先完成了農業革命，穩定富裕的生活遍及全國，令歐陸其他國家的來訪者感嘆不已。1737 年，法國神父勒・布朗克遊歷英國之後寫道，英國連傭農都能先享用茶再開始耕種，而在法國茶是一種奢侈品。反之，英國人對法國農民生活之困苦也感到駭然，一篇英國人寫的文章評論說，1754 年時「法國鄉村居民連必須的膳食都匱乏，由於食物不夠，這些人還不到 40 歲就已相當衰老……倘若將他們與其他人民，尤其是我們英國的農民相較，實在悲慘至極。」不過，隨著人民逐漸富有，英國也出現因人工太貴、生產的商品無法在國際上競爭的問題。於是，那雙「看不見的手」開始發揮作用了：既然無法降低人工成本來提高利潤，剩下的只有一個辦法：以機器取代人力。在紡織

業，這一脈絡清晰可見：飛梭、傑尼紡紗機、水力紡紗機、蒸汽驅動的紡紗機等相繼發明，生產率大大提高，棉布價格一落千丈，英國產的棉布由此暢銷世界。

《國富論》中的中國：一個長期處在靜止狀態的國家

《國富論》問世一百年後，才緩緩進入中國人的視野。清帝國的統治進入末期，在西方的船堅炮利面前潰不成軍。改革派的恭親王奕訢奏請創建同文館，培養翻譯人才。同文館開設的課程中介紹了《國富論》，最早的中文譯名是《邦國財用論》。1902 年，嚴復以《原富》為名翻譯《國富論》，但他使用艱澀的文言文，未能在社會上產生多大反響。1931 年，《國富論》的白話文譯本正式出版，關注者依然寥寥無幾。

中國的現代自由主義知識分子群體，只知道政治自由主義，卻不知道經濟自由主義是政治自由主義的基礎。就連胡適這樣的自由主義知識分子領袖，也因為缺乏《國富論》中闡釋的自由市場經濟的基本理念，並深受仇視商人和商業的儒家文化影響，一度對蘇俄的計畫經濟和國有經濟艷羨不已。於是，自由主義在現代中國的敗局就注定了。

在《國富論》中，亞當・史密斯令人驚訝地批評了中國，儘管他不是研究中國的專家，只閱讀過一些關於中國的二手資料。他尖銳地指出：「今日旅行家關於中國耕作、勤勞以及人口稠密狀況的報告，與五百年前視察該國的馬可波羅的記述比較，幾乎沒有什麼區別。」、「中國長期處在靜止狀態，其財富在多年前就已達到該國法律制度允許的最高限度。」這個看法跟德國哲學家黑格爾在《法哲學原理》中對中國的批評如出一轍：「中國的歷史從本質上看是沒有歷

史的，它只是君主覆滅的一再重複而已。任何進步都不可能從中產生。」

那麼，中國的停滯狀態是如何形成的呢？亞當‧史密斯指出，首先是因為中國不是一個法治社會，中國的法律體系只保護極少數人的財產安全，「富人和大資本家很大程度上享有安全，而窮人和小資本家不但不能安全，而且隨時都可能被低級別的官僚藉口執法而被強加掠奪。」這種對平民財產的肆意剝奪，很多的時候竟然是一種國家層面的政府行為。這是對市場經濟制度中最重要的合約制度的破壞。由於私人財產得不到有效保障，中國成了世界上財產繼承極為低效的國家。美國學者戴倫‧艾塞默魯（Daron Acemoglu）與詹姆斯‧羅賓森（James A. Robinson）在《自由的窄廊》一書中指出，在帝制時代的中國，地方官員理所當然地在沒有任何法律訓練下執法，而且全國沒有私人律師或執業法務人員。國家向人民提供的是一種「廉價的暴政」。

其次，由於中國的法治不健全，導致國內市場嚴重缺乏競爭，處處是壁壘和壟斷，中國是「一個國內所經營的各種行業，不能按照各種行業的性質和範圍所能容納的程度，投下足夠多資本的國家」。中國國土廣袤、人口基數超過整個歐洲，但無論是行業准入，還是資本投入，市場容量都嚴重不足。這種低水平的市場容量，一方面無法捲入更多的勞動力和更多的市場分工，另一方面促使少數富人階層必須通過強行占有市場資源的方式來獲取利潤。「在各種行業中，富人通過壓迫窮人，使壟斷成為一種制度，富人通過壟斷行業而不是通過競爭，就能獲得極大利潤。」中國很早就發明了紙鈔、匯票和錢莊，中國人也有生意頭腦和貿易經驗，但中國沒有出現如喬納森‧戴利所說的「能將實體財產轉化成大量抽象、可交易、可抵押並能產生資本的金融工具」，也「未掌握將數以千計，甚至數十萬投資者有效聯繫到

一起的方法。正是這種方法令投資者能夠利用同胞多餘的財富和個人、公司機構的閒錢資助在全球範圍內的國家競爭和貿易。」

第三，中國「在很長時期忽視或者鄙視國外貿易，只允許外國船舶駛入到中國的一兩個港口進行極為有限的貿易」。中國長期隔絕於國際貿易之外，中國的統治者對國境之外的世界（尤其是海洋）心存疑慮，認為來自海上的不是財富而是危險。1662 年，清帝國沿襲明帝國的做法，重新實施海禁。22 年後，海禁政策解除，但對歐洲的貿易仍然受到嚴格限制。1757 年後，歐洲人只限於在廣州貿易，和歐洲人貿易的權利由少數「公行」壟斷。這不僅使得中國經濟長期成為整個世界經濟的一個孤島，而且導致中國商人無法感受到不同法治環境下的不同市場特徵。這種朝廷特許制下的畸形的國際貿易，既沒有讓政府稅收大幅增長，也沒有讓普通民眾獲利，只是讓少數特權者暴富。《紅樓夢》中，王熙鳳曾經談及王家崛起的原因：「我們王府也預備過一次（接待南巡的皇帝）。那時我爺爺單管各國進貢朝賀的事，凡有外國人來，都是我們家養活。粵、閩、滇、浙所有的洋船貨物都是我們家的。」趙嬤嬤在一旁恭維說：「那是誰不知道的？如今還有個口號兒呢，說『東海少了白玉床，龍王來請江南王』，這說的就是奶奶府上了。」

1776 年亞當·史密斯在出書，乾隆皇帝在焚書

亞當·史密斯的《道德情操論》和《國富論》的出版，意味著一種美國學者波考克所說的「資本家意識形態」的出現，它的的確確是一種具有革命性的產物。商業和信貸的興起是為了創造財富，也是為了創造新的道德和社會規範。一種新的公民美德在形成之中，這種公民美德建立在一定的社會和物資基礎上，這種基礎類似於哈林頓

（James Harrington）式的自由人，此種自由人擁有土地和武器，因而一定能夠參與到政府的活動當中。輝格黨人將「做時代呼喚之事」的固執意願與勤奮的商業價值等同起來。在某種意義上說，1776 年是一個分水嶺，標誌著英國的政治經濟文化從後中世紀轉向近代早期國家。

與之形成鮮明的對照，如亞當‧史密斯所指出的事實——以 1776 年為軸，之前的五百年，中國經濟已然處在停滯狀態，而在之後的兩百年，在英國、歐洲和美國勃然興起的工業革命和市場經濟，一直被中國人以各種理由堅定地拒之門外。直到今天，亞當‧史密斯所闡述的國際自由貿易、私人財產權的安全、國內市場的自由競爭，在中國依然處在一個粗糙和膚淺的水平。世界上大多數市場經濟國家，依然不承認中國是一個亞當‧史密斯意義上的市場經濟之國。

1776 年前後到中國的西方旅行者所觀察和描述的景象是：「勞動者工資低廉，難以贍養家屬。大量的耕作者終日勞作，所得報酬若能購買少量稻米，就已經非常滿足。而技工的狀況更加惡劣，大量的手工業者攜帶器具，為搜尋機會，乞求工作，不得不在街市東奔西走。中國下層人民的貧苦程度，遠遠超過了歐洲最貧乏國民的貧困程度。在廣州附近，千百戶人家，陸地上沒有居處，棲息在河面的小漁船中，因為食物缺乏，有些人爭搶歐洲來船投棄到船外的污穢廢物。腐爛的動物屍體，比如死貓或者死犬，縱使一半已經爛掉發臭，人們得到它，也會像得到衛生食品一樣高興。」

然而，中國官方史書所記載的 1776 年，乃是光鮮亮麗的乾隆 41 年，這是康乾盛世的頂點，大清帝國看似歌舞昇平、河清海晏。乾隆皇帝對國際大勢一無所知，這位飽讀詩書、好大喜功的「十全老人」，在這一年的 11 月 16 日，特別降下諭旨，要在全國範圍內「刪銷書籍，以正人心」。皇帝在諭示中指出：「前因匯輯《四庫全

書》，諭各省督撫遍為採訪。嗣據陸續送到各種遺書，令總裁等悉心校勘，分別應刊、應鈔及存目三項，以廣流傳。第其中有明季諸人書集，詞意抵觸本朝者，自當在銷毀之例。節經各督撫呈進並飭館臣詳細檢閱，朕復於進到時親加披覽」，他認為有些書不可不區別甄核。

喜歡焚書的，都是喜歡讀書的獨裁者。一場新的焚書運動在乾隆的指揮下在全國展開，浙江焚書 24 次，毀掉書籍五百多種、一萬三千部。江西一年之內搜繳禁書八千多部，全部焚毀。乾隆在位期間，清廷焚毀的書籍計 77 萬卷。在銷毀書籍的同時，朝廷還大興「文字獄」，數以萬計的文人遭到殺害、監禁、抄家。乾隆的目標是鞏固其統治，壓制異端的思想學說。

中國有創新思想的文人的厄運與亞當‧史密斯在的英國的成功形成鮮明對比：英國擁有完整的學術自由，亞當‧史密斯在近代化的大學中著書立說、放言無忌；英國擁有對出版自由和市場化的出版環境，亞當‧史密斯通過出版著作，獲得巨額收入，也贏得極高聲譽；英國已產生「星叢」般的公共知識分子群體，亞當‧史密斯有一個親密的知識分子圈子及社團，休謨、伯克、吉朋（Edward Gibbon，其巨著《羅馬帝國衰亡史》第一卷也是在 1776 年問世）都是其經常交換意見的朋友——1776 年 4 月 1 日，最後臥病階段的休謨讀到剛出版的《國富論》之後，奮起精神寫信給亞當‧史密斯說，「精彩！漂亮！你的觀點深得我心，細讀你的書讓我放下心頭大石」，這本「有深度、結實、銳利」的著作「終必引起大眾注意」。當西元 1790 年，亞當‧史密斯去世時，他已經看到《國富論》第五次再版，他的大名與影響力已屹立不倒，遠至歐美各地都有經濟學家奉他的名字撰寫論文、有政治家依他的見解制定政策。

《國富論》出版之後兩百多年來，經濟學思想史領域出現了一種看似偏執卻是事實的觀點：凡是遵從亞當‧史密斯經濟學理論的國

家，就能走向富裕；凡是不遵從亞當‧史密斯經濟學理論的國家，無一例外都趨於貧窮。前者就是近代以來美國崛起的奧祕，後者就是近代以來中國苦難的來源。可惜，中國至今沒有真正走上亞當‧史密斯倡導的自由市場經濟之路。中國政府是世界上規模最大、權力最不受約束的極權政府，經濟事務只是這個政府肆意干涉和管控的諸多領域的一部分。大部分中國人以宿命論的姿態勉強忍受這個政府的統治。21 世紀初，中國加入世界貿易組織，成為世界工廠和國際市場的一部分，經濟前所未有的高速增長。但中國人並未真正理解自由市場和自由貿易，只希望享受權利，而不願承擔義務。國際貿易固然給中國帶來財富，但也帶來自由民主法治等西方觀念和思想，讓極權政府倍感威脅。習近平之下的中國重新閉關鎖國不無可能。

中國病毒大流行之前一、二十年，看似荷包滿滿的中國遊客擠滿愛丁堡城區的大街小巷，搶購昂貴的蘇格蘭威士忌和羊絨服裝，卻沒有幾個人留意到豎立在街頭的亞當‧史密斯塑像，以及坎農門教堂墓地（Canongate Kirkyard）中亞當‧史密斯的墓地。缺乏獨立性的中國中產階級以為好日子會永遠延續下去，卻不知道在這個私有財產得不到保護、政府宛如利維坦怪獸的國家，一切皆如浮雲，一無所有的厄運近在眼前。

第九章

霍雷肖・納爾遜：
為英格蘭，每個人都要恪盡職守

願取勝後的寬仁成為英國艦隊最主要的特性。

——霍雷肖・納爾遜（Horatio Nelson，1758 年—1805 年）

1805 年 10 月 21 日，早上 6 時 20 分，在大西洋東部西班牙外海的特拉法加海域，霍雷肖·納爾遜的旗艦「勝利」號打出今後聞名於世的「Z」字旗。「Z」字旗最早源於哥倫布的探險船隊，代表著好運、必勝和正義。此時，納爾遜又賦予「Z」字旗新的含義：「England confides that everyone can do his duty」（為了英格蘭，每個人都要恪盡職守）。英軍艦隊以 T 字型垂直朝法國和西班牙聯合艦隊駛去。

激烈的戰鬥一直持續到下午，勝利在望之際，正在後甲板上督戰的納爾遜被法軍「可畏」號上的一名狙擊手擊中。子彈由上而下擊中左肩，穿過肺部，最後停留於體內脊柱尾部，造成無法挽回的致命傷。由於當時甲板上滿是作戰中的士兵，再加上濃煙密佈，相信狙擊手並非刻意瞄準納爾遜——納爾遜死後，這顆子彈被從其身體中取出，如今保存在溫莎城堡的國事廳。

納爾遜自知子彈深入體內，已藥石無靈，遂召見旗艦艦長托馬斯·哈代等人並交代後事。他對眾人說：「我已滿足了，感謝上帝，我盡了我的責任。」中彈約 3 小時 15 分鐘後的下午 4 時 30 分，當聽到英國勝利的消息時，一代海軍戰神才嚥下最後一口氣，終年 47 歲。在其身邊陪伴的斯科特牧師表示，納爾遜的遺言是「為了上帝和

我的祖國」（God and my country）。

特拉法加海戰之後，英國成為海上霸主，控制著整個海洋。法國、西班牙乃至整個歐洲都深信英國海軍之不可戰勝，而英國人也就愈容易獲得安全及和平，其百年繁榮直到第一次世界大戰才被打破——一戰中，英國海軍基本維持著對德國的海上封鎖，即便在日德蘭海戰（Battle of Jutland）中德國略佔上風，「撼動了監獄之門」，但正如紐約一家報紙扼要而準確的評論：「德國艦隊攻擊了獄卒，卻還要繼續坐牢」。

先有「女王的海軍」，才有「大西洋帝國」

早在 1560 年，「女王的海軍」就問世了，並有行政和財政體系來維持。英國人已意識到，控制英格蘭與低地國家間的英吉利海峽和愛爾蘭海、控制西面海域，攸家安全。

歷史學者約翰‧達爾文指出，比起葡萄牙人、西班牙人、荷蘭人，英格蘭人較晚才投入大西洋探險、征服事業。英格蘭是在與法國的商貿受挫後才轉向南方的葡萄牙和西班牙，並吸收兩國航海家的新航海知識，展開遠洋貿易。西班牙和葡萄牙認為，1494 年羅馬教宗的「捐贈」已使得大西洋為兩國平分，他國不得介入。英國拒絕接受這一觀點，堅持海洋自由論：「海洋與貿易，根據自然法和國際法，為公有之物，教宗和西班牙人都不得禁止其他國家傳播、參與這法則。」此一原則成為英國帝國主義最持久不墜的元素之一。

原則固然重要，但國家間的競爭從來不是單單靠說理就能決定的，最終要靠實力和武力。放諸於大西洋，實力和武力的代表就是海軍。在大航海時代的世界爭霸戰中，決定性的勝利取決於海上力量。

在納爾遜時代之前，英國海軍比起法國海軍來並無絕對優勢。

1688 年，英國發生光榮革命，新國王威廉三世來自海軍強國荷蘭，但他本人並不熟悉海戰，他的艦隊在英格蘭成功登陸，在一定程度上靠的是一股「新教之風」——這股海風將他們吹到一處沒有設防的海灘上。反倒是被罷黜的詹姆士二世精通航海技術，戰功顯赫。

在帆船時代，戰船是高度勞動密集型的機器。英國海軍通過強制徵兵來填滿船員名冊，每艘船需要配備六百多人，其中將近三分之二是普通船員（即「低等水手」），這些人當中有 120 人從未出過海，正如英國海軍上將愛德華‧羅素所抱怨的：「戰鬥只是英國艦隊中海軍上將所遇到的最小的困難。」

18 世紀中葉，英法兩國海軍強弱發生重大轉變。首先是人的因素。人才的流動跟兩國對宗教改革的立場息息相關——1685 年，法王路易十四廢除《南特敕令》，這一愚蠢的決定剝奪了法國境內新教徒的信仰自由。在法國大西洋沿岸港口上工作的許多經驗豐富的水手都是新教徒，他們不願放棄信仰，紛紛逃往新教徒佔上風、信仰自由有保障的英國。由此造成的後果是，法國有足夠多的戰艦，卻沒有足夠多經驗豐富的水手和戰士，不得不將戰船停泊在港口內，不再出海，剩下的船員們愈來愈缺乏寶貴的航海和作戰經驗，戰爭來臨時當然不堪一擊。多年後，清帝國的北洋艦隊重蹈了法國海軍的覆轍——北洋艦隊的硬體不亞於日本海軍，但軍官和海員的素質無法與後者媲美。

其次，是資金的因素。海軍是耗資巨大的軍種，需要有穩定的財政支持。儘管法國和西班牙的人口多於英國，其國家財政規模也比英國大，但就戰爭的準備而言，這些數字是具有欺騙性的。特別是在公共信用方面，英國的能力總是要強於法國，在面臨危機時，英國能在不增加額外稅收的情況下募集到巨額資金——英國式的籌款方式是後來被各國普遍採用的發行「國債」。在英國，購買「國債」不僅是

愛國行動，更是有利可圖的投資。1694 年，蘇格蘭商人帕特森（Sir William Paterson）倡議設立英格蘭銀行（Bank of England），使之成為政府的銀行和債務管理者。英格蘭銀行遠遠領先於歐洲其他國家的類似機構，使這個島國擁有前所未有的外交和軍事影響力。借助穩定的收入和先進的管理，英國海軍得以保持更快、更持久的行動速度，勝過此前任何一支海軍，在本國海域之外開展的軍事行動也越來越多。

第三，海軍戰力在很大程度上依賴於技術革新。軍事史家約翰‧基根（John Keegan）在《戰爭史》中指出，「大船」出現於 16 世紀初，後來從它直接衍生了和它酷肖的配有多門大砲的第一線作戰軍艦。造船師將大砲安裝在甲板下面，用索具固定，以防開砲時砲身亂轉；砲口面向船側，開砲時舷側的所有大砲「齊放」。第一艘如此設計的船是 1513 年下水的英國「瑪麗‧羅斯」號；到 1545 年，像英國的「偉大的哈里」號這樣的船在上下兩層甲板上都安裝了大砲；到 1588 年，如此裝備的艦隊在英吉利海峽與西班牙的無敵艦隊打了一場長七天七夜的戰役——英國的獲勝除了天氣原因，還在於英國戰艦的火砲設置更佳、射程更遠和更為精確。西班牙無敵艦隊的敗北對 16 世紀新教和天主教之間宗教戰爭的力量對比可謂一錘定音。到了 1650 年，英國艦隊的規模達到 70 艘戰艦，軍艦兩舷安裝 50 門火砲，作戰時砲火齊發，這種使用火砲的海戰比陸上的堡壘戰更加鮮明地突出了大砲的威力。到了 18 世紀，最大的風帆船可安裝一百門大砲。

美國歷史學家林肯‧佩恩指出，到 1730 年代，英國已擁有世界上最強大的海軍，甚至可能相當於法國和西班牙海軍實力的總和。除了本土的海軍基地，英國海軍在直布羅陀和梅諾卡島（Menorca），以及加勒比海中的安提瓜島（Antigua）和牙買加也設有基地。英國皇家海軍戰艦的分佈從巴貝多（Barbados，中國、香港稱為巴巴多

斯）一直延伸到波士頓。

看哪，這個終身未能克服暈船毛病且屢屢抗命的水手

納爾遜是一名為海洋而生的勇士，是英國這個海洋國家的縮影。他不是從石頭裡蹦出來的，他只屬於這種文化和這個時代——大英帝國的武力和文化迅速崛起的時代。後來，在第一次世界大戰期間，不少英國人曾期望英國誕生第二位納爾遜，帶領英國重演特拉法加戰役一幕，但是這個希望落空了，在與德國的海戰中，英國海軍居然第一次處於下風。戰後，英國開始失去長久以來的海上霸權，海軍的實力被美國和日本超過。

出生於牧師家庭的納爾遜，年僅 12 歲即加入英國皇家海軍，到舅父麾下的「合理」號戰艦服役。在三十多年的海上生涯中，他一步步攀升到皇家海軍的巔峰，多次率領皇家海軍擊敗西班牙、法國等強敵，奠定英國海上霸主地位。他卻是一位在很多方面「非常規」的海軍將領。美國海軍上將、曾任北約盟軍統帥的史塔萊迪（James Stavridis）評論說，若換成今天這種強調「透明度」與「政治正確度」的時代，納爾遜一定「過不了美國參議院的人事認可」這一關：他終其一生無法戰勝自己的生理問題——暈船。每次出海，他都會患上失眠症，體重迅速下降。他骨瘦如柴，身高不到五尺六寸，還有各式各樣的健康問題。他的個人生活也相當不「檢點」，疏遠結髮妻子，與朋友漢密爾頓爵士的妻子艾瑪長期保持婚外情，並生有一名私生女。向來標榜重視婚姻和家庭的英王喬治三世，對此深惡痛絕，即便在接見凱旋歸來的納爾遜時，仍對這位毋以婚外情為恥的名將十分冷淡。

不僅如此，納爾遜還桀驁不馴、屢屢抗命。當時的海戰講究嚴密編隊、中規中矩、一絲不苟，但他不願墨守成規，總是奇招百出。

1793 年，英國參加第一次反法同盟，對法國開戰。他受命攻佔法國治下的科西嘉島，並參與對法國的封鎖。1795 年 3 月，駐紮於土倫的 17 艘法國戰列艦組成艦隊，試圖突破英方防線，及重奪科西嘉島。英軍 15 艘戰艦迎戰，納爾遜指揮「阿伽門農」（Agamemnon）號衝鋒陷陣，並乘勝追擊，殺得法軍丟盔卸甲，成為英方致勝原因之一。但納爾遜對地中海艦隊總司令霍特漢姆相當不滿，他批評霍特漢姆的戰術太過守成，太早將他召回，以致錯失全殲敵艦的大好機會。

在 7 月 14 日的另一場戰事中，納爾遜帶頭追擊敵艦至敵方沿岸一帶時，再次被霍特漢姆下令召回。他對霍特漢姆愈益反感。此後，他被改派指揮一支小分遣艦隊，負責支援奧地利陸軍。他的艦隊封鎖了表面保持中立卻日漸親法的熱那亞港。此舉全憑他個人決定，事前未有通知上級，行動隨時亦不獲英政府承認，甚至指揮官要負法律責任。但該行動成效顯著，因此他沒有招來上級的懲罰。

1800 年，英國對法國的封鎖政策招致俄羅斯、普魯士和丹麥等國不滿，後者成立「武裝中立聯盟」，與英國劍拔弩張。英國海峽艦隊總司令帕克及副司令納爾遜奉命前往波羅的海震懾丹麥等國。納爾遜起初建議艦隊無需理會實力有限的丹麥海軍，趁俄軍部份艦隊困於冰封的喀琅施塔得克隆斯塔特（俄語：Кроншта́дт，羅馬化：Kronshtadt）時，直搗俄國位於塔林的戰列艦隊。這個方案非常大膽，可一舉擊破「武裝中立聯盟」的核心軍力——俄羅斯海軍是波羅的海最強大和最主要的海軍力量。但帕克認為此建議過於冒進，決定先以實力較弱的丹麥和瑞典為目標。

4 月 1 日，哥本哈根戰役爆發，納爾遜率艦隊攻破哥本哈根海岸以南的佈防，敵方指揮官奧弗特‧費雪將軍放棄被擊中起火的旗艦逃生。就在哥本哈根市中心即將要落入英方砲艦射程範圍之時，尚在四英里以外的帕克竟發旗號，下令英艦撤軍。身在前線的納爾遜認為帕

克的號令愚不可及，大為憤慨，轉向副官斯圖爾特上校說：「你知道總司令的船上顯示了什麼嗎？」後者回答：「39 號信號，停止行動！別動！」納爾遜不屑地說：「如果我這樣做了，那就等死吧。」他轉過身去，對著旗艦「大象」號的艦長佛利說，「你知道，佛利，我只有一隻眼睛——有時失明是我的特權」。他舉起望遠鏡，用失明的右眼看望遠鏡，然後聲稱「真的沒有看到旗號」。

為了避免被指違抗上級軍命，納爾遜命令在戰艦上一個甚為隱閉的地方懸掛「撤軍」旗號，同時在船頭桅頂醒目地掛上「徹底戰鬥」旗號。下午兩點，丹麥的很多船隻被擊中起火，其他船隻紛紛投降。

有歷史學者指出，假如當初納爾遜聽從帕克的命令撤軍，可能會招致英方慘敗。哥本哈根海戰使納爾遜名聲大噪，成為英國最重要的海軍將領。不久之後，帕克爵士被召回，納爾遜升任艦隊司令，留下來繼續指揮波羅的海的行動。

一個將自己的船隻停靠在敵人船隻旁邊的軍官永遠不會犯錯誤

1794 年 4 月 4 日，納爾遜在未得到陸軍的配合下，率領海軍陸戰隊登陸科西嘉。5 月 23 日，英軍成功使巴斯蒂亞的守軍投降。6 月，納爾遜轉到卡爾維進行另一次攻城。7 月 12 日，他在戰事中被敵軍投擲的亂石擊中臉部，造成右眼永久失明，

納爾遜說過，「一個將自己的船隻停靠在敵人船隻旁邊的軍官永遠不會犯錯誤」，這句話的意思是說，最勇敢的戰士要跟敵人貼身肉搏而不是與對方保持安全距離，即便在數量上處於劣勢的時刻，英國海軍指揮官都應當堅信己方能取勝，以放手一搏、破釜沉舟的精神主動出擊。1797 年 7 月 3 日，在英國海軍進攻西班牙屬加那利群島的

戰鬥中，納爾遜率艦隊與敵人進行接舷戰。這場戰鬥異常激烈，期間他兩度險遭敵軍以短彎刀劈頭，但都被一位名叫約翰・西克斯的軍官營救，伸出手臂為他擋了兩刀，才得以逃過大難。英軍一鼓作氣，取得完勝。事後，納爾遜帶傷檢閱官兵，傳令褒揚西克斯的英勇行為，將其破格擢升。

7月22日，納爾遜率領一千官兵登陸聖克魯斯的防波堤。但出乎意料之外，防波堤上的一百名守軍訓練有素，再加上水流急湍，使英軍難以登岸，最後只有納爾遜等小部分人成功登陸。納爾遜甫上岸，即被敵人的流彈傷及右臂，由養子約書亞・尼斯貝上尉救上一艘小艇，再送返「忒修斯號」救治。他在艦上接受手術，切除右臂，從此成為獨臂人。殘缺的右臂加上此前失去的右眼，成了納爾遜獨有的標誌。即便少了一隻手和一隻眼，他仍是讓英國人敬仰和讓敵國聞風喪膽的海上戰神。

納爾遜在大海上的勁敵，先是西班牙，然後是法國。1749年，英國首相亨利・佩勒姆（Henry Pelham）在下議院指出，正如羅馬與迦太基一樣，英法之間的矛盾是不可調和的，而且，只有英國海軍才能保護英國，使其免遭迦太基的命運。「恐怕，」他告訴議員們，「經驗已經告訴我們，我們的海軍不是無敵的，一旦海軍敗下陣來，我們的探險事業、商業乃至獨立都會化為泡影。」即便英國無法單憑海軍的力量取勝，但它確實是保證不敗的一種方式。

在拿破崙尚未稱帝之前，納爾遜就曾與這位比他年輕11歲的法國獨裁者和軍事天才擦肩而過。1798年5月19日，由三百艘載滿人和貨物的船隻組成的法國艦隊駛入地中海，遠征埃及。殿後的是名為「東方」號的旗艦，它是當時最大的船。拿破崙站在甲板上，望向自己的未來。6月10日，法國艦隊佔領了聖約翰騎士團統治的馬爾他島（Malta）。

兩天後，納爾遜得到這個消息，他據此推測，拿破崙必定要駛向埃及，於是開始追擊。但在無法使用雷達和衛星定位的年代裡，兩支艦隊在茫茫大海上錯過了。英國人在 6 月 22 日和 23 日之間的夜晚超過了法國人，雙方距離 22 海里，超出了望遠鏡的可見範圍。5 天後，納爾遜抵達亞歷山大港，他完全不知道法國人現在的位置，又向南駛向敘利亞、塞浦路斯，一路搜索，皆一無所獲。

　　與此同時，對此一無所知的拿破崙在 6 月 28 日抵達亞歷山大港，隨後攻佔了大半個埃及。

　　如果這一次雙方的艦隊相遇並作戰，如果納爾遜在海上擊敗法國艦隊乃至擊斃拿破崙，此後歐洲的歷史必將為之改寫。

　　8 月 1 日，納爾遜去而復返，在阿布基爾港遇到毫無防備的法國艦隊。納爾遜的戰艦猛轟被包圍的法國艦隊，並派出五艘戰艦插入法國艦隊與海岸之間，取得了戰術和戰略上壓倒性的勝利，使法國損失了 11 艘戰列艦和兩艘巡航艦。晚上十點後不久，法軍旗艦「東方」號被擊中起火爆炸。戰鬥持續到次日中午，法軍艦隊司令維爾納夫決定帶著殘兵敗將駛向歐洲。七百名法軍官兵戰死，一千五百人受傷，三千人被俘。法國隨軍外交官及學者德農「以沉痛的心情」回憶道，他看見貝多因人就著火把，連夜翻撿戰船的法國艦隊的遺骸和死人的屍體，慘不忍睹。此後，法國軍隊被困在埃及近兩年之久，拿破崙一籌莫展，隻身返回法國，其接任者克萊貝爾怨恨地評論說：「他把自己的爛攤子留給我們，然後一走了之。」拿破崙的埃及夢和東方夢被納爾遜擊碎了。

　　拿破崙帝國建立後，他控制的國家變成了近代第一個軍事獨裁政體，其軍事天才再加上法國大革命之後形成的以理念組建而成的近代軍隊，在歐洲大陸所向無敵，歐陸國家紛紛淪為其傀儡控制下的次殖民地，其主要任務是為法國的戰爭機器提供人力和財源。根據歐洲各

國的前車之鑒，如果英國淪為拿破崙的總督轄地，那麼，個人自由和英國憲制將不保——那是埃德蒙‧伯克最為憂慮的可怕前景。所以，英國與法國的戰爭不單單是民族生存權的爭奪，而且是意識形態的較量。史塔萊迪上將（James Stavridis）在《海權爭霸》中指出，在這場較量中，納爾遜的成敗關係英國命運。英國想生存，就得控制大西洋以及歐陸近岸各海的海上交通，同時維護全球各地殖民地的經濟活力，而納爾遜是英國能不能執行這項經典海上戰略的決定性人物。

特拉法加之戰：海權改變歷史

納爾遜一生中的最後一戰是特拉法加之戰。此役不但是 19 世紀最大的海戰，也是英國「以少擊多」的傳奇戰役。

拿破崙在戰前制定了一份入侵英國的計畫：先擊潰納爾遜的地中海艦隊，再北上控制英吉利海峽，運送陸軍登陸英國本土。此前被納爾遜擊敗過的法國艦隊司令維爾納夫（Pierre-Charles Villeneuve）對英國艦隊交戰的前景並不樂觀，讓艦隊停留在港口不動。拿破崙威脅說，若不與英國一戰，就將其免職。1805 年 8 月 2 日，拿破崙離開巴黎前往布倫，再一次向維爾納夫發出命令：「開航！不要浪費一分鐘，率領我集中的兵力進入海峽，英國就是我們的了，我們的一切都已準備就緒。你只要出現 24 小時，則一切都可完結。」於是，維爾納夫勉為其難地率法國和西班牙聯合艦隊起航。

納爾遜深知，拿破崙已組建了龐大的登陸部隊，唯有將法國海軍擊潰，才能保證英倫三島的安全與尊嚴。他全力進擊法國艦隊，從馬提尼克（Martinique，位於中美洲加勒比海）到加的斯港（Cádiz）一路窮追不捨。得到敵人出海的消息之後，他大喜過望，將其艦隊分為兩路長縱隊，以這種新隊形衝向敵人，迫使敵人倉促應戰。他在一天

前的備忘錄中寫道，儘管「在海戰中沒有完全確定之事，射擊會使友軍和敵軍的船桅和帆桁失去控制」，但他強調，「在敵軍的先鋒救助其後方之前，我有信心期待勝利。」

開戰時，英國皇家海軍和法西海軍的實力相差不大，法西聯軍還略占優勢。英國皇家海軍原本有 33 艘戰列艦，後來路易少將的馬爾他護航隊調走了 6 艘，只有 27 艘戰列艦投入戰鬥，共計火砲 2148 門，官兵 16820 人。法西聯軍則有戰列艦 33 艘，其中一艘是當時最大的，擁有四層火砲甲板的戰列艦「三叉戟」號，共計火砲 2626 門，官兵 21580。此外，法西海軍還有 13 艘巡洋艦，英國皇家海軍只有四艘巡洋艦。

最終的結局卻是英國大獲全勝。決定勝負的原因是多方面的，統帥的能力是決定性因素。納爾遜指揮得當，敢於打破常規，突破陳舊的海戰戰鬥序列理論，靈活採用機動戰術，在戰鬥中身先士卒，親率「勝利」號突破敵陣。納爾遜因此中了致命傷，在水波輕搖聲中，在「勝利」號座艙內傷重不治。

反觀法軍艦隊，主帥維爾納夫在開戰前信心不足，命令一變再變，讓聯軍隊形被打亂。尤其是開戰前為便於己方隨時撤入加的斯港，下令艦隊 180 度轉向，這一命令嚴重影響士氣，造成聯合艦隊的隊形陷入混亂。開戰後，英國海軍戰艦集中火力轟擊法軍旗艦倍申達利號（Bucentaure），戰鬥打響後不久，倍申達利號已完全癱瘓，失去指揮的聯軍海軍如烏合之眾，各自為政，被打得潰不成軍。

此役，英軍俘獲 15 艘敵方主力戰艦。雙方參戰官兵近四萬人，陣亡 3100 多人，受傷 4100 多人。法西聯合艦隊的傷亡人數是英國海軍的三倍，陣亡人數是英國海軍的十倍。造成這種不對等後果的原因很多，主要是英國海軍基於納爾遜倡導的「戰鬥的關鍵是進攻」的原則培養出來的一種心理優勢。

在這場英國與法國及其僕從國展開的「前世界大戰」中，納爾遜的功勞比威靈頓還要大。贏得對法國的戰爭是一場艱巨的任務。在當時人看來，最終的勝利取決於海上力量。這是因為，在所有力量當中，它保證了英國人在戰場上的地位。皇家海軍保衛了英國，使其不受外來力量的侵犯；它將法國人的力量限制在歐洲，並且讓英國人獲取了其敵人幾乎所有的海外領土；他們保護船隊到達伊比利亞半島，給威靈頓公爵的軍隊運送物資；它也保證了英國的全球海外貿易。

拿破崙聽聞特拉法加戰敗的噩耗，其遠征英國的計畫已化為泡影。他為任命畏首畏尾的維爾納夫為海軍總司令而悔不當初，咒罵其「連指揮一艘快速砲帆船的資格都沒有」。在得知納爾遜戰死後，他下令法國全體海軍戰艦懸掛納爾遜畫像，以示對這位強勁對手的哀悼。

隨著法國海軍的潰敗，拿破崙的世界帝國之夢也日薄西山。他冒險攻擊俄國，前期在軍事上獲勝，卻在嚴酷的冬天迎來滅頂之災。聯軍攻入巴黎後，拿破崙退位，被流放到離歐洲萬里之遙的小小火山島聖赫勒拿（Saint Helena），在這個五英里寬、十英里長的島上度過最後六年的流亡歲月。在其生命的最後幾年，他經常夜以繼日，凝望大西洋永無止境的波濤，而這正是他終其一生未能征服的大海——卻是納爾遜來去自如、如履平地的大海。

此役改變了英法實力的對比，也改變了歐洲近代史的走向。擊敗拿破崙帝國之後，英國迎來持續一百多年的「不列顛治世」（維多利亞時代）。幾十年後，美國著名海軍歷史學家、海軍戰略家馬漢（Alfred Thayer Mahan）在其傑作《海權論》中指出，特拉法加之戰證明「海權對歷史的影響力」。

為了紀念為國捐軀的納爾遜，英國政府在倫敦市中心建立「特拉法加廣場」並豎立納爾遜紀念柱，將每年 10 月 21 日設立為特拉法加

紀念日，在這一天，「為英格蘭，每個人都要恪盡職守」的旗幟在「勝利號」上揚起——它停泊在普利茅斯港口供民眾參觀。

納爾遜不僅是英國的英雄。明治維新之後的日本仿效英國建立現代海軍，也學習納爾遜的戰術及精神。1905 年，日俄「對馬海峽海戰」中，日本海軍統帥東鄉平八郎模仿納爾遜，在與俄國艦隊相遇接戰之前，向艦隊下達作戰命令：「全體將士務必奮力向前！」隨後升起「Z」字旗。此役，日軍大獲全勝。此後，日本海軍每次出戰前，總要升起一面「Z」字旗。

納爾遜沒有受過正規教育，他的教育全都是在海上完成的。他堅韌不拔，身先士卒，先征服了大海，繼而擊敗海上所有的敵人。歷史學家勞倫斯·詹姆斯（Lawrence James）指出，納爾遜和威靈頓成了英國所有民族英雄中的楷模，「他們沉穩的、男人式的勇敢、熱愛國家、忘乎自我以及高度的責任感，成為一代代年輕人學習的榜樣。他們的部下理解並運用了這樣的道德準則。」一種英國式的美德逐漸成形：為了一個公正的理由而奉獻自己的生命，德曼勛爵這樣寫道：「許多英國母親為自己兒子的犧牲而傷心悲慟，但沒有一個人後悔將自己的兒子送上戰場。英格蘭認為這片土地值得用生命捍衛。我們都這樣覺得。」

1927 年，台灣自治運動領袖林獻堂展開環球旅行，其中重要一站是倫敦。在訪問聖保羅大教堂時，他瞻仰了被安置在教堂地下室的納爾遜墓。他看到壁上懸掛之軍旗，旗上有血跡和彈孔，感嘆說：「余之觀此，深感一種矛盾，一方面講博愛講人道，一方面獎勵殺人，這豈不是大大的矛盾乎？然處此生存競爭優勝劣敗之世，而為其民族自衛計，亦誠非得以也。故凡民族能團結自衛者，則其國家行見蒸蒸日上，若其民族不能團結，而又內訌不息，甚至互相屠戮，其國家之不亡亦僥倖矣。」這番感慨，用之於今日應對中共武力威脅之台

灣，更是發人深省。如果每一個台灣的海軍官兵都有納爾遜一往無前的戰鬥勇氣，台灣就是一座中國永遠也無法攻破的鋼鐵之島。

第十章

佛羅倫斯・南丁格爾：
女人的愛心比男人的野心，可以征服更多的地方

余謹以至誠，於上帝及會眾面前宣誓：終身純潔，忠貞職守，盡力提
高護理職業標準，勿為有損之事，勿取服或故用有害之藥，慎守病人
家務及祕訣，竭誠協助醫師之診治，務謀病者之福利。謹誓。

——南丁格爾（Florence Nightingale，1820 年—1910 年）誓詞

1854 年，英國與法國支持鄂圖曼帝國對抗俄國，爆發了拿破崙戰爭之後最為慘烈的歐洲戰爭。聽聞前線傷患得不到應有的醫療和照顧，34 歲的佛羅倫斯‧南丁格爾寫信給英國作戰部長霍伯特，自動請纓帶護理人員赴前線照顧傷員。在得到政府和國人的支持後，她帶著 38 名護士的醫護團趕至前線的軍醫院。她的服務得到傷兵的感激和愛戴，傷兵們將她親切地稱呼為「提燈天使」。1867 年，英國政府在位於倫敦滑鐵盧廣場修建克里米亞紀念碑，特別為南丁格爾鑄造了「提燈女士」的銅像。

英國女王的御醫克拉克爵士看到南丁格爾的理想與奮鬥之後讚歎說：「有一天這個世界會知道，女人的愛心比男人的野心，可以征服更多的地方。」南丁格爾是現代護理學的創始人，她大幅提升了護士的專業與價值，使護理學成為現代醫學中不可或缺的重要一環。為了紀念南丁格爾，世人把她的生日 5 月 12 日定為「國際護士節」，在倫敦設立了南丁格爾博物館，她的肖像曾出現在面額十英鎊的貨幣上。

貴族家的小姐，為何要當卑微的護士？

南丁格爾出生於一個旅居義大利的英國貴族家庭，他的外祖父是著名的廢奴主義者威廉・史密斯。那個時代的英國和歐洲，階級地位懸殊、貧富差距巨大、性別界限分明，上流社會和貴族家庭並不注重女性的教育，更不讓女性擁有自己的職業。南丁格爾的父親畢業於劍橋大學，思想開明，在數學和文學上頗有造詣，認為女性也要如同男性一樣接受教育，他親自教導女兒學習義大利文、拉丁文、希臘文、哲學、歷史、文學及數學。這些教育對南丁格爾以後的人生有很大影響。

南丁格爾年輕時，過著上流社會十分優渥的生活，晝夜有人服侍，舞會和沙龍不斷，錦衣玉食，夜夜笙歌。表面上這是一種令人稱羨之生活，但這個少女的內心卻一直感到空虛，覺得這樣的生活毫無意義，不願如此虛度一生。她是一名虔誠的基督徒，在牧師的教導下，自小有救濟貧弱的慈悲心懷。她後來回憶，在 17 歲那年，她聽到上帝對她說話，要她成為一名護士，不分階級地愛護照顧病患，透過服務人群來服事上帝。從此之後，她強烈感受到生命的意義，掙脫種種阻礙，走上一條獻身醫護工作的光榮荊棘路。

然而，當時護理是一種類似「下女」的工作，護士被看為是一群「粗俗無禮、酗酒、缺乏護理培訓」的下層階級女性。當南丁格爾提出要當護士時，身為貴族的父母強烈反對女兒的志願，母親甚至因此埋怨丈夫給了女兒太多教育，讓女兒整天胡思亂想。為了改變女兒的決定，父母安排南丁格爾到歐洲各地旅遊，希望轉移她的注意力，回來的時候徹底忘了要當護士這回事。然而，南丁格爾藉旅遊之機，參觀並且詳細記錄各地醫院的資訊，包括建築、醫學、病房設計及管理，為以後開創護理事業累積資料。旅行歸來後，父母發現女兒更加

堅定要投入護理工作，百般勸阻無效，只好勉強同意了，只希望養尊處優的女兒真正投入這一艱苦工作後，能知難而退。

南丁格爾閱讀了大量的醫學書籍，然後到倫敦的一些醫院觀察護士的工作，也到貧民區服侍病人。1844 年，24 歲的南丁格爾在日記中寫道：「我不作文學的女僕，不作音樂的差役，不作哲學的跟隨者，我寧願作上帝的僕人，活著不再為別人的掌聲。不再看自己是一個把生命拿來做藝術展現的浪漫主義者，只是為了強迫自己爬上一座較高的舞台，像戲子般地娛樂大眾，卻失去內心深處向上帝的呼籲。我知道，從此活著不再是追尋沉緬心中的快樂，而是為了一場戰爭。」她充實護士工作，不是一時心血來潮，背後有信仰的驅動。

那時，英國尚未建立正規的護理學校。1851 年，南丁格爾遠赴德國凱薩偉特醫院進修。這是一家即由路德會牧師西奧多‧弗利德納（Theodor Fliedner）開設、由其女助手管理的醫院，擁有多位受過基本訓練、信仰虔誠的女護士。南丁格爾深深地被這所醫院提供的優質照顧及服務所感動，並以女執事的身分接受為期四個月的護理培訓。培訓完畢，她進入巴黎「仁愛修女會」創辦的一家醫院做護理工作。

1853 年，南丁格爾返回倫敦，在一所醫院擔任護理督察，負責監督護士，改善醫院的各種設備。因這些經驗，她對英、法、德等國的護理領域的有了對比和思考，發現英國的缺陷之後，提出並實施若干解決辦法。1860 年，她在倫敦聖托馬斯醫院成立了世界上第一個非修道院形式的護士學校，並廣泛發布招生廣告。護士學校的招生廣告感動和吸引了大量的申請者，其中不少是受過一定教育的、家境良好的年輕女性。結果，在兩千名申請者中僅錄取了 16 位，南丁格爾渴望培育出護理界的精兵，而非只是慕名而來尋找職業機會的學生。她關心校務，親自規劃各種課程及嚴格的制度，以提高護士的專業程度。這所歷史悠久的護士學校，在此後一百多年裡培養出了數以萬計

的優秀護士，該校現為倫敦國王學院的一部分。

護士不是卑微的職業，而是崇高的職業。南丁格爾認為：「一個優秀的護士，是三種動機的組合——第一種是天然的動機，天生喜歡照顧人；第二種是專業的動機，願意竭盡所能把一件事情做好；第三種是宗教的動機，工作不是為著成功，而是為著榮耀上帝。」為此，她決定終身不嫁，一生專心從事護理工作。她曾接獲政治家及詩人理查·蒙克頓·米爾尼斯（Richard Monckton Milnes）的求婚，思考良久後予以拒絕。

醫學史家魏克曾寫道：「歷史上，對減輕人類疾病痛苦具有最大貢獻的有三，分別是：南丁格爾的護理改革，李斯特（Joseph Lister）發現手術消毒法，辛普遜爵士（Sir James Young Simpson）發現麻醉藥方。李斯特與辛普遜的發現，後來都被更新的方法取代了，唯有南丁格爾的護理改革影響最深遠。」有的人以殺戮成千上萬人而被歷史所記載，比如拿破崙、希特勒、史達林和毛澤東；有人卻以拯救成千上萬人而被歷史所記載，如南丁格爾、牛痘免疫的首創者詹納（Edward Jenner）、現代醫學教育的始祖奧斯勒（William Osler）、青黴素的發明者弗萊明（Sir Alexander Fleming）等人。前者遺臭萬年，後者流芳百世。

傷兵的每一聲呻吟都是真實的痛苦

1854 年，英國捲入克里米亞戰爭。英國歷史學家本·威爾遜（Ben Wilson）在《黃金時代：英國與現代世界的誕生》一書中指出，克里米亞戰爭定義了 1850 年代的進步和新生的觀念，是武裝版的萬國博覽會，在這場意義重大的戰爭中，貿易自由主義和現代技術戰勝了專制獨裁與人海戰術。

拿破崙戰爭之後，俄羅斯崛起為歐洲的強權，沙皇指揮著一支150萬人的強大軍隊，歐洲其他國家無不相形見絀。英國軍隊的規模小得多，但英國的最新技術——電報、鐵路、螺旋槳輪船、古塔波膠帳篷、彈殼子彈槍械和其他許多現代發明——足以抗衡規模比之大幾倍的軍隊。在克里米亞戰爭中，裝備了最新恩菲爾德步槍（Pattern 1853 Enfield）和柯爾特左輪手槍的英國軍隊，遇上了一支仍然使用滑膛槍作戰的老式軍隊。英國軍隊作戰時使用可攜式軍用電報機，通過包裹古塔波膠的銅線來跟司令部保持聯繫。這種軍用電報機還有另一個用途：傳遞電脈衝以遠距離引爆炸藥。《泰晤士報》評論說，英國必定能「將整個世界變為我們的盟友」，打敗資源看似取之不竭的俄國。

戰爭打響後，卻遠比紙上談兵的政客想像的更加殘酷和漫長。俄國佔據的重要堡壘塞瓦斯托波爾，本應在幾個星期之內被英軍出其不意地拿下，但饑寒交迫的英軍的圍攻卻可悲地持續了 340 天。隨軍記者們報導了大批英軍死於戰場的慘況，以及戰地醫院環境惡劣而導致傷患多死於霍亂、傷寒等。全國為之震驚，民眾痛斥政府機構和戰爭機器的僵化遲鈍，政府垮臺了，女王選擇雷厲風行的巴麥尊（Lord Palmerston）為新首相。

次年春天，英國終於強化了其戰爭基建。在商業、工業和個人行動的幫助之下，似乎能更應付現代戰爭了。水晶宮（The Crystal Palace）是一個以鋼鐵為骨架、玻璃為主要建材的建築，位於海德公園內。是十九世紀的英國建築奇觀之一，也是工業革命時代的重要象徵物）的締造者帕克斯頓爵士（Sir Joseph Paxton）組織了兩千名建築工人加入陸軍工程隊，修建了一條高質量的軍用道路。改革俱樂部前任廚師長索耶（Alexis Soyer）自費前往前線，把他首創的野外炊具提供給軍隊並教會他們如何用它烹飪。皮托、布拉西與貝茨公司修

建了第一條軍用鐵路——克里米亞中部大鐵路，為攻城的英國軍隊運去補給，並將傷兵從前線撤離。英國著名工程師布魯內爾（Isambard Kingdom Brunel）給前線送去一座裝配式醫院，它有空氣調節系統和排水系統，能容納一千名傷患。有了足夠的後勤支持，英軍勝利在望。《愛丁堡評論》指出：「毫無疑問，與獨裁政府相比，自由政府的機構更為遲緩。但自由政府的基本財富多得多。……英格蘭是笨拙、立憲而且近乎民主的，也是富到流油的。它剛剛開始熱身；而我們的獨裁盟友（法國）和我們的專制敵人（俄國）則已透不過氣來，開始負傷流血。」

當然，英國自己也在流血。南丁格爾在報紙上讀到若干正面報導後說：「我不完全相信報導屬實，但我相信傷兵的每一聲呻吟都是真實的痛苦。」她表示，她將不用國家的錢、人力和資源，帶著團隊前往前線進行醫療服務。政府當然求之不得，一路開綠燈。到達前線後，南丁格爾發現，軍醫院的醫療設備嚴重不足，衛生環境極差，鼠蟲亂竄，污漬和糞便隨處可見。傷兵擁擠不堪，幾乎無人照顧，自生自滅，他們連熱湯熱飯都沒有。很多士兵不是戰死，而是因霍亂、斑疹、傷寒、瘧疾等可預防的傳染病而迅速病歿——傷患者的死亡率高達 42.7%，比在戰場上的犧牲率更高。

面對眼前混亂可怕的情況，南丁格爾立即在有限的資源下全力投入照料傷患，快速為野戰醫院建立新的管理制度，教導軍人如何進行清潔護理，大大降低傷員死亡率。她還把真相讓媒體了解，竭力說服遠在英國的那些位高權重的議員和政府高官們關注前線的護理情況，積極改善後勤和醫療供應。

軍方是一個相當封閉的系統，一開始不願一個外來女性來對他們指手畫腳，為南丁格爾設立了種種障礙。但這位堅毅的女士鍥而不捨地說服剛愎自用的軍方領袖，獲得授權，大刀闊斧地對戰地醫療體系

實行前所未有的改革。

首先，建立嚴格的醫院管理制度，注重環境的衛生清潔：設置洗衣房和「消毒衣物室」；建新廚房，添置鍋爐，改善伙食，向傷患供應熱騰騰的食物；購入更多醫藥；設立日常用品供應中心，向傷患者提供肥皂、毛巾、便盤、除蚤藥等必需品。

其次，規定護士要按時巡視病患，自己以身作則。南丁格爾每天工作超過十多小時，仍抽空親自照顧傷患，如清洗、消毒、包紮、換藥等，無不親力親為，還經常跪在地上擦洗地板。每晚，她都提著一盞土耳其式油燈巡視整座醫院的超過千位傷患者，替他們蓋被、翻身，為疼痛者按摩，為心情悲痛者唱歌，問候還未入睡的傷患，從無間斷，傷兵稱她為「提燈的天使」。

第三，將患有傳染病的傷兵隔離治療，加倍照顧。南丁格爾的這種做法，使得戰地醫院避免發生大規模的傳染病氾濫，大大降低了死亡率。

第四，滿足病患及臨終者的情感需求，對其關懷備至。南丁格爾承擔了很多原本不屬於護士的工作，比如：確保軍餉按時寄到病患家中；代寫家書，逐一認真回答家屬的詢問；記錄將離世者的心願；親自寫信安慰死者家屬，附上逝者的遺言，致上悼念。

第五，當醫院的條件稍有改善後，南丁格爾隨即設立圖書館，鼓勵傷患閱讀報章雜誌，以免荒廢光陰。圖書館供應各種健康飲品，如茶水等，使孤單、憂傷的傷患者非常感動，也杜絕了酗酒的惡習。

南丁格爾認為，護士不僅是醫生的助手，也是病患痛苦的見證人和安慰者，她跟患者之間建立起了相互信任的關係。外科醫師金雷克寫到：「南丁格爾的生命裡，有一股無形的力量，影響周圍的人。在血腥的手術房裡，即使是勇敢的士兵，看到血液、殘肢也會喪失求生的意志，他們哭號求死也不要手術刀下的醫治。南丁格爾來了以後就

改變了。很多傷兵要求手術時，只要南丁格爾在身旁，他們就願意接受任何的安排；他們相信南丁格爾過去陪他們走過苦難，現在能夠感受他們的苦痛，她是他們痛苦的見證人。」

當戰爭結束時，南丁格爾負責的軍醫院的死亡率從 42.7% 降至 2.2%，與健康士兵的死亡率不相上下。消息傳回國內，政治人物和民眾都大為震驚。她回國時受到英雄般的讚譽，她也藉此徹底改變了民眾對於護理工作的輕視態度，大大提升了護士的社會地位和職業榮譽感。

公共衛生的水平關係著一個國家的榮辱

南丁格爾是一位傑出的護士，還是一位優秀的學者，她讓護理發展成為一門精密的現代科學。她在戰地蒐集數據，製成一系列圖表，她採納蘇格蘭統計學家普萊費爾（W. Playfair）於 1801 年發明的圓形圖統計方式並加以改良，將英軍死亡的死因地圖製成的可視化圖像數據。結果顯示，從 1854 年 4 月起至 1856 年 3 月止，絕大多數月份的英軍死亡個案中，死於霍亂及其他疾病部分，均大幅高於戰死部分。倫敦大學學院（UCL）統計歷史學家馬格內羅（Eileen Magnello）認為，南丁格爾利用圖像指出，戰爭期間大多數英軍的死亡原因不是傷重不治，而是因為衛生條件差，由此她倡導積極預防各種傳染病，不讓軍人無辜送命。南丁格爾的這種數據呈現法，被後世稱為「南丁格爾玫瑰圖」。戰爭結束返回英國後，她未停下腳步，繼續進行有關研究。1859 年，因為在這一領域的突出貢獻，南丁格爾被英國皇家統計學會接納為第一個女性成員。

南丁格爾也是一位卓越的管理者和公共衛生的倡導者，她推動公共衛生成為一種政策，植根在政府及大眾當中。公共衛生成為公眾關

心的議題，始於維多利亞時代，快速都市化使得公共衛生面臨前無古人的挑戰，在狄更斯的小說中描述了倫敦讓人毛骨悚然的、臭氣熏天的貧民窟和地下世界，孩童稍不留意就染疾身亡。城市化帶來的城市病，使得下層階級並未從工業革命的榮景中受益，這種古怪的現象在史學上被稱為「成長初期的矛盾」。從 1830 年到 1860 年，英國士兵的平均身高反倒矮了兩公分。1875 年，曼徹斯特的健康官李博士指出，當地富裕階層的平均壽命為 38 歲，勞工階層則只有 17 歲。在利物浦則前者平均壽命為 35 歲，後者 15 歲。平均年齡被拉得如此之低，表明嬰孩和兒童的死亡率極高，公共衛生形勢極為嚴峻。

南丁格爾認為，護理與公衛是醫療品質的兩隻腳，這兩隻腳站穩了，才能畫出全國人民健康之道的藍圖，才能提高醫療部門和政府服務人民的品質與效率。她努力改善醫院、診所的管理系統，比如：增加通風、保溫系統，設立「消毒衣物室」，完善污水處理和清水供應，改良病人的膳食，以及將有傳染性的病患分開治療等。1859 年，普魯士王室、荷蘭女王、葡萄牙國王、法國海軍總司令等重要人物都把正在籌建的公立醫院藍圖交給南丁格爾過目修改。南丁格爾的「醫院多功能」的理念，由此傳播出去。

南丁格爾一生著作良多，深刻影響英國及世界醫療的改革。1859年，她出版了教科書《護理筆記》，全書八百頁，被英國護理學校廣泛採用，在全世界暢銷數百萬冊，被視為護理學的聖經，至今仍廣為流傳。這本經典著作幫助英國軍隊的醫療和後勤以及醫院行政系統的改善。在南丁格爾培訓的人才中，有被後世譽為「美國專業護理師第一人」的理查茲（Linda Richards），她將現代護理學在美國及日本發揚光大。

南丁格爾認為，醫生和護士是救死扶傷的工作，是志業或上帝的呼召（Calling），不單單是一份養家糊口的職業。「能夠成為護士是

因為上帝的召喚，因為人是最寶貴的，能夠照顧人使他康復，是一件神聖的工作。護士必須要有同情心和一雙願意工作的手。」當「英國護士協會」要求將護士資格標準化，要求三年標準課程訓練、考試檢定、執照登記時，她這位護理業開創者卻大力反對。她不是要阻撓提升護師的專業水準，而是認為，考執照制度會敗壞護士對這份職業的理想和熱忱——護理教育不僅僅是職業教育，而是道德教育與品德養成。若護士需要專業知識，也是透過紀律與實踐經驗而來，這比書本與講堂更重要，僅靠上課是無法培養品格的。在這個問題上，南丁格爾頗有遠見卓識。當代的醫學院和護理學院，正是因為忽視品格和品德的教育，一味重視知識和技術訓練，導致培養的一部分醫生和護士喪失基本的醫德，甚至淪為病患及其家屬的敵人。醫院被當做賺錢的機器，連「不傷害病人」這個南丁格爾誓言中的最基本原則也被棄之如敝屣。

中國公共衛生的危機及醫療系統的滯後問題尤為嚴重。《中國青年報》社會調查中心曾發表一份關於職業操守的調查報告，顯示在民眾心目中嚴重喪失職業操守名列前茅的，竟然是醫生、公安幹警和教師。這種社會氛圍導致部分醫護人員心理失衡，大大加劇醫病之間的惡劣關係。由於醫病雙方信任度失衡，導致醫生普遍採取「防禦性醫療」方案，要求患者進行全身檢查，以檢驗、心電圖等記錄醫療過程，避免漏診或誤診情況，從而減少不必要的醫療糾紛。惟此舉大幅增加患者的治療開支，若最終病情無法治癒，勢必加劇醫病衝突程度。2018 年中國醫師協會發布的《中國醫師執業狀況白皮書》顯示：在中國，有 66% 的醫護人員曾親身經歷過醫病衝突事件，超過三成的醫護人員有被患者暴力對待的經歷。要解決此一危機，單單靠政府在醫療領域增加投入是不夠的，需要重新找回南丁格爾的「初心」。

護理本來就是愛人如己的工作

「人生欲求安全，當有五要：一清潔空氣；二澄清飲水；三流通溝渠；四掃灑屋宇；五日光充足。」從 7 歲直到 91 歲去世，南丁格爾持續寫下日記、書信、手記、摘要等，並妥善分類和保存。她在第一本日記上標明「佛羅倫斯在愛伯利的遊記」，最後一頁寫上「無論我在哪裡，上帝都與我同在。」

南丁格爾比維多利亞女王小一歲，她長期過勞工作，患有多種慢性疾病，卻比女王還多活了八年。她的生命幾乎與維多利亞時代重疊，她的身上具備了維多利亞時代幾種重要的價值觀：「宗教、進步、自由和體面」。

以宗教而言，基督教受到達爾文的進化論等現代理論的挑戰，但多元的宗派仍然生機勃勃，教會參與多種社會活動，比如政治改革、濟貧事務及醫療事業，南丁格爾本人是虔誠的信徒，她的醫護事業得到了教會和基督徒的巨大支持與幫助。

以進步而論，維多利亞時代的英國人相信他們屬於「世界史上最了不起、最文明有禮的民族……是近代歐洲文明在不列顛群島最令人讚歎的體現」。南丁格爾挑戰女性身分的限制，對個人的成功和社會的進步抱有充分的信心，她確實邁出女性獨立的一大步，並通過教育改變更多女性的命運。

以自由而論，在維多利亞時代的英格蘭，自由與宗教密不可分（新教被視為追求信仰與良心的自由），同時也與樂觀看待經濟、政治的新心態聯繫在一起（經濟與政治的進步被視為自由的產物），更成為國家認同的一部分——英格蘭人最重要的自我認知，向來就是自由。南丁格爾通過不懈的努力，獲得了從事自己熱愛的職業的自由。

以體面而論，維多利亞時代的人們努力工作，以讓自己生活有條

不紊，或照顧家人，或維持自己與自家的小康生活。一位法國旅行者感嘆說，冬天時，英國鄉間的農夫會穿上小禮服，他們的妻女也都打扮得有如真正的仕女。英國的醫院也是如此，南丁格爾病人擁有體面與尊嚴，更將衛生與體面、自尊的價值聯繫起來，讓英國的公共衛生在全球出於領先地位。

南丁格爾的醫學思想與她的宗教信仰分不開，她的疾病論是：髒亂產生瘴氣而引發生病，而髒亂就是缺乏紀律與道德怠惰的結果。改革之道是整頓環境衛生，讓病人得到有紀律、有效率、有奉獻精神的醫管與護理服務，這些除了是防止疾病的措施，更是改革個人品格和道德的方式。她將普通人害怕的病床看做是一處喜樂工作、榮耀上帝的地方：「病床是這世界最接近死蔭幽谷的地方，在這裡遠離世界一切的庸擾與吵雜，疲憊的生命歇下他的雙翼，靜享谷中幽泉的安息，沒有掙扎，沒有懼怕，未來不是一座難以征服的高山，只有平靜地走下去。陪一個病人走過這一段路，我有一種深刻的喜悅。」

南丁格爾深信護理使命來自上帝的呼召，但她對某些「醫療宣教」機構和人士利用醫療強迫病患學習聖經乃至受洗為基督徒的做法不以為然。她說過：「護理人員對病患抱有的浪漫情懷，不該超過專業的裝備，那是對現實苦難的無知。」她認為，宗教熱誠不能凌駕於護士、醫療的專業要求之上，並指出這些行徑會導致惡劣後果：「整個醫療體系會建立在一個錯誤的根基上，宗教會跨越醫學尚不能決定的灰色地帶，而給病人的病因遽下斷言。」

1907 年，英國國王愛德華七世將功績勳章（Order of Merit）頒授給了南丁格爾，這是英國歷史上第一次授予女性。南丁格爾晚年積勞成疾、雙目失明，依舊關心並指導醫院、護理學校和公共衛生機構，直至 1910 年辭世，享年 90 歲。

南丁格爾臨終前留下的遺言是：「我死了，請把我埋在父母的身

邊。記住，千萬不要舉行什麼熱鬧的葬禮，送葬的人只有兩位就行了。」她在一封信中如此總結自己的一生：「基督教的信仰讓我體會最深的是『上帝啊！我願照著祢的意思行』這一個禱告。因此，護理是我跟隨基督走上的一條十字架的道路。」她的家人謝絕了西敏大教堂的國葬，按其遺願安葬在英格蘭東威羅的聖瑪格麗特教堂墓園。

第十一章

查爾斯‧狄更斯：
那顆詩人的心，永遠與貧苦不幸的人在一起

那是最美好的時代，那是最糟糕的時代；那是智慧的年頭，那是愚昧的年頭；那是信仰的時期，那是懷疑的時期；那是光明的季節，那是黑暗的季節；那是希望的春天，那是失望的冬天；我們全都直奔天堂，我們全都在直奔相反的方向。

　　——查爾斯‧狄更斯（Charles John Huffam Dickens，1812 年—1870 年）

1859 年是出版業的豐收年。作為現代政治學核心文本之一的約翰・密爾（John Stuart Mill）的《論自由》，就出版於這一年。斯邁爾斯（Samuel Smiles）的《自助》（Self-Help）因歌頌自由放任主義、個人主義和英雄氣概，成為維多利亞時代典型的人生哲學，也成為十九世紀暢銷世界的勵志著作。馬克思的《政治經濟學批判》也在同年出版於德國，成為後來《資本論》的基礎——後者是十九世紀最邪惡的著作，將深刻影響下一個世紀全球的政治版圖。英國人沒有被馬克思蠱惑，因為他們有伯克、阿克頓、密爾與斯邁爾斯，他們還有查爾斯・狄更斯——狄更斯在同一年出版其重要著作《雙城記》，該書是那個時代及以後時代最暢銷的小說之一。

今天的人們在想像維多利亞時代的英國時，不由自主地戴著一副狄更斯的眼鏡，所謂「狄更斯的英格蘭」早已通過狄更斯的小說以及改編的戲劇、廣播、電影、電視劇深入人心。1840 年，作家、歷史學家卡萊爾（Thomas Carlyle）發表了一篇題為〈文人英雄〉的演講，呼籲尋找「一位先知或詩人來教導我們」，狄更斯受到啟發，對扮演此一角色產生使命感——他不單單通過寫作來功成名就，更希望影響並推動社會改革，發揮比政治家更大的作用，他實現了這一理想，此後再沒有哪位平民作家能對社會發揮如此巨大的影響力。

狄更斯是近代第一位將工人和孩子以個體身分擺在文學中心的偉大作家，也是使得長篇小說臻於成熟的優秀作家。雷蒙・威廉斯指出，狄更斯開城市小說之先河，「只有在城市經驗的維度上才能理解狄更斯的天才」。納博科夫讚譽說，「狄更斯是過去一個世紀裡我所見過的唯一的一個天才」。美國文學評論家哈羅德・布魯姆指出：「19世紀小說家中無人能比得上狄更斯，即令托爾斯泰也比不上，狄更斯創造的財富幾乎可以匹敵喬叟和莎士比亞。」他認為，小說作為一種單人劇，作者在其中扮演所有角色，作者是無可匹敵的，狄更斯創造了989個栩栩如生的小說人物，很多小說人物比現實中的名人更有名。

小說家有千千萬萬，狄更斯只有一個

19世紀下半葉的英國，狄更斯可能是除了維多利亞女王以外最有名的人，隨著英國成為「日不落帝國」，英國文化向全球傳播，他在歐洲大陸和美國也家喻戶曉。即便在剛剛打開國門的清帝國，狄更斯的作品也因為林紓的譯介而洛陽紙貴。林紓譯「西士文字」四十年，唯獨對狄更斯評價最高：「余嘗謂古文中序事，惟序家常平淡之事為最難著筆。⋯⋯今疊更司（狄更斯）則專意為家常之言，而又專寫下等社會家常之事，用意著筆為尤難。」

狄更斯出生於一個海軍低級職員家庭。12歲時，他父親因債務問題入獄，家人一度付不起房租，全家一起跟父親住在同一個牢房中。後來，狄更斯的小說《小杜麗》（Little Dorrit）就是寫這種「監獄家庭」的故事。

12歲的狄更斯在又害怕、又悲傷、又害羞的心境下，負起支撐破落家庭的責任：幫助母親、照顧弟妹、安慰父親，變賣零星家具來

換取食物。為了謀生，經親友介紹，他到倫敦一家鞋油店當學徒，每天工作十個小時。他的工作是包紮皮鞋油的瓶子，每星期只能賺得六先令（相當於 0.5 英鎊）。過了一段時間以後，他的技巧熟練後，雇主讓他在門口櫥窗中工作，讓過路的人們看這個小孩如何勞動，藉以推銷商品。附近的小孩都跑來，一邊吃著東西，一邊把鼻子緊貼在玻璃上，看這個可憐的同年人辛勤勞動，就像看動物園的動物一樣。有一次，狄更斯忍無可忍，辭職離開，他母親又拉著他回去，這讓他對母親心生怨恨。

多年後，狄更斯心有餘悸地回憶這段生活經歷，「我極有可能成為小流氓或者小遊民」。但另一方面，備嘗艱辛和屈辱、看盡人情冷暖的童年，成為其日後小說創作的豐富素材，讓他終身為不幸和貧困的人爭取人道待遇。他對統治階層和上流社會沒有好感，認為「窮人理應得到同胞仁慈的同情」，「如果窮人被剝奪想像力和愛人之心，浪漫奇想從他們的靈魂裡完全被驅除，他們就僅能直面勉強溫飽的生活，人生則為殘忍的現實所吞噬」，他甚至說：「我對於治理我們的人沒什麼信心，但對於他們所治理的人很有信心。」我在中學時就讀過狄更斯帶有自傳色彩的《大衛‧科波菲爾》（David Copperfield，又譯《塊肉餘生錄》），以及《孤雛淚》（Oliver Twist，中國譯為《霧都孤兒》），被這兩本書深深感動。我在四川鄉下，想像維多利亞時代的倫敦，那是一座怎樣的巨城。狄更斯曾於 1869 年版的《大衛‧科波菲爾》的序中寫道：「我就像所有慈親一樣，心底裡有個偏疼的孩子，他的名字叫大衛‧科波菲爾。」我一邊讀這本小說，一邊與主人公一起哀哭歡笑。

後來，由於狄更斯的父親繼承一筆遺產，他們的家庭經濟狀況才略有好轉，狄更斯重新回到學校學習。15 歲時，他從威靈頓學院畢業，進入一家律師事務所當書記員。不久，他轉而擔任《晨報》駐國

會的記者，負責採訪下議院的政策辯論。在業餘時間，他致力於自我成長，在大英博物館的閱覽室如饑似渴地閱讀。隨後，他使用查爾斯‧狄更斯這個筆名發表作品。

1836 年，狄更斯出版第一本小說《匹克威克外傳》（The Pickwick Papers），透過匹克威克與三位朋友外出旅行途中的一連串遭遇，揭示英國城鄉的社會問題。該書出版幾個月後，成為英國社會爭相討論的話題，英國城市出現了「匹克威克熱」，街頭出現各種各樣與匹克威克有關的商品。狄更斯一舉成名，其讀者遍布社會各階層——唯有知識菁英不喜歡他，主要理由是其作品太通俗和太流行，這種批評意見或多或少有些酸葡萄心理。

此後，狄更斯以一種最終會累死他的速度寫作，先後創辦月刊《家常話》和週刊《一年四季》，多部作品最先以連載形式刊於這兩份刊物。他被稱為最「英格蘭」的作家，他筆下的人物體現了「普通英格蘭人的典型美德與一貫缺點」。他對創造出這個民族的「想像的共同體」具有獨一無二而的貢獻。他嚴厲批判英國的政治、經濟、法律、教育等諸多方面，淋漓盡致地展示了貧窮、階級僵化、犯罪、不公正和虛偽等社會現象——比維多利亞女王的日記更真實感人。歐威爾說，狄更斯「用前所未有的不留情程度抨擊英格蘭的建制，但他最不簡單之處，就在於未讓自己因此受人痛恨，還成為全國知名人物」。

有趣的是，狄更斯這個看似循規蹈矩實則內心狂野的文人，在 28 歲時曾暗戀上女王：「愛女王愛得發了狂，我對她的一片抑制不住的癡情真是無法形容，難以想象。星期二，我們向溫莎進發，在城堡四周徘徊，見到了走廊和他們的私人房間，甚至他們的臥室，室內燈光微紅，親切而明亮，蘊藏著無限的歡樂和幸福，這一切使得我，你謙卑的僕人，躺在滿是污泥的長途驛車的車頂上，任憑別人如何勸

說，也不肯下來。」

　　後來，維多利亞女王成了狄更斯的忠實讀者（女王並不喜歡讀書，可見狄更斯作品吸引力之巨大），她閱讀完《孤雛淚》——這本書的「一便士版」短短三個星期賣了 15 萬冊，「幾乎沒有哪個故事流通如此之廣，也沒有哪個故事這般牢牢抓住人心」——深受感動，後來把它推薦給首相墨爾本子爵威廉・蘭姆（William Lamb, 2nd Viscount Melbourne），但墨爾本子爵說：「我只讀了一半，小說裡全是關於貧民院、棺材店、賊窟。我不喜歡，它無助提升道德觀念……我們要讀的文學應該是純潔的，催人上進的，我想即使是歌德和席勒讀到這樣的小說也會震驚無比。」官員不喜歡這種揭露真相的作品。後來，女王召見狄更斯，第一次狄更斯居然回絕，因為他「沒有整理好自己的容顏」。在去世前不久，他終於見到女王，他向女王抱怨階級分化，並希望英國的貧富懸殊能夠縮小。

　　因經常過勞寫作，五十多歲的狄更斯就太過衰老，飽受痛風、神經痛等病痛折磨。1870 年初，喬治・艾略特曾這樣描寫狄更斯——「他形容枯槁，面容憔悴。」同年 6 月 8 日，狄更斯在寫作時中風倒下，第二天去世。他的最後一個願望是，以「節儉、低調及完全私人的方式」就近安葬於羅徹斯特座堂，但此願望未能實現——其家人收到維多利亞女王的御旨，令將狄更斯葬於西敏大教堂詩人角，其墓碑上寫道：「他是貧窮、受苦與被壓迫人民的同情者；他的去世令世界失去了一位偉大的英國作家。」歐威爾說，不管你喜不喜歡他，他永遠都在那裡。

仁愛先從自己開始，公正先從對別人開始

　　「世界上有許多苦難在那兒等著我呢，一旦置身其間，就許可

以顯出幾分英雄本色。」這句話對狄更斯而言,不單單是「小說家言」,更是身體力行的準則。

1840 年代,英國開始變得更加繁榮。狄更斯雖名滿天下,他卻越來越憤怒,因為他看到了光明背後的黑暗。過去,在封建主義時代,地主鄉紳和貴族對佃農頗為照顧,但如今,城裡的資本家和暴發戶卻對下層社會冷漠無情。政府通過《濟貧法》,卻形同虛設,狄更斯在《孤雛淚》、《艱難時世》,以及《我們共同的朋友》等作品中,呈現了城市中掙扎在貧窮線上的孩童和老人,他憤怒地譴責說:「我相信,自斯圖亞特王朝以來,英國沒有哪條法律如此臭名昭著地施行,沒有哪條法律如此公然地被違反,也沒有哪條法律如此缺乏監督。在大多數令公眾震驚、使國家蒙羞、因貧窮而導致疾病和死亡的可恥案件中,違法行為相當於不人道行為──而已知的語言無法再描述他們的目無法紀。」他譴責的不單單是冷酷的資本家,更是頑固僵化的國家機構。

狄更斯坐而論道,還起而行道。他與英國最富有的女性繼承人安吉拉・伯德特 - 庫茨(Angela Burdett-Coutts, 1st Baroness Burdett-Coutts)合作,在開展現代慈善事業方面取得巨大成功。安吉拉是狄更斯的忠實讀者之一,常邀請作家出席宴席,但狄更斯大都拒絕,他與上流社會格格不入。後來,他對安吉拉產生了好感,兩人展開合作。維多利亞時代的英國,從事慈善事業開始成為富裕階層的一種生活習慣和社會責任,慈善也是緩解社會矛盾、減小貧富懸殊的重要手段。如果富人不是沉迷於花天酒地,而是致力於慈善,這個社會就不會發生暴力革命。

1843 年,狄更斯向安吉拉提出資助貧困兒童免費學校的計畫──他自己曾因為父親破產而失去接受完整的正規教育的機會,他是靠著刻苦自學走向成功的,更多的孩子卻沒有他那麼幸運,失去教育機會

後終身沉淪社會底層，甚至淪為罪犯。狄更斯認為，授人以魚不如授人以漁，應當辦學培訓窮苦家庭的孩子掌握可以謀生的職業技術。安吉拉慷慨解囊，為這所學校修建了教室和公共浴室。

1847 年，狄更斯和安吉拉在倫敦西部的牧羊叢（Shepherd's Bush）為那些想逃離賣淫業罪惡的女子建立了一家名為烏拉尼亞小屋（Urania Cottage）的庇護所。這個想法始於狄更斯，他給安吉拉寫了一份 14 頁的備忘錄，提出設立這個從良妓女的「新家」的構想，他將這個家的目的描述為「幫助那些陷入犯罪泥沼的年輕女性重獲希望，其次是拯救那些有陷入類似危險境地的年輕女性」。他表示：「不必說，我應該全身心地投入這項任務。」這項任務在他心中的重要性不亞於文學創作。

這一年秋天，在安吉拉資助下，狄更斯買了一所作為庇護所的房子並加以改造，他幾乎每天都去監督改建工程，親自訂購日用品、服裝和鋼琴——他認為音樂是文明進程的一部分，是家庭宗教生活的附屬物。「我認為助理至少能夠在鋼琴上演奏簡單的曲子，這一點非常重要；我到處找……想找一個便宜的二手貨。一般來說，這些人對音樂的喜愛是最為顯著的；我想像不出有什麼比發現她們與這種藝術為伴、聽她們在睡前唱晚禱讚美詩更能打動或軟化一個新來的人了。」

同時，狄更斯主張採取強有力的措施來管理這個機構，紀律是最不可或缺的。六年以後，他在一篇文章中談及這項事業的相對成功之處：在此居住過的 56 名女性中，有 30 人被認為以優異成績畢業，其中包括「飢餓的婦女、貧窮的打劫婦女……因在管理不善的濟貧院裡搗亂而被監禁的暴力女孩，來自街頭的可憐女孩，向警察申請救濟的貧困女孩，被誘姦的家僕等」。

狄更斯還鼓勵安吉拉成為「大都會協會」的股東，這是一個致力於幫助勞工階層改善居住條件的慈善機構。他親自勘察若干貧民區，

幫助規劃為窮人修建模範住宅，他還推薦自己的姐夫、建築師和衛生工程師奧斯汀擔任安吉拉的顧問。

狄更斯和安吉拉在從事這些慈善活動時，始終將基督信仰放在核心位置。他們為慈善機構找來牧師，狄更斯如此評價庇護所的牧師：「和我在一起的牧師是一個完全值得信任的人，他不僅像我相信的大多數牧師一樣，是一個心地善良的人，而且是一個最善良、最體貼、最明智、對命令最不苛求的人。」

不過，狄更斯絕非聖徒或完人，他的生活中有陰暗面和人格分裂的部分——他受著折磨、傲慢、懷恨在心、缺少慰藉，還屢屢犯下錯誤，尤其在婚姻問題上備受詬病，有評論者說他是一個「性虛偽者與痛苦天才的典型」。某些有崇高理想的人，當他們在自己的標準上妥協時，有一種非同尋常的震撼力。狄更斯也不例外，他成了那個時代墮落的性偽善的犧牲品，其私生活與公共形象格格不入。「可憐的凱瑟琳和我並不相互般配，我們對此無能為力。她不僅使我不安和不快樂，而且我也使她不安和不快樂……為了她自己的緣故，我竟成了她的絆腳石，真是太可惜了，」婚後 20 年，妻子為他生下 10 個孩子，他卻如此評價自己的婚姻。令凱瑟琳感到屈辱的是，狄更斯在更衣室和兩人的臥室之間豎起一道門。「住在這所房子裡的每一個人，所有的僕人，所有的孩子都知道，凱瑟琳受到了深深的傷害。」為了追求比他小 26 歲的女演員艾倫·特南（Ellen Ternan），狄更斯用十分粗暴的方式逼迫妻子同意離婚。狄更斯死後，女兒凱特說她雖無比熱愛父親，但他卻是「一個壞蛋」。她念及母親凱瑟琳，如此消極被動，如此備受冷落還飽遭生育之苦。托瑪琳（Claire Tomalin）在狄更斯的傳記中評價說，狄更斯醉心於他自身的影響力，那種使大眾發笑和哭泣並迷戀他的影響力，他更希望這種情況出現在他著名的公開朗誦中現場，但正是這種影響力也讓他變得冷酷無情。

斷頭台取代不了十字架

　　哈羅德‧布魯姆認為狄更斯的代表作是《荒涼山莊》（Bleak House），「狄更斯的世界常是夢幻的倫敦和想像的英格蘭，在《荒涼山莊》中以清晰和深刻的文筆顯現出來，這是他的其他作品無法比擬的，沒有任何其他英國小說創造了如此多的東西。」我卻認為，狄更斯的代表作是以法國大革命為背景的《雙城記》（*A Tale of Two Cities*）——它是小說版的伯克的《法國革命論》，伯克寫《法國革命論》和狄更斯寫《雙城記》有同樣的願景：如何避免讓倫敦變成巴黎、英國變成法國，換言之，如何讓英國避免出現法國大革命式的暴亂？

　　狄更斯開始寫作時，法國大革命已過去兩代人的光陰，但餘波盪漾不止。他很早就對法國大革命極為關注，反覆研讀卡萊爾的《法國革命史》和有關著作。他對法國大革命的濃厚興趣發端於對當時英國潛伏的社會危機的擔憂。1854 年底，他說：「我相信，不滿情緒像這樣冒煙比火燒起來還要糟得多，這特別像法國在第一次革命爆發前的公眾心理，這就有危險，由於千百種原因——如收成不好、貴族階級的專橫與無能，把已經緊張的局面最後一次加緊、海外戰爭的失利、國內偶發事件等等——變成從未見過的一場可怕的大火。」

　　《雙城記》對革命的反思，比雨果的《悲慘世界》和《九三年》（*Quatrevingt-treize*）更深刻。雨果對大革命有所反思，提出「在絕對正確的革命之上，還有一個絕對正確的人道主義」。但是，雨果同時又將革命看成掃蕩黑暗勢力的正面力量，只是革命的洪流需要用來人道主義的堤壩來約束。而在狄更斯筆下，法國大革命是「人類的想像力創造出無數貪得無厭、不知饜足的妖魔鬼怪」之一，法國大革命的象徵物是斷頭台，狄更斯一語中的：「它取代了十字架」，於是，災

難就降臨了。

雨果在《九三年》中塑造的主人公郭文，是革命軍將領，對革命的正義性深信不疑：「推翻王位並不是為了豎起斷頭台。殺死國王，讓民族生存下去。打掉王冠，放過腦袋。革命是和諧，不是恐怖。……我只在自己有流血的危險時才願意流血。」然而，他卻因為放走搶救火災中的女孩的叛軍領袖而被送上斷頭台。整體而言，雨果是立場是搖晃的。

在《雙城記》中，狄更斯對革命的描述遠不像雨果那麼正面。當然，他沒有迴避革命前法國社會的黑暗，法國貴族殘暴貪婪、草菅人命，馬車闖過街市，撞死人後丟下幾個錢就揚長而去。沒有法律可以制裁他們——英國不可能出現這種情況。於是，階級仇恨愈演愈烈，狄更斯筆下的革命者並不抽象：比如，未來的革命者、小酒店老闆娘德法奇夫人，每天在門口不抬眼地做編織活兒，然而對身邊發生的散發血腥味的悲慘事件，她無所不知，她將迫害者的名字編織進心中。她面如堅石，連男人看到她都感到發冷，她果然成為革命的中流砥柱。

當革命爆發後，革命者迅速從受害者轉化為施暴者，將恐懼和仇恨以正義的名義發洩出來。他們聲稱渴望自由、和平、愛，互相幫助，要展現出堅忍不拔的高貴情操；但隨著巴士底監獄被攻陷，那股情操染上鮮血，他們秉持著狂熱的愛國心，濫殺無辜，原本的理性不復存在，取而代之的是「烏合之眾」的殘忍無情。他們前一秒還在流下滾燙的淚水，下一秒就會揮舞著斧頭砍下無辜者的頭顱。狄更斯在小說中真切地傳達出法國大革命時期的恐怖氛圍，也對於「不理性的集體意志」對自由的戕害，落下重筆——無論為了什麼緣故鬧革命，革命的本質都是不變的，那就是取人性命，起因是血，結果還是血。

狄更斯對法國大革命如同身臨其境般的描述，成為對伯克《法國

革命論》的結論最生動有力的注釋——伯克認為，驅動法國大革命的不是自由、平等、博愛、道德、法律等「藉口」，而是「傲慢、野心、貪婪、報復、虛偽、失控的狂熱和一大串無序的慾望」，「你們巴黎公民以前在對加爾文派新教徒臭名昭彰的聖巴多羅買大屠殺（*Massacre de la Saint-Barthélemy*），曾使自己充當了現成的工具。對那些可能想要為了當時的醜行和恐怖而報復今天巴黎的人，我們又應該說什麼呢？他們確實是被引導去憎恨那場屠殺的。……只消到了另一天，他們還要扮演這同一場屠殺來取悅當年進行屠殺的那些人的後裔。」

在《雙城記》中，英國人卡頓是狄更斯塑造的地獄中的天使——他從倫敦趕到巴黎，為愛而犧牲生命，成全露西一家的幸福，被認為是最值得也最理性的。他向世界呼籲：暴力會帶來血腥，流血會造成更多衝突；唯有深懷慈悲之心，才能挽救瀕臨破碎的社會：「我看到……一大批從舊壓迫者的廢墟上興起的新壓迫者，在這冤冤相報的機器被廢除之前，被它一一消滅。……我看到前一個時代的罪惡，以及由它產生的這一個時代的罪惡，都逐漸受到懲罰，消亡殆盡。」

從托克維爾到狄更斯：美國是一個怎樣的國家？

1831 年 4 月，26 歲的法國貴族托克維爾（Alexis de Tocqueville）與友人乘船前往美國，他們是受司法部派遣到美國考察監獄和法律制度的。但托克維爾的視野比公家交付的任務更加廣闊：「此行，我們將力求以科學方式深入探究美國這個大社會的所有制度，大家常談起這些，但卻所知不多。」用了九個月時間，他們走訪了當時美國 24 個州中的 17 個，搜集了大量資料。

回到法國後，托克維爾花一年時間完成其名垂青史的著作《民主

在美國》。他希望此書能成為法國政治的借鑒，此時法國大革命已過了 40 年，但革命的負面結果卻深深驚擾他。此書成為第一本深刻研究美國這個年輕且生機勃勃的共和國的著作。托克維爾指出，起草美國憲法的先賢所創造的是一種關於政府的新理論，也確實是一種新形態的政府：「這是一個既不算單一國族，也非完全聯邦的體制，直到今日，大家充其量也只能這麼形容它，能充分形容這個新體制的詞彙至今仍不存在。」

就在托克維爾訪問美國 11 年之後的 1842 年，狄更斯也到美國訪問。相較於當時蒸蒸日上的英國而言，美國更顯得欣欣向榮。在一般歐洲人眼中，這裡是一個自由平等的新型國家。曾經研讀過美國社會生活著述的狄更斯，也一直渴望去那裡了解「舊世界的污濁是否清理乾淨、有沒有黨派之爭」等重要問題。

相比當年在美國寂寂無名的托克維爾，狄更斯在美國已是巨星，他得到熱烈歡迎，「整個國家為他瘋狂」。他初到波士頓港時的無限喜悅之情，讀來彷彿他《小氣財神》的主角艾比尼澤·史古基在聖誕節早上醒來時的心情一般——他終於來到「想像中的共和國」的岸上了。狄更斯的傳記作者彼得·阿克羅伊德（Peter Ackroyd）寫道，狄更斯邁上特里蒙特飯店的臺階，跳進大堂，向好奇的人們歡快地招呼道：「我們見面啦！」頗有明星派頭。在那個繁星點點的夜半，他身著破舊的毛皮大衣，跑到街上，蹦蹦跳跳越過凍得硬邦邦的雪，叫嚷著店鋪招牌的名字，不時拉一拉街邊的門鈴把手。他見到老南教堂（Old South Church）時，滿是驚奇、喜悅地大喊起來。

在為期五個多月的北美之旅中，狄更斯從波士頓開始，足跡南至里奇蒙（Richmond），西至聖路易斯，向北直到加拿大的魁北克。狄更斯並非托克維爾那樣的司法部官員，更沒有肩負司法部派發的考察監獄和法律事務的任務，他是一名獨立自由的作家，但他到美國

後，毫不猶豫地選擇城市中的監獄、瘋人院、收容所等最為孤獨、最為邊緣、一般人避之唯恐不及的機構，作為參觀的對象。這跟他在英國一直持有的改造社會的理想緊密聯繫，他對英國的此類機構持嚴厲批評態度，他希望在美國能看到較為美好的一面。

然而，一路所見所聞，讓狄更斯大失所望。在波士頓的盲啞院，他特別用心地去了解老師怎樣幫助一位既盲又啞的兒童感知事物、讀書寫字；在瘋人院，他不惜裝成瘋子，與最偏執的老瘋子們聊天；在費城一個最無人道的監獄，他逐一和絕望的囚犯們交流，並一再痛斥單人囚室多麼剝奪人性。他毫不留情地揭露美國社會的種種陰暗面，諸如國家機關貪污腐化、窮人沒有得到應有的照顧、監獄中的囚犯處境淒慘……被當做奴隸來奴役的黑人的命運，更引起他強烈的同情與憤慨。

「在去美國之前，我從不知道，厭惡和蔑視是什麼感覺。」6 月，狄更斯離開美國時，已完全放棄了對這個國家的美好幻想。現在，他認為，這裡是個「大賬房」，除了「騙子和無聊之輩」，別無其他。

回到英國，狄更斯很快出版了《美國遊記》，書中大都是對美國的負面印象，卻沒有托克維爾對美國憲政民主的深入思考和分析。《美國遊記》的價值遠不如《民主在美國》，在狄更斯的碑林式的作品群中，這部遊記平淡無奇，聲響平平。

儘管如此，美國已然成為狄更斯在英國之外最大的市場。克萊爾・托瑪琳在《查爾斯・狄更斯：一生》這本傳記中考證指出，狄更斯在 1867 年的第二次美國之旅，其演講費、讀書會及版稅收入淨賺兩萬英鎊，19 世紀中葉的英鎊換算成等值的現代貨幣要乘以一百以上，所以兩萬英鎊至少值現在的兩百萬英鎊。

狄更斯對美國的負面看法，跟他的作品在美國書市被大量盜印有

關。那時的美國，在智慧財產權的保護方面無法與英國相比。狄更斯在《美國遊記》一書中用大段篇幅痛斥美國假貨橫行，並聲稱美國嚴重違反智慧財產權法——但他沒有辦法用英國法律到美國起訴盜版書商。怎料，美國書商對狄更斯的義正詞嚴的譴責毫不在意，等到《美國遊記》剛一出版，他們立即把這本書也盜印了——包括批判他們的段落也照樣印刷無誤。

作為同樣深受中國盜版之苦的作家，我深深理解和同情狄更斯的遭遇，但我又想：如果不是被盜版的遭遇，狄更斯是否會寫一本更正面和深刻的《美國遊記》呢？

第十二章

維多利亞女王：
治理不列顛尼亞和日不落帝國的「母親」

既然上帝樂意把我放在這個位置上，我將竭盡全力履行我對祖國的責任。

——維多利亞女王（Queen Victoria，1819 年—1901 年）

1897 年 6 月 22 日，英國舉行維多利亞女王繼位 60 週年慶典，當時已經 78 歲高齡的維多利亞女王對史官說：「我相信，從來沒有人得到過我今天所得到這麼多的歡呼聲……我深受感動。」大英帝國進入鼎盛時刻：其領土面積佔據全世界陸地的四分之一，控制世界三分之一的人口。更重要的是，加拿大、澳大利亞、紐西蘭等殖民地都在走向自治，「不但都很繁榮，而且希望維持彼此之間以及與母國之間的紐帶」，它們「作為一個社會崛起，並達到其前輩那樣令人妒忌的繁榮程度。此後，他們將會建立起最為堅固的堡壘，以維持最崇高的利益、公民與宗教信仰的自由」。今天全球最受移民熱愛的國家，即為「五眼聯盟」，其繁榮富強都跟維多利亞時代有關。

維多利亞女王的外表並無太大魅力——女王既矮且胖還不愛裝扮，身高尚不足五英呎，但她贏得了世人的尊敬。知名的經濟學家、法學家白芝浩（Walter Bagehot）在 1867 年寫道，維多利亞時期君主的象徵性大於政治性，與各種醜聞纏身的漢諾瓦王朝其他君主相比，這種象徵性非常強調道德和家庭價值，維多利亞「母儀天下」的形象在不斷壯大的中產階級中間逐步加強。「民族建構」是那個時代的一個重要現象。維多利亞女王承認——並且經常向自己的子女指出——君主有責任同自己的臣民建立關係。她的孫女、俄國末代沙皇的皇后

卻有些愚蠢，沒有接受祖母的忠告，最終全家一起被布爾什維克黨的兇手殘殺於一間陰暗的地下室。讓人畏懼的君主很多，但像維多利亞女王那樣讓民眾真心愛戴的君主卻屈指可數。英國首相迪斯雷利幾乎逐字逐句地引用白芝浩的《英國憲制》來為君主制辯護，他指出一位長期在位的君王的智慧，使英國得以成為一個「家庭國家」，「這將是一個國家，適當地由一個家庭來代表——一個王室家庭。」

女王確實是一個非常幸福的人

1851 年 5 月 1 日，萬國博覽會在倫敦開幕，維多利亞女王與艾伯特親王（Albert, Prince Consort）出席開幕式——後者是博覽會的發起者。

博覽會主場館是位於海德公園的水晶宮，這是一座由玻璃和鋼鐵建成的頗有魔幻色彩的建築，有超過四分之一的英國人來此參觀超過十萬件令人耳目一新的展品，展品分為原材料、機器和機械發明、製成品、藝術品四大類，一名法國參觀者如是說道：「參觀者可以說是被魔法裹挾著，做了一次環球旅行，從這個國家去到另一個國家，從東方到西方，從鐵到棉花，從絲綢到羊毛，從機械到製成品，從工具到農產品。」《泰晤士報》稱，「創世以來，全世界各族群第一次為同一目的而動員起來」，博覽會是「人類現代歷史上最了不起的事件」。作家夏洛特‧勃朗特（Charlotte Brontë）寫道：「它的偉大並非只是一件事物，而是所有事物的特殊集合。在那兒你可以找到人類工業創造的一切……好像只有魔術才能從世界各地聚集如此巨大的財富。」萬國博覽會恰好與 19 世紀中葉英國的長期繁榮重合，成為正在西方興起的樂觀主義的外在展示。

艾伯特親王說：「我們生活在最好的時代……分隔各個國家和地

球各個部分的距離正在快速消失……思想正在以閃電一般的速度傳播……獲取的知識一下子就為一般大眾所擁有。」維多利亞女王在當天的日記中寫道：「我們去了博覽會，在電報展覽中有人為我們做了講解和演示。太奇妙了。負責操作的男孩非常鎮定，動作也很快。在電文發送到曼徹斯特、愛丁堡等地幾秒鐘之後，回覆就傳過來了。」她在寫給舅父利奧波德一世（Leopold I）的信中不加掩飾地讚美將萬國博覽會這個夢想變成事實的丈夫：「這是我們歷史上最偉大的一天，在這一天，我見到了從未見過的最美、最雄偉、最感人的景象。這是我親愛的艾伯特的勝利……這是我一生中最快樂、最自豪的一天，我的腦子完全被這些佔據了。艾伯特這個最親愛的名字，由於這個偉大的構想將永垂不朽，他無愧於他自己的祖國，也無愧於我自己親愛的祖國。這次成功是無可比擬的。」

維多利亞與艾伯特是一對神仙眷侶。維多利亞早在少女時代就愛上了比她小三個月的表弟艾伯特——他們是由同一個產婆接生的。她在日記中寫道：「阿爾伯特非常英俊，有著和我一樣顏色的頭髮，眼睛大而碧藍。鼻子漂亮，牙齒潔白，嘴甜。他善於用表情表達自己的感受。」在艾伯特三歲的時候，他的保姆告訴他，「小小的英國五月花」（指維多利亞）將會成為他的妻子。自那以後，親王就從來沒有想到過要娶別人。

維多利亞主動促成了這樁婚姻。在新婚那天，她在日記中寫道：「我從來沒有擁有過這樣的夜晚，從來沒有！我最親愛、最親愛、最最親愛的艾伯特……他給了我無與倫比的愛和幸福，這樣的愛這樣的幸福，我以前做夢都沒有夢到過！他緊緊地把我抱在懷裡，我們不斷地擁吻！他的英俊、他的甜蜜與他的溫柔——天哪！真的是多少次的祈求才能讓我擁有這樣一位夫君啊！他叫我親愛的……我以前還從來沒被這樣叫過——這一刻的歡樂真是無法想像！天哪！這是我生命中

最快樂的一天！」言語中充滿少女的嬌羞，亦不乏肉麻之感——在這一點上，女王跟普通女性沒有什麼兩樣。她多次在親友圈子中表達如癡如醉的喜悅之情：「我擁有這麼一個完美無缺的丈夫有多幸福、多幸運、多驕傲。」有一天，宮廷女官特利爾頓夫人不假思索地向女王描述某人「幸福得像個女王」，說完之後才知道失言了，氣氛有點尷尬。維多利亞女王寬容地說：「沒有關係，利特爾頓夫人，女王確實是一個非常幸福的人。」

艾伯特在德國一個偏遠的小公國長大，到英國之後有一段不適應的歲月，曾被英國貴族社交圈排斥——他一開始只被授予「王夫」這個不光榮的頭銜。他有學問有教養，為人嚴肅，做事認真，不喜歡宮廷宴會和舞會。他熱愛讀書，研讀英國法律，特別是法學家威廉·布萊克斯通的《普通法釋義》。他用現代化方法管理王室財政，參與設計新的宮殿，並在溫莎創立示範農場。在任劍橋大學校長期間，他積極推動大學課程現代化改革，增設現代歷史和自然科學課程。他與維多利亞的興趣並不完全相同，他白天畫畫、散步、彈鋼琴，還希望召集一些科學家和文學家到宮中，聽聽他們對學術和藝術的不同看法，也談談自己的觀點。然而，維多利亞「並無興趣鼓勵這號人來」，她知道自己沒有同等的學識可以加入這樣一群人的談話。

維多利亞與艾伯特相親相愛，感情深厚，在英國王室歷史上堪稱典範。然而，艾伯特的英年早逝讓維多利亞深受打擊。時人評論，艾伯特唯一的缺點就是對長子的管教太過嚴厲。1861 年 11 月，艾伯特驚聞長子與一名愛爾蘭女演員同居，特地前往長子正在就讀的劍橋大學與其面談，由此罹患風寒，由於王室醫生誤診而導致病情惡化，於 12 月 14 日去世，享年 42 歲。此後，女王餘恨綿綿，在餘生裡大都只穿黑袍，在整個 1860 年代隱居溫莎城堡，鮮少涉足倫敦，避免與公眾見面，而有孤高冷漠的「溫莎遺孀」之名。直到 70 年代，她才

打起精神重塑王室形象，力抗共和主義，贏得民眾愛戴，成為全帝國的母親和祖母。她捱過六次未遂的暗殺——兇手大部分都是瘋子，而當時的政府對暗殺之事幾乎未作任何防範。

國王應當為他人而活

維多利亞的爺爺喬治三世（George III，1738 年—1820 年）是李爾王般的「瘋王」：喬治三世是最後一個企圖以親政形式向議會挑戰的英國國王。這位自詡為「愛國者」的國王利用自己任命官員的權力在議會培植了一批王室的追隨者，希望以此凌駕於議會無休止的派系紛爭之上，殊不知這種派系紛爭是藉著議會調整英國社會複雜利害關係的法寶。這一嘗試因著美國反叛的勝利和國王間歇性的精神病而失敗，並且聲名狼藉。此後，議會至上（supremacy of Parliament）、責任制內閣政府，以及由少數寡頭統治國家的慣例在英國牢牢確立。英國人的種種自由權在議會內外經年不衰的唇槍舌劍中得到體現，由經濟發展和帝國的擴張加以鞏固。英國人的自由，與歐洲大陸的忠誠順民對專制君主的謙恭馴服形成鮮明對照。

維多利亞女王從小就是唯一的王位繼承人——他的伯父喬治四世和威廉四世都沒有符合王室繼承法的子嗣，且政績和名望都不佳，她繼位之前的十年被史家稱為「黯淡的十年」。她繼位之後，轉機很快降臨。

英國憲制的優越性很快凸顯出來。美國學者威廉·麥克尼爾在《西方的興起》中指出：在議會監督下的內閣政府的出現，擴大了英國制度與歐洲大陸制度的差距。17 世紀，議會貌似中世紀遺留下的古董：它結黨營私挑起內部糾紛，它吝嗇小氣阻撓了建立現代的、高效率的政府。然後，到 18 世紀中期，英國對議會負責的新型內閣制

政府開始令歐洲大陸的觀察家們刮目相看——它竟能同時成功地對外進行戰爭和對內保持自由和秩序。更重要的是，英國議會堅持認為有產者有權在制定法律、確定政府的政策以及管理地方事務中起積極作用。淪為宮廷點綴的法國貴族中的某些人，對王室規章的刻板和不通融感到惱怒的豪商和知名人士，開始意識到法國的偉大是他們用喪失政治自由的昂貴代價換來的。

英國政府與歐陸國家的政府不同，它建立在由種種合法和較鬆散的社團組織結成的盤根錯節的網路之上。這些組織自身的獨立性和保守性制約著議會。與歐陸僵硬刻板的王室官僚體系相比，議會對組織機構利益的調整更連貫、更及時。不同利益集團在議會中的競爭被限制在可行的範圍之內，盡力使政府的政策對自己和競爭對手都有利。這種比較自由的制度，為經濟技術創新提供了自由發展的天地。

維多利亞從小接受如何成為立憲君主的嚴格教育，「她知道當國王要承擔什麼責任，她也懂得國王應當為他人而活」。歷史課上，家庭教師事先悄悄把英國國王譜系表加入書中，公主感到驚訝，提出疑問，最終她明白了事實真相。當這孩子了解一切後，她沉默一會兒說：「我會好好的。」這句話的意義甚於一切常規的聲明，甚於一個願望的表達；這句話儘管有局限，有緊張感，也不無自負或謙恭之意，但這是一個人品質的直覺概括。「知道後我哭了好一陣，」維多利亞很久以後這樣說。登基後，女王觀察敏銳迅捷，決定明智合理，言語謹慎小心，在履行君主職責時得心應手。她在位期間，英國現代憲政君主制度逐步完善。選舉制度的改革增加了下議院的權力，君主和上議院的權力相對削弱，君主只保持了「諮詢權、鼓動權和警示權」。首相迪斯雷利將自己的信條描述為「一致且不可改變的……維護君主政體的政策，將受到國家各階層權力的共同限制」。

英國的君主立憲制，隨著歷史的演進，君王的權力愈來愈收縮，

君王的名望卻愈來愈高。《維多利亞女王傳》的作者斯特雷奇（Giles Lytton Strachey）指出：「英國憲法——那難以描繪的實體——一個活的東西，隨著人的成長而成長，按照人性微妙而複雜的規律呈現不斷變化的形式。它是智慧和機會的產物。1688 年的賢哲們使它具有我們現在知道的外形，但由於喬治一世不會說英語，造成了一個機會，使它具有了一個基本特點：內閣獨立於王權之外而附屬於首相的體制。」維多利亞女王在位長達 64 年，女王穩如磐石，首相卻如走馬燈式地「你方唱罷我登場」，女王在位期間出任過首相的有：墨爾本子爵、皮爾爵士（Sir Robert Peel）、羅素勳爵（John Russell, 1st Earl Russell）、德比伯爵（Edward George Geoffrey Smith-Stanley, 14th Earl of Derby）、阿伯丁伯爵（George Hamilton-Gordon, 4th Earl of Aberdeen）、巴麥尊子爵（Henry John Temple, 3rd Viscount Palmerston）、迪斯雷利、格萊斯頓、索爾茲伯里侯爵、羅斯貝利伯爵（Archibald Philip Primrose, 5th Earl of Rosebery）等，有人成了女王的朋友和顧問，有人則與女王格格不入。如果女王投票，她必定投票給保守黨。但是，在英國憲制之下，女王不能否決經過選舉產生的首相，若她不喜歡此人，只能冷淡地與之相處。

在維多利亞女王的臣民心中，英國的君主政體幾乎成為女性的制度——她在位的時間比很多人一生的壽命都長。與半個多世紀後同樣執政數十年卻更為內斂的伊麗莎白二世相比，維多利亞女王常常對國內國際事務公開表達好惡愛憎，她堅決要求知道國家大事的進行，從過去宏富的經驗中找出實例來加以比較，如果不同意，她會抗議；如果大臣堅持己見，則她會放棄。在外交上，她仇視俄國，支持在克里米亞對俄國開戰。首相一直避免與俄國發生直接衝突，女王威脅說，如果英國政府的表現過於軟弱，她要退位，「我決不與那些給英國帶來羞辱的人為伍」。她致信內閣說，「你們這樣的猶豫不決，使我們

正在喪失在國外的威信和地位，而俄國正在前進，而且馬上就要到達君士坦丁堡了！到那時，政府將受到嚴厲的譴責，女王會感到莫大的恥辱，她想她會立刻退位」。

在蘇丹危機時，女王是最早主張派遣遠征軍去喀土穆鎮壓反叛。當戈登將軍慘死的消息傳來時，以她為首掀起了一片指責政府的聲浪。她憤怒地用明碼給首相格萊斯頓發了一份譴責電報，在給戈登小姐的弔唁信中攻擊內閣不守信義——這封信被刊印出來廣為傳播。傳言她曾派人召來國防大臣哈廷頓勛爵，狠狠地責罵他。哈廷頓告訴一位朋友：「她訓斥我，就像我是個大兵。」

改變那些當改變的，保守那些當保守的

1948 年，在二戰後的百廢待興、人心惟危之中，劍橋大學文學教授巴茲爾‧威利（Basil Willey）如此追念逝去的維多利亞時代：「在這個令人不安的世紀裡，我們都是流離失所的人，我們當中不少人很想飛回到 19 世紀，就像逃到一片樂土中，像非法移民一樣在那裡度過餘生。在那個遙遠的山區，似乎富含我們現在所缺乏的一切：不僅有和平、繁榮和自由，還有信念、目標和活力。」他對維多利亞時代的描述或許戴著「玫瑰色的眼鏡」，但那個時代的魅力在於：改變當改變的，比如四通八達的火車取代馬車，英美兩國的海底電纜建成，地球似乎縮小了，81 天環球旅行可以實現了；同時，保守當保守的，比如信仰和家庭，儘管左派和共產主義頻頻對傳統道德和價值發起攻擊，但以維多利亞女王為代表的英國秩序仍穩如磐石。

維多利亞時代傑出的詩人、評論家、教育家馬修‧阿諾德（Matthew Arnold）認為，一個真正偉大的民族既有個性又有文化，沒有文化的個性是「某種原始的、盲目的、危險的東西」，維多利

亞時代的英國已超過當年的雅典，「一個民族文化的奇觀是中產階級和下層階級的人性已經達到了最高的發展水平。」他指出，文化包括真理、道德、理性和信仰，他在《文化與失序》（Culture and Anarchy）一書中呼籲，對制度和良性國家的尊重應該在英國人的生活中發揮更大的作用。

維多利亞時代的大部分人都對未來充滿樂觀期待。工人的收入提高了，工作時間和強度減少了，即便是普通人，也有更多閒暇用於娛樂和繼續教育。英國民眾的生活水準是全世界最高的。英國軍隊在全球範圍戰無不勝、攻無不克：從北京到孟買再到伊斯坦堡的東方君主們，都向英國軍隊低頭。歷史學者西蒙・林弗在《高遠之見：維多利亞時代與現代英國的誕生》一書中指出，麥考萊出版的《英國史》「為這個時代樹立了一種自信的基調」。這種自信根植於輝格黨人對歷史的詮釋：這是在一個安全的、新教的和日益自由的社會中，從黑暗走向光明的不可阻擋的歷程。

十九世紀後半葉的英國是全世界最寬容、最開明的國家。女王本人一點也沒有貴族階層的勢利、種族歧視及島民的狹隘心態。她與猶太人出身的首相迪斯雷利（迄今為止英國唯一的猶太人首相）關係親密，她對後者信任有加，無話不談。她所攬下的最後志業之一，乃至為被迫害的法國猶太軍官德雷福斯伸張正義——當法國以此為藉口迫害猶太人時，英國人普遍同情和支持這個弱勢群體。

維多利亞時代，科學技術和人們的生活方式在發生劇變，但英國仍有互古不變的東西。迪斯雷利指出：「在一個進步的國家，變化必然持續不斷：重要的問題不在於你是否應該抵制不可避免的改變，而在於這種改變是應該尊重一個民族的風俗習慣、法律和傳統，還是應該尊重抽象的原則、武斷的和普遍的學說。一種是國家體系；另一種，給它一個綽號，一個高尚的綽號——它也許應該得到這個稱

號——是一個哲學體系。」左派相信前者，右派相信後者——比如，維持王室、世襲的上院和國教同樣重要。迪斯雷利描繪了一個由古老而有用的機構組成的國家，這些機構運轉良好，提供了安全性與連續性，可以在其中進行鞏固和改進，但決不是全盤推翻它。這片土地與法國不同，它沒有經歷反覆的革命；它有一個貴族階層，但「向所有有權進入它的人開放」；它可能有階級制度，但「所有人在法律面前是平等的」。

　　一度有一些共和主義者認為，英國應當像美國或法國那樣實行共和制，不需要一個無用且開銷龐大的王室。迪斯雷利一直站在女王這一邊，駁斥了有關王室開支的抱怨，提到王室應該具有的「尊嚴」，以及女王的生活水平不低於一些最偉大臣民的重要性。他說，如果女王沒有把王室財產的收入上繳國庫，她就可以過得很好；既然她做到這一點，那麼把這些收入的一部分用來充分支持她和她的家庭的開支就很公平了。

　　另一方面，女王對一些激進思潮深為警醒。人們以為，作為一位女王，她會贊同她那個時代最重要的改革之一——婦女解放。可恰恰相反，只要一提到這個話題，她就會怒不可遏。1870 年，女王看到一份關於擁護婦女選舉權集會的報告後勃然大怒，寫信給馬丁先生說：「女王萬分焦慮地號召所有能說會寫的人參加制止這一瘋狂邪惡的愚蠢行為——『婦女權利』——以及隨之而來的一切可能落在女性頭上，使之喪失女人的感覺和行為規範的可怕事物。……上帝創造了互不相同的男人和女人，然後讓他們各就其位。丁尼生在《公主》中有一些美麗的詩句寫到男人和女人的不同。女人要是讓自己失去女性，那就會變成最可恨、最無心肝、最令人厭惡的人，男人意欲給予女人的保護，又將到哪裡去了呢？」

　　隨著維多利亞女王進入暮年，民眾對她越發高山仰止。女王認

為，她是她子民的母親，是他們偉大帝國的象徵；她也以滿腔熱情來回報人民對她的這種雙重感情。她知道，她也感覺到，英國和英國人民以某種奇妙卻又簡單的方式隸屬於她。欣喜、憐愛、感激、深切的責任感、無限的自豪，這就是她的主要感受。維多利亞女王滿有君王的責任與尊嚴，但她的感覺又十分純簡，故能與一般民眾接近。她不是那種高高在上的貴族，她只是一個簡單的妻子、寡婦、母親和祖母，媒體評論說，女王即便居住在普通的農舍中，也必能安之若素。女王是美國當代思想家哈維・C. 曼斯菲爾德所說的伯克意義上的保守主義者——保守主義部分是對一個更好的過去的回歸，部分是對一個更好的當下的接受。更好的當下再現並表徵了現代之於古代的不可否認的進步，就像英憲之於羅馬共和國那樣。

人類歷史上最美好的帝國主義

1857 年印度爆發民族起義，之後管理印度大部分地區的東印度公司被解散，英國在印度次大陸的財產和保護權正式併入大英帝國。維多利亞女王對衝突雙方持有相對平衡的態度，對雙方的暴徒都予以治罪，她曾寫到「對這次血腥內戰深感悲慘與遺憾」。她堅持官方要正式宣布將東印度公司的權力移交國家，認為國家「應該呼吸慷慨、仁慈和宗教自由的空氣」。在她的提議下，廢除了一份有「破壞本土宗教和風俗」傾向的文件，代之以保證信仰自由。

1874 年大選後，迪斯雷利重新掌權，提出英國女王應該兼任印度女皇的建議。維多利亞女王急切地抓住這個主意，不斷敦促首相將該建議付諸實施。1876 年，儘管大部分內閣成員都不願意這樣做，迪斯雷利在女王的壓力下，將一項改變女王稱號的提案提交議會，從而給不太平的議會又增添了麻煩。這個議案在上下兩院都引發巨大爭

議，但女王強硬地表示，「新的稱號是我的願望，因為人民希望有這個稱號，這稱號是人民加給我的！」當年 5 月 1 日，女王加上了「印度女皇」的頭銜。隔年元旦，女王於新德里加冕，從此，女王有了「女皇」的身分。一種前所未有的成功和崇敬的氛圍籠罩著女王晚年的生活。她的成功是一個更大成功的總結和頂峰——一個國家登峰造極的繁榮。維多利亞女王兩次大慶之間光輝燦爛的十年，在英國歷史上是無可比擬的。

大英帝國是羅馬帝國以來最偉大的帝國。拉姆齊・繆爾在《帝國之道》中指出，英國在這一時期最重要、最驚人的成就當屬在印度建立和擴張帝國版圖，並在其中栽種了第一顆西方文明的種子：公正無私的法律及其至高無上的地位。這是一項全新的艱難任務，因為之前沒有任何一個歐洲國家有過這樣的創舉。所以在完全成功之前，有一段混亂、管理不善的時期也並不令人奇怪。這樣的創舉得以付諸實踐是歐洲帝國主義擴張的最偉大奇蹟之一。這一權力體系涵蓋了相當於半個歐洲領土和近六分之一的世界人口。英國在這塊古老而遼闊的土地上，給為數眾多且相互衝突的種族、宗教和社會階層帶來三件極為有用的東西：他們不了解的政治一體化；內部戰亂肆虐之後的安全感；最重要的也是西方理應呈現給東方的至上禮物，即用永恆不變的法治來代替反覆無常的君主意志。這是歷史中絕無僅有的成就，單憑這一點就能為西方強加給東方的統治辯解，儘管開始似乎只帶來了罪惡。毫無疑問，甘地絕對不同意這種歷史敘述，而奈保爾（V. S. Naipaul）會深以為然。

1876 年，大英國協成立。約翰・西利（John Robert Seeley）爵士的《英國的擴張》認為大英帝國的崛起不是偶然，而是歷史的必然，更是英國最令人矚目的成就。維多利亞時代的英國建立了令人稱奇的新帝國。這是一個大陸和次大陸構成的帝國：加拿大、澳大利亞、紐

西蘭、印度和南非，還有散落在世界各大洋中不計其數的島嶼和貿易站，它們要麼從之前朝代一直延續至今，要麼是作為海軍基地而被佔領。這一新帝國領土廣泛地遍佈於全球各個角落，涵蓋了各種土壤、作物和氣候類型，居住其間的民族千差萬別，政治和種族問題不一而足。

1897 年，為紀念維多利亞女王在位 60 週年，大英帝國舉行了盛大的鑽禧大典。萬民同歡的鑽石大慶宣揚帝國的強盛，成千上萬民眾向來自帝國各地的五萬名官兵歡呼。英國歷史學家羅伯特・圖姆斯（Robert Tombs）在《英格蘭的史詩》中指出：「藉由維多利亞所樹立的榜樣，作為國家象徵的現代君主政體，正式誕生。」

在英國精心安排下，歐洲長期處於勢力均衡的和平狀態，拿破崙那樣的勁敵和超級獨裁者早已消失在遙遠的流放島嶼。直到維多利亞時代末期，德國才蠢蠢欲動地挑戰英國的全球霸主地位——1888 年，女王的外孫在德國即位為威廉二世，女王的本意是讓德意志成為一個自由國度，然而年輕的威廉二世熱衷獨裁，令人女王大為失望，女王認為這個外孫「沒心沒肺，缺乏智慧……其良心和大腦皆已完全扭曲。」這個頑童式的皇帝觸發了第一次世界大戰，被罷黜後流亡荷蘭，自食其果的下場果然被其外祖母不幸而言中。

第十三章

溫斯頓·邱吉爾：
人最可貴的精神就是無畏

沒有勝利，就沒有大英帝國，就沒有大英帝國所代表的一切，就沒有
促使人類朝著自己目標奮勇前進這一世代傳承的慾望與動力。

——溫斯頓·邱吉爾（Sir Winston Leonard Spencer-Churchill，1874 年—1965 年）

1940 年 5 月 10 日傍晚，剛出任海軍大臣數月的溫斯頓‧邱吉爾接到通知前往白金漢宮。「我想你不知道為什麼我要你來吧？」國王喬治六世微笑問道。「陛下，我完全想不出為什麼。」邱吉爾回答道。國王笑了起來，然後對邱吉爾說：「我想請你組建政府。」

其實，喬治六世和前任首相張伯倫（Arthur Neville Chamberlain）都更青睞外務大臣哈利法克斯伯爵（Edward Frederick Lindley Wood, 1st Earl of Halifax），而不是邱吉爾。但哈利法克斯伯爵並不敢接下這副重擔。於是，剩下的人選就只有邱吉爾了。邱吉爾的人生抱負實現了，後來他在回憶錄中寫道，當晚他上床睡覺時感到「如釋重負。我終於得到指揮全局的的權力了。我覺得好像正在和命運一同前進，而我以往的全部生活不過是為這個時刻、為承擔這種考驗而進行的一種準備罷了。」他在 1895 年的古巴獨立戰爭中遭遇過槍擊，還在美國遭遇過嚴重車禍，但他自負地認為，「上帝不會創造出我這麼一個有前途的人物，又讓他這麼平凡地結束自己的生命。」

邱吉爾生正逢時，用他那充滿活力的浪漫氣質和勇敢無畏的精神全身心地捍衛大英帝國。邱吉爾的軍事顧問、帝國參謀總長布魯克將軍後來在回憶錄中寫道：「沒有他，英格蘭肯定不保。」

至暗時刻，也是最輝煌的時刻

邱吉爾臨危受命，大權在握。保羅・約翰遜（Paul Johnson）在傳記《邱吉爾：樂在危險的人生》中寫道：「一群人在他的帶領下，將唐寧街十號變成發電機，朝外發射電流，一波波震動逐漸滲透老氣、懶散、刁難、累贅的官僚機器，刺激到最後也跟著唐寧街十號一起動起來。」他有一種神奇的稟賦：他對輕重緩急的判斷就是那麼精準。政治局面深陷戰火，可能真的是以這一優點為最重要。

但此時英國遠征軍在歐陸已陷入重圍，整個戰局前景黯淡。邱吉爾組建戰時內閣，為了避免陷入內部爭鬥，延攬多名工黨人士參加，還勉為其難地納入張伯倫、哈利法克斯等綏靖政策的支持者，這些人一直在扯他的後腿。外長哈利法克斯建議透過墨索里尼向希特勒求和，「我們必須面對現實，如今的形勢，已經不是完全戰勝德國的問題，而是保護我們大英帝國獨立性的問題了」，應當努力在「適當的條件」下停止戰爭。哈利法克斯向來瞧不起邱吉爾，在日記中寫道，聲稱要堅持戰鬥、寧願在抗爭中失敗的邱吉爾「在他原本應當用自己的腦子去想、去分析的時候，卻任由自己感情用事，這讓我陷入了絕望。」

5月28日，邱吉爾召集全體內閣成員開會，在陳述了日益惡化的戰局以及英國本土面臨德國入侵的危機後，他反駁了已經變成投降主義的綏靖主義主張，「以為停止戰鬥、盡力達成和約，就能從德國那裡獲得更加優厚一些的條件，這樣想是癡人說夢。」他說，德國人會要求英國的艦隊「解除武裝」、交出海軍基地以及其他很多東西，英國會成為由傀儡政府統治的「奴隸國家」，「我相信，如果我在任何一刻想到談判或投降，你們每個人都會站起來，把我從位子上拉下來。如果我們這個島國漫長的歷史最終要結束，那麼只有在我們每個

人都倒在地上被自己的鮮血嗆住的時候，它才會結束。」他永遠不會接受失敗或僵局。邱吉爾認為，從本質上看，這是一場在堅不可摧的磐石上確立個人權利的戰爭，也是一場確立及恢復人類地位的戰爭。歐威爾認同這一原則，他評論說，「知識的自由無疑是西方文明的顯著標誌之一，如果這場戰爭有任何意義的話，那應該是一場爭取思想自由的戰爭。」英國著名的歷史學家西蒙‧夏瑪（Simon Schama）說，邱吉爾推翻哈利法克斯伯爵的立場是「二戰中首次精彩戰役」，邱吉爾那天徹底掌控戰時內閣的決定，很可能是二戰中最重要的時刻。

1940 年 5 月，25 萬英軍和 15 萬的盟軍官兵，被從四面八方逼近的德軍包圍在敦刻爾克。邱吉爾下令說，「必須將孩子們搶救回來」。於是，政府和軍方迅速組織了一支小型船隊，除了可調動的海軍軍艦，大部分是漁船、拖船、遊艇、救生艇乃至倫敦的垃圾運輸船，乘風破浪前往槍林彈雨的前線救人。英國政府將這一孤注一擲的任務命名為「發電機行動」。戰時內閣的大部分成員對此一行動抱悲觀態度。外交部高級官員卡多根在日記中寫道：「英國遠征軍的情況特別糟糕，除了其中的一小部分人，我根本看不到他們有獲救的希望。」

邱吉爾沒有放棄希望。歷史學家諾曼‧格爾伯（Norman Gelb）在《敦刻爾克奇跡》一書中寫道：「邱吉爾作為敦刻爾克精神最為顯著的倡導者，即使在幾個星期之前，那些還對於他的能力幾盡輕蔑的人士，在敦刻爾克大撤退成功之後，也都不約而同地把他當作英雄看待。如同那些疲憊、飢餓的英國大兵，焦慮地從敦刻爾克的海灘和東防波堤遙望著遠處的海面等著登船；邱吉爾和那些英國大兵一樣，因為這場撤退而被解救，他們還要帶領英國遠離戰敗的邊緣。」敦刻爾克撤退是對邱吉爾執政能力的一次重大考驗。如果困在敦刻爾克的英

法聯軍全軍覆沒，邱吉爾的政治生命必然剛一開始就結束了，英國或許再也找不到一個能領導它打贏這場戰爭的領袖。

　　儘管邱吉爾承認，「光是撤退並不能贏得戰爭」，但這場成功的撤退卻保存了保護英國和打敗納粹的有生力量。6月16日，邱吉爾在議會發表演講說：「希特勒知道，他必須在這個島嶼之上擊敗我們，否則就會在這場戰爭中失敗……因此，我們應當準備好承擔起自己的義務，並且照此行事。倘若英聯邦和大英帝國能夠存續一千年的話，人們就會說：『這是他們最輝煌的時刻』。」他領導不列顛投入總體戰，他說自己「只有一個目標：消滅希特勒，我的人生因此簡單許多」。戰時內閣認同這一觀點，全國絕大多數人也都同意這一觀點。英國的普通百姓下定了絕不屈服的決心。

如果你身陷地獄，那麼就繼續前行

　　邱吉爾與哈利法克斯（以及張伯倫）分別代表了英國菁英階層的兩極。哈利法克斯伯爵宛如石黑一雄長篇小說《長日將盡》的第二主人公達靈頓爵爺——這位表面上看彬彬有禮、溫文爾雅的貴族，早已是金玉其外、敗絮其中，虛榮、自戀、短視、偽善，與納粹打得火熱，還自詡為和平大使，他代表了令人失望的、沒有足夠的意志來捍衛其自由民主的生活方式的英國統治階級。與之相比，邱吉爾則具備了維多利亞時代貴族的美德——勇敢、誠實、堅韌、一往無前、身先士卒。在六年的戰爭期間，他奔走幾萬英哩，是歷史上長途旅行次數最多、距離最長的英國首相。除了在英國本土各地視察軍民，到英國位於世界各地的殖民地和大英國協成員國訪問，他先後六次穿越大西洋與羅斯福會面，兩次前往莫斯科會面史達林。

　　在倫敦期間，邱吉爾有時坐鎮在首相府唐寧街十號，更多時候在

離唐寧街十號不遠處的一處地下室——內閣戰役室——晝夜工作。邱吉爾來到這裡之後告訴身邊的工作人員：「我要在這間房間裡，帶領這場戰役。」如今，這裡成為邱吉爾戰爭博物館。1940 年 10 月 15 日下午 4 點 58 分，邱吉爾在此舉行第一場內閣會議。今天，這裡的所有時鐘都被停止在下午 4 點 58 分，以紀念此一時刻。當時，大家常駐地下，完全不知道外面的天氣如何，就在走廊上貼心地立了一塊牌子，顯示當天的天氣。如果當天有轟炸，告示牌會顯示 Windy（有風）。這也算是英國式的冷幽默。

邱吉爾有許多怪癖——在床上吃午餐，在浴缸裡處理文件，喜歡穿維多利亞時代的禮服、空軍將軍服裝以及他自己發明的一種連體服，患有嚴重的憂鬱症（他稱之為「黑狗」），喜歡抽雪茄和喝酒（早餐前要喝一杯雪利酒，午餐前要喝幾杯加蘇打水的蘇格蘭威士忌，晚上睡覺前要喝法國香檳和上好的白蘭地），對於這個嗜酒如命的偉人，利奧・艾默里（Leopold Stennett Amery）不無欽佩地寫道：「對他來說，戰爭才是一種真正的香檳酒。」這些怪癖或缺陷，絲毫無損於邱吉爾的偉大，恰如張岱所說：「人無癖，不可與交，以其無深情也。」即使在睡覺、泡澡、喝酒或深受憂鬱症折磨時，邱吉爾都沒有喪失鬥志和敏銳，他說過：「我們必須永不懈怠。」

與自己的先祖、英國歷史上與威靈頓和納爾遜並列的戰神馬爾博羅公爵（Duke of Marlborough）相比，邱吉爾算不上戰無不勝的軍事家——一戰中，身為海軍大臣的他策劃的在土耳其達達尼爾海峽登陸的計畫遭到慘敗，險些終結其政治生涯；二戰中，他也犯了若干決策錯誤，如英軍在希臘、新加坡和地中海的慘敗上他都難辭其咎。但是，對英國人民而言，邱吉爾更是一種不屈不撓的精神象徵。工黨領袖艾德禮開玩笑說，邱吉爾在戰爭中的貢獻主要是「動嘴」，但毋庸諱言，在那個孤軍奮戰的時刻，邱吉爾用言辭表明「他是我們唯一可

以追隨的人」，如歷史學家羅伯特・圖姆斯所說，邱吉爾最厲害之處在於從莎士比亞、吉朋與麥考利的著作中汲取靈感，用心擬就易懂好記的句子——他一生寫了兩千多篇演說詞，超過四百萬字。邱吉爾認為「言辭是唯一永存的東西」，他的許多短語成了當代英語的一部分——成為唯一能獲得如此肯定的英國政治家。物理學家兼小說家史諾回憶說，1940 年夏天，邱吉爾的聲音成了「我們的希望」，「那是意志和力量的化身，他說出了我們想聽的話（我們絕不投降），以及即使違反現實和常識，我們依然想相信會實現的話」。晚年的邱吉爾曾對朋友說，偉大的演說家從來都不會預先知道自己要說什麼，因為「他們說出的話語，來自內心的某種神靈。」

邱吉爾擁有超凡的自信與意志，在背後給他力量的是基督信仰。邱吉爾的曾孫莊納芬・桑迪斯與記者華勒斯・亨利合著過一本名為《神與邱吉爾》的專著，書中披露，邱吉爾靠著基督信仰經歷過多次死裡逃生，他亦實踐饒恕等基督教精神。在暗黑蒼茫中，邱吉爾信靠的，唯有「耶穌基督拯救罪人的能力無人能及」。邱吉爾常常給人以傲慢浮誇、目空一切的印象，但他在日記中承認：「我們是發著光的小蟲。」這句話的原典來自於聖經——「在上帝眼前，月亮也無光亮，星宿也不清潔。何況如蟲的人，如蛆的世人呢？」

大英帝國與美國相濡以沫

邱吉爾的父親倫道夫・邱吉爾勳爵曾出任財政大臣並創建保守黨全國聯盟，他的母親珍娜・傑洛姆是美國富豪隆納德・傑洛姆的女兒。邱吉爾是英美混血兒，這一身分讓他在政壇招致不少非議，尤其是他一直堅持親美政策。記者兼史學家湯普森聯合軍事理論家李德・哈特（Sir Basil Liddell Hart）指控說：「邱吉爾的悲劇在於他是混血，

他的英國父親和美國母親應該為他的不忠負責。」這種指控是莫須有的，是以小人之心度君子之腹。邱吉爾確實親美，但親美符合英國的最高利益。

1929 年夏，邱吉爾赴美訪問並進行巡迴演講，他在演講中指出，「英語民族和共產主義」將是「未來的兩股對立的勢力」（幾年後，他將法西斯主義補充進去），在這場對決中，英國人和美國人相互隔閡、羞於合作是大錯特錯的。

戰爭爆發後，尋求美國的支持是大英帝國存亡的關鍵。在地下的內閣作戰室隔壁，專門設置了一間小小的跨大西洋熱線電話廳，顧名思義，這是邱吉爾與羅斯福通熱線電話的地方。為了防止遭到竊聽，這間電話室的外面被打扮成邱吉爾的私人廁所。電話線是美國貝爾電信公司的最新技術，完全且隱密，以方便英國首相與美國總統暢所欲言。

1940 年 12 月，戰爭才爆發一年多，英國的美元儲備已經耗盡，但此時的英國萬萬不能脫離美國的軍事「輸血」——沒有錢買美國的武器和物資怎麼辦？邱吉爾親自寫信給羅斯福求救：「如果英國在這場戰爭的高潮中被奪去它全部可以銷售的資產，使得我們用鮮血贏得了勝利，拯救了文明，替美國爭取了充分裝備以防不測後卻一貧如洗，那在原則上是錯誤的。」收到該信後，羅斯福提出以「租借」的方式繼續向英國提供軍需物資。兩個月後，《租借法案》在美國國會獲得通過，羅斯福在國會演說中稱「我們必須成為民主國家的兵工廠」——而那時英國幾乎就是孤軍奮戰的唯一的民主國家。

1942 年 12 月，邱吉爾訪問華盛頓，下榻白宮。有一次，羅斯福進入邱吉爾的房間時，發現剛從浴室中出來的首相正渾身滴水，「一絲不掛」地站在他面前。羅斯福剛打算道歉退出，裸露的邱吉爾阻止了他，「您看，親愛的總統，我對您沒有什麼隱瞞的」，羅斯福開懷

大笑，後來在給邱吉爾的電報中說：「和你生在同一個時代是一件開心的事情。」

諾曼底登陸之後，在歐洲大陸作戰的美軍的數量是英軍的三倍，而且絕大多數武器和給養都是美國提供的。美國人有時會禮貌地聽取英國的建議，但聽完後便置之不理。邱吉爾不得不接受這樣的事實：「在那之後，我發現重大的決定都是美國人做的。」

戰事進入後半期，邱吉爾對戰勝已有把握，便將注意力改放在美國身上，盡可能朝美國靠攏，設法把美國朝他要走的方向推。他已意識到戰後美國將取代英國主宰世界，英國要在新世界找到自己的位置，必須守護英美兩國的「特殊關係」，這是他在美國參眾兩院聯合院會演講時自創的說法：「大英帝國和美國於某些事務必須相濡以沫……於大局有利。……此一趨勢即如密西西比河之滔滔洪流，流向更廣闊的天地，流向更美好的未來。」

大英帝國日薄西山，但其領導人邱吉爾聰明睿智、活力四射；美利堅合眾國初露鋒芒，但其領導人羅斯福遲鈍愚蠢、病入膏肓——兩位領導人的身體和精神狀況與他們領導的國家形成耐人尋味的錯位和反比。儘管兩人政治立場截然對立——邱吉爾是保守派和保守黨黨魁，迷戀維多利亞時代的一切，捍衛大英帝國的榮譽和尊嚴；羅斯福是實施激進的「新政」的民主黨人，對一切與帝國主義和殖民主義沾邊的事物都厭惡至極。但邱吉爾仍然像追女友一樣追求著羅斯福，甚至說過，「從沒有一個愛人對他情婦的興致所做的功課，能多過於我在羅斯福身上所花的功夫。」這句話很好地體現在表象之下，兩位西方領導人之間的不平等關係，這種不平等關係是由正在劇變中的兩國的國家實力和國際地位決定的，世界領袖的交椅已經從大英帝國那裡轉到到美利堅合眾國那裡，這場戰爭讓「不列顛治世」轉換為「美利堅治世」。因此，作為一位衝動的浪漫主義者，英國人把自己放在求

愛者的位置，而美國人作為狠心腸的現實主義者，是被求愛的一方。

在雅爾達會議上，邱吉爾苦澀地發現，羅斯福和史達林擁有比他大得多的發言權。他希望保障波蘭戰後的自由和獨立，對他來說，波蘭的自由和獨立是一個「榮譽」問題，這個詞深深扎根於他維多利亞式的靈魂中。波蘭是一個勇敢、浪漫的國家，正是因為這個國家，英國才宣布開戰。但是，羅斯福更願意接受波蘭已經在蘇聯佔領下、成為史達林盤中餐的現實，而不願意為波蘭問題與史達林翻臉。面對蘇聯紅軍南下的洪流，邱吉爾無可奈何地表示：「此時此刻，實難單由吾人一國獨立阻擋天崩地裂。責任確實會落在美國肩頭。吾人僅能給予最大的支持。但若美國無意於此，吾人亦不得不順其自然。」邱吉爾將自己看作「一隻小獅子，走在蘇聯巨熊和美國大象中間」，但是，他仍然暗自期待，「終將證明只有獅子才知道路在何方」。

1950 年代前期，在其政治生涯的末期，邱吉爾希望重新確立英國的大國地位。他認為，這種情況應當以英美兩國形成一種堅定不移的同盟關係為基礎。但他不知道，外表友善、內心冷酷的艾森豪總統，私下裡認為他是一個多愁善感的老頭、英國是一個二流國家。邱吉爾無力像戰爭末期那樣繼續斡旋於美蘇之間——英國既沒有居間斡旋的手段，也沒有居間斡旋的實力，無論是誰在領導英國，也無論英國領導人多有資歷，情況都是如此。儘管如此，1955 年 4 月 5 日，邱吉爾在辭職前主持最後一次內閣會議時，給大臣們留下一條最重要的建議：「不要和美國人分開。」正如此前他在美國發表的演講中所說：「如果在英語邦聯的人口，再加上美國的人口，和這種合作關係所涉及的在空中、海上、科學和工業各方面的合作，那就不會出現不穩定的、靠不住的力量均衡，致使野心家和冒險家情不自禁。相反，這將是壓倒性的優勢安全保證。」他相信，如果英國和美國「所有道義和物質的力量與信念在兄弟般的合作中聯手，將不僅為我們、為我

們的時代，而且也將為所有人、為未來的世紀帶來廣闊的前程，這是明確無疑的。」這是他的政治遺囑，也是英國外交的第一原則。英美之間超過邱吉爾與羅斯福的蜜月期，是柴契爾夫人與雷根的蜜月期——柴契爾夫人與雷根是真正的觀念和心意相通，他們都是自信而堅定的保守主義者。

然而，左派不會認同和重視英美特殊關係及盎格魯圈的概念，他們還試圖顛覆和摧毀之。歐巴馬入主白宮後無禮地歸還了安放在白宮的邱吉爾半身像，此舉實際上是全盤否定過去所倡導的盎格魯圈國家共有一個夢想、共擔同一使命的理念。英國歷史學者丹尼爾·漢南指出，歐巴馬拒絕英國，不僅是因為英美的特殊關係，更是因為這種關係得以建立的世界觀。歐巴馬貶低英美同盟關係，與他拒絕接受早期美國從英倫群島繼承來的價值和制度不無聯繫，他仇恨邱吉爾，也仇恨美國的國父們（在他眼中，國父們都是邪惡的奴隸主）。清教秩序和英美文明最危險的敵人，出現在其內部。

社會主義政策與英國的自由思想格格不入

邱吉爾在政治上的預見和決斷，在那個時代無人能及。他最先洞悉納粹德國的野心，苦口婆心喚起國人改變綏靖政策，他以在野之身譴責在位的英國領導人「決定不做決定，決心不下決心，堅持猶豫不決，堅定不移地動搖，竭盡全力無所作為……對英國的偉大至關重要的寶貴光陰都讓蝗蟲吃掉了。」張伯倫從慕尼黑會議歸來，受到英國民眾的熱烈讚揚，邱吉爾說，這是「大英帝國的末日」，「這些可憐人！他們不知道自己將不得不面對些什麼」。

邱吉爾也是最早意識到蘇維埃俄國是西方民主國家的死敵的政治家。1917 年，俄國發生布爾什維克革命，邱吉爾將布爾什維克比作

「殘暴的黑猩猩」，認為布爾什維克很快將會把俄國拖回到動物形態的野蠻時代。他竭力鼓動西方國家對蘇俄實施封鎖與孤立政策乃至採取直接武裝干涉。兩次世界大戰期間，西方對蘇俄始終保持警惕心態，尤其是二戰前夕蘇聯與德國結盟更是驗證了蘇俄的翻手為雲覆手為雨。當蘇德戰爭爆發後，邱吉爾勉強同意與蘇聯結盟對抗納粹德國，這是權宜之計，他在發表援助蘇聯的聲明時特別指出：「納粹制度具備同共產主義一樣的邪惡的特徵……在過去的 25 年中，沒有哪一個人像我這樣始終如一地反對共產主義。我對以前說過的關於共產主義的每句話，至今毫不反悔。」戰爭尚未結束，他對野心膨脹的史達林已不存任何幻想，他從來相信史達林的任何承諾，他從未像羅斯福那樣天真地將史達林當做知心朋友。

美國向日本廣島投擲原子彈之後的第二天，邱吉爾對一位朋友說，如果他還是首相，他會說服美國人運用他們的能力「限制蘇聯人」。他會「和史達林攤牌，對他說他在歐洲的行動必須通情達理，規矩正派，若有需要，他甚至會對他們表現出粗暴和憤怒」。他認為，杜魯門和他的顧問們「在這個政策上示弱了」。果然，史達林從未遵守其簽字的文件，不僅將東歐各國當做其衛星國，而且在全球範圍內掀起國際共產主義的顛覆和滲透活動。

1946 年，已在野的邱吉爾訪問美國，於密蘇里州的西敏學院發表「鐵幕演說」，這是杜魯門的母校，對蘇聯的威脅反應遲鈍的杜魯門是坐上聽眾之一。邱吉爾說：「從波羅的海邊的斯德丁到亞得里亞海邊的的里雅斯特，一幅橫貫歐洲大陸的鐵幕已經拉下。」這篇演講引起很大迴響，此時蘇聯和西方國家的關係尚未破裂。「冷戰」這個詞語的發明者是歐威爾，但邱吉爾的「鐵幕演說」卻正式宣布冷戰的開始。具有諷刺意味的是，邱吉爾的演講剛一結束，93 名工黨議員就遞交了一份譴責邱吉爾的動議，他們稱這篇演講所提議的英美建立

「防止共產主義傳播」的軍事聯盟「不利於世界和平進程」——在動議上簽名的人包括未來的工黨首相卡拉漢。工黨對左派意識形態的忠誠，超過了對祖國及民主自由價值的忠誠。

邱吉爾對蘇俄相當厭惡，對中國則是極為輕蔑（無論是蔣介石政權還是毛澤東政權），這種蔑視不是出於帝國主義者或殖民主義者的傲慢，而是他看到這個三千年皆秦制的專制國家的「垃圾場」本質。羅斯福企圖將中國拉進四大戰勝國的圈子，後來證明這是竹籃打水一場空的一廂情願。邱吉爾對中國的負面看法，在「後冷戰」或「新冷戰」的今天，歷久彌新、警醒人心。中共政權是西方共產主義「境外勢力」與東方專制帝國傳統結合而成的怪胎，對西方文明而言，是比納粹主義更邪惡、更危險的敵人。

在人生每個時期、每一場意識形態論爭中，邱吉爾都本能地支持右翼而不支持左翼。戰爭後期，保守派成立全國自由聯盟，告誡說，「所有政府干預措施，都必然會導致極權主義」。次年，海耶克在《通往奴役之路》一書中對此做出了全面而深刻的論述。一位保守黨人士致信邱吉爾說，「任何一個讀過海耶克教授著作的人，都會認識到日益增多的國家管控措施所帶來的危險」。邱吉爾對此深以為然。

著作等身的邱吉爾終身手不釋卷，他讀過歐威爾的《一九八四》，讀了兩遍，表示非常喜歡。他讀過更多遍《通往奴役之路》，在 1945 年的大選中，他引用該書的理論嚴屬譴責工黨的意識形態：「社會主義政策是與英國的自由思想格格不入的，社會主義就是對普通人自由呼吸的一種侵犯。沒有哪一個引導國民生活和國家產業的社會主義政府，能夠允許民眾自由、尖銳或激烈地用言語來表達出自己的不滿情緒。他們會藉助某種形式的蓋世太保……」很多幕僚建議他將最後一句話刪去，他斷然拒絕。就像雷根拒絕幕僚要他刪去「戈巴契夫先生，推倒這座牆吧」這句話一樣。這就是偉人與庸眾的差異。

自 1940 年以來，英國的社會風潮一直都在向左翼傾斜，連邱吉爾也無法阻擋這種潮流。1945 年的大選，殘酷地證明這一點。工黨提出的建設福利國家的目標與表現出的樂觀信心，對戰後飽受創傷、一貧如洗的英國社會有著極大吸引力。選舉結果一邊倒，保守黨遭遇前所未有的大敗，失去 220 個議席，工黨獲得 393 個席位，保守黨只獲得 197 席。邱吉爾被迫離開首相的位置。

　　在邱吉爾的選區，工黨和自由黨為了向他表示敬重，沒有推出與之直接競爭的候選人。可是，一個名叫漢考科的農民趁虛而入，作為獨立候選人參選，鼓吹要為勞動者爭取公平待遇——每個工作日只工作一個小時。他竟然獲得一萬多票。邱吉爾則獲得兩萬七千多票。這是一個比整個保守黨的失敗還要讓他難堪的結果。不過，當身邊的工作人員說英國人民「忘恩負義」時，邱吉爾回答說：「我不會這麼說。他們剛剛度過一段非常艱難的時期。」

　　此後，由福利國家帶來的「英國病」愈來愈病入膏肓，邱吉爾在其第二個任期亦束手無策。他沒有扭轉工黨的國有化政策，也沒有馴服好鬥的工會，更沒有廢除全民保健服務（NHS），保守黨人渥伊抱怨說，「怎麼時鐘連撥回去一秒也沒有？」直到 1980 年代柴契爾夫人這個「鐵娘子」上台，才有勇氣拿大多數英國人認為理所當然的若干福利政策和國有化政策開刀。

　　1955 年 4 月，邱吉爾以 80 歲高齡卸下首相一職。他的最後一場演講以這段話作結：「黑夜終有破曉之時。公平競爭、友愛世人、尊重正義和自由，終將帶領苦難的世代大步邁進，掙脫吾人淪落之醜惡世紀，平靜、凱旋向前，值此之際，切莫退縮，切莫頹喪，切莫絕望。」

　　保守主義與激進左派的殊死搏鬥並未畫上句號。邱吉爾作為 20世紀保守主義的象徵人物，當然也是左派的眼中釘、肉中刺。在蔓延

全球的「黑命貴」等左派暴動中，邱吉爾塑像成為左派暴徒破壞的目標，其姓名被一條直線劃過，並在下方噴下「是一個種族主義者」字樣，還有人用紙牌寫下「黑命貴」並將貼在塑像上。左派以破壞為職業，以暴力讓人屈服，以洗腦控制人心。邱吉爾生前力抗法西斯主義和共產主義兩大邪惡意識形態，其在天之靈又豈會害怕左派的此類卑劣伎倆？

第十四章

喬治·歐威爾：
你知道有一隻靴子踩在你的臉上嗎？

歐洲的整個文明都建立在知識分子的誠實之上。

——喬治·歐威爾（George Orwell，1903 年—1950 年）

1949 年 4 月 22 日，《一九八四》的樣書郵寄到喬治・歐威爾養病的格羅斯特郡克蘭漢療養院。歐威爾告訴出版商沃伯格：「現在就能拿到樣書似乎非常早。」他很喜歡書衣，也喜歡整體的包裝，並列出六、七位名人的名單，包括 T. S. 艾略特、亞瑟・庫斯勒、安德烈・馬爾羅等人，請出版社寄樣書給他們。

6 月 8 日，《一九八四》正式上市，一石激起千層浪，將共產極權主義的真相曝光於天下。然而，此時的歐威爾已經「病入膏肓，完全無法工作」，只能臥病在床，他的生命只剩下不到一年時間，下一部作品再也無法完稿。

他的墓碑上為什麼沒有他的筆名？

1950 年 1 月 21 日，歐威爾因肺結核不治，在格羅斯特郡一家設備簡陋的療養院去世。他的朋友們原本計畫將他送到瑞士阿爾卑斯山的一處療養院，那裡清新的空氣對他的肺病更有益，但他已衰弱得無法長途旅行。歐威爾的朋友、因揭露烏克蘭大饑荒而受到西方左派圍剿的記者蒙格瑞奇最後一次去探望他時，覺得歐威爾看起來就像曾看過的一張照片——哲學家尼采臨死前躺在床上的樣子。

在歐威爾去世那一晚，醫院房間裡一角還放著或許是跟他一起來的釣竿，主人卻再也無法拿起釣竿釣魚了。歐威爾說過，作為一名英國紳士，必須精通三項技能：釣魚、騎馬和園藝。或許，這就是英國紳士跟「四體不勤、五穀不分」的儒家士大夫之間的重大差異。由於健康原因，歐威爾後來不能騎馬，卻將園藝和垂釣的愛好保持一生，他還熱衷於觀察鳥類，知道各種鳥的名稱。他是一個典型英國人，一個鄉下人。他大部分時間都居住在大城市，但只有到了鄉村，他才有如魚得水的舒適感覺，這是保守派的特徵。

歐威爾的個性非常英國化，不單單體現在日常生活方面，精神生活也是如此：他信奉經驗主義、實用主義、尊重傳統、質樸簡單。他的寫作風格平實，生活儉樸，跟他筆下的普通民眾渾然一體，更接近狄更斯和 21 世紀的「後現實主義」。有研究者將歐威爾與清教徒作家約翰・班揚（John Bunyan）作比較，發現清教徒傳統、叛逆傳統能夠讓人更好地了解歐威爾，「清教徒試圖在實實在在的日常生活中，建構一套道德理想」，這似乎就是歐威爾的真實寫照。歐威爾與馬丁・路德也有相似之處，他們都有一種覺得一定要反抗暴政和教會——尤其是羅馬教廷和莫斯科教廷——的迫切感。歐威爾本能地憎惡極權主義者，不是因為他和那些人有什麼不同，而是因為他暗暗害怕自己最終將變成那樣的人。這種反抗精神源自知識分子的正直，也是路德教派和個人良知綜合影響的結果。歐威爾在《文學的捍衛》一文中寫道：「在整個新教時期，反抗和知識分子的正直緊密相聯。」他特別引用一首新教的聖歌來彰顯此原則：「敢於做一個但以理（Daniel），敢於獨自抗爭，敢於堅定目標，敢於讓世人知曉。」

我在英國傳記作家泰勒的《歐威爾的一生》中查到歐威爾的墓地在牛津郡薩頓考特尼村（Sutton Courtenay）諸聖教堂公墓。歐威爾在遺囑中交代，他的葬禮儀式要遵從英格蘭教會（英國聖公會）的規

定，並希望葬入教會墓園。然而，他生前並未公開宣布自己是信徒，也不是某個教區的居民和會友，這兩個普通的遺願似乎難以實現。他的妻子和朋友找來奧巴尼街基督教會的教區牧師來主持禮儀。那家教堂沒有暖氣，蒙格瑞奇描述那場喪禮「相當哀悽，且寒氣逼人」。歐威爾的小說家朋友鮑威爾選擇以《傳道書》做為喪禮講章的文本——那一章很適合用來紀念一位作家的逝世，裡面有這麼一句經文：「著書多，沒有窮盡。」出版商戴維·阿斯特出面解決了第二個問題——他在薩頓村有一處住宅，他也在當地的教堂公墓中購買了兩塊墓地，並說服教堂的鄧斯坦牧師相信，若是作為「當代寒冬中的良心」的歐威爾埋葬於此，能為會眾增光。薩頓考特尼是一個寧靜的小村莊，歐威爾生前與這裡毫無關聯，它卻慷慨地為作家提供了一處小小的安眠之地。

我們好不容易才找到歐威爾的墓地，墓碑上鐫刻的是其真名阿瑟，沒有提及他那著名的筆名喬治·歐威爾。這當然不是他本人及他的親友的疏忽，而是有意的安排。或許，歐威爾生前對英國的共產化充滿疑懼，他像伯克一樣害怕被左派鞭屍，刻意讓其墓地隱藏在偏僻的鄉間，墓碑上使用鮮為人知的本名。

在歐威爾生命中的最後幾年，他察覺到英國左翼分子對蘇聯卑躬屈膝，這讓他他義憤填膺，他原本的反蘇態度變得更加強烈，同時他也更加親美，「我尤其討厭那種伎倆，一邊投靠左翼，一邊尋求美國的糧食和保護」。他當著國內反美派的面，公然選擇美國，排斥蘇聯。直到 1970 年代，索忍尼辛的《古拉格群島》在西方出版，西方左派才對蘇聯的殘暴本質恍然大悟，他們此前到蘇聯訪問看到的是當局精心安排的華而不實的「波坦金村莊」。

歐威爾是 20 世紀最偉大的英國作家——這一事實幾乎要等到他去世半個世紀、冷戰落下帷幕才被世人認可。左派發現無法否定他的

地位，乾脆將他拉入左派陣營——比如，在美國總統川普改變西方長久以來對中共政權的綏靖主義政策並譴責左派媒體炮製假新聞之際，西方左派卻將川普塑造成希特勒那樣的獨裁者，還用圖書館中《一九八四》借閱量猛增來證明民眾對川普的厭惡。這是對歐威爾思想遺產的最大褻瀆——《一九八四》中陰鬱的場景，跟美國政制沒有半毛錢關係，倒是一面鏡子，照出今日中共政權無孔不入的數位極權主義的真相。

一個從來沒有住過俄羅斯的作家，居然對當中的生活有如此敏銳的認知

兒子剛剛讀完《一九八四》和《動物農莊》，對小說中的那句話印象深刻：「如果你想知道未來是什麼樣子，想像一下一隻靴子踩到人的臉上的感覺。」我告訴兒子，那隻踩在人臉上的靴子，不僅出現在蘇聯，更出現在中國。這個細節不是比喻、不是想像，而是發生在爸爸身上的真實事情——2010 年 12 月 8 日，劉曉波諾貝爾和平獎頒獎典禮當天，面目猙獰的中共國保警察將我祕密綁架並酷刑折磨，剝光衣服、掀翻在地、拳打腳踢，輪流用皮鞋踩在我的頭上。《一九八四》是 1949 年出版的，61 年後，小說中的情節在我身上應驗了。沒有在極權主義統治下生活過的歐威爾（他在西班牙內戰中的經歷勉強算是），居然如此真實地描繪出其中的恐怖，這只能用天才和先知來解釋。我感激歐威爾，他幫助我加添了認識中共暴政的慧眼和對抗中共暴政的勇氣。我將我對歐威爾的喜愛傳遞到兒子身上。

當初，在表面上看擁有新聞出版自由的英國，歐威爾的作品卻屢屢被出版社退稿，甚至情報通訊部也來插一腳，要對此書進行特別審查，並告誡出版商不要出版。在《動物農莊》的初版序言中，歐威爾

屢說此書出版的困難，及英國政府官員與知識分子的奴性和怯懦：「說到情報通訊部要員，對於《動物農莊》的反應；我得承認，對方的看法讓我陷入深思。現在我知道，這本書很不適合在目前這個年代出版。如果只是個概括描述獨裁者和專制統治的故事，那出版後不會有問題。但是，我現在認為，這個故事完全以蘇俄發展史及其兩名獨裁者為樣本，根本就是在影射蘇俄，而非其他獨裁政權。此外如果故事裡的支配者不是豬，情況可能會好一點。在我看來，設定豬為統治階層，無疑會冒犯許多人，特別是像俄國這種敏感民族。」初版序言的最後一段，是那句著名的自由箴言：「如果自由意謂著什麼，那就是向大眾訴說他們不想聽的話的權力。自由主義者不該害怕自由，而知識分子更不該污損知識。」

　　共產國家更害怕民眾閱讀到《動物莊園》和《一九八四》，波蘭詩人米沃什（Czesław Miłosz）寫道：「在共產黨統治下的波蘭，只有幾個人讀過歐威爾的《一九八四》，因為很難取得，而且擁有也很危險，只有共黨的幾名成員才知道。他們對歐威爾十分著迷，認為他的觀察縝密，寫出了他們所熟知的細節，而且運用斯威夫特的諷刺小說手法也很高明……就連那些只聽說過歐威爾大名的人也大感驚訝，一個從來沒有住過俄羅斯的作家，居然對當中的生活有如此敏銳的認知。」幾乎所有東歐國家出身並支持自由的人，從米沃什到哈維爾、米契尼克（Adam Michnik），都曾在某個時刻向歐威爾致敬，認為他就像是為自己照亮前方的燈塔。而在中國，早在 1949 年前後，即有不少知識分子（如顧頡剛、陳夢家等人）讀到了英文版的《動物農莊》，卻還是沒有從對中共的浪漫幻想中清醒過來，直到後來親身付出飽受屈辱乃至家破人亡的代價。歐威爾重新進入中國知識界的視野，則要等到 30 多年之後了。

　　1903 年，歐威爾出生在英國統治下的印度，父親作為殖民地官

員，曾在鴉片局任職。他三歲時隨母親到英國。他對其家庭的定位是「中產上層的下層」，不無譏諷，意思是「沒錢的中產上層」。他憑獎學金進入貴族學校伊頓公學，在那裡開始顯露反叛特性。非富即貴的同學大都進了牛津劍橋，但他沒有讀大學，去了童年生活過、但如今早已沒有記憶的緬甸當警察。他在那裡當了五年差，1927 年辭職——他無法忍受在緬甸的英國統治階層的傲慢、狹隘和冷漠，這些經歷在 1935 年出版的小說《緬甸歲月》中清晰可見。

回到英國後，歐威爾開始四年的流浪生涯，輾轉於英國和歐洲大陸各國，在酒店餐廳洗碗、在碼頭當搬運工、在書店賣書、在學校當教師。他在伊頓公學形成的貴族口音和英國知識階層身分使他在底層謀生整天了更多磨難。這段經歷加深了他對社會不公的切身體會，及對權貴的憎恨。他在紀實小說《巴黎倫敦落魄記》中寫道：「他們只是被一種機械化的生活給麻木了，使思想變得不可能。如果洗碗工也開始思考，他們早就會聯合起來，為更好的待遇而舉行罷工。但是他們根本沒有思考，因為他們沒有空閒時間去思考，是他們的生活把他們變成了奴隸。」他把這本書稿寄給出版社，在出版社當編輯部主管的詩人 T·S·艾略特回信說：「我們對閣下的投稿感到十分有興趣，但很遺憾地說，以出版業界角度而言，不會對印刷此書有興趣。」兩位偉大作家以這種讓人遺憾的方式失之交臂。

1937 年，歐威爾作為國際志願者參與西班牙內戰，在戰爭中身負重傷。戰爭的殘酷超乎其想像，但後方的自相殘殺和政治清洗更讓他厭惡已極。歐威爾夫婦被視為「托派分子」遭監控和追殺。從西班牙內戰歸來之後，九死一生的歐威爾堅定地踏上反極權主義之路，變得「熱愛過去，憎惡現在，恐懼未來」。他指出，極權主義不但禁止大眾「思考什麼」，還強制他們必須思考什麼，它設定了一整套意識形態。如果希特勒贏得內戰，那麼，「挑起內戰的就會是猶太人」。

要反抗極權，就必須先探尋真相。事實與自由的個體是相連的，自由個體正是極權統治蹂躪的對象。他堅信：「任何作家都不可能是某個政黨的忠實黨員。」用這句話衡量諾貝爾獎委員會頒獎給忠誠的中共黨員莫言，就如同將一頂桂冠放在一堆狗屎上。

基於自身經歷，歐威爾意識到，個人痛楚即是公共知識的來源，他毫不遲疑地將個人的生活、個體的痛苦或者文學的衝動擴展成一個更加廣泛的社會現實。評論家瑪格利特・德拉布爾寫道：「由於天性和外部環境的影響，歐威爾對他人的痛苦格外敏感，包括人和獸所承受的痛苦。在他的記者評論和小說中，他總是希望我們超越物種的局限，來看清他人他物遭受的痛苦。即便你不屬於人類或者是外國人，苦難也不會放過你。」他有一篇名為《獵象記》的小說，主人公是一名在緬甸的英國警察（或許這是歐威爾本人的親身經歷），他接到報警去處理一頭在鬧市發狂的大象，「我必須射殺這頭象。當我派人去拿這把槍時我就必須做這件事了」。他不想殺死那隻已經平靜的大象，但他感到受到人群要求殺死大象的壓力（烏合之眾總是無比殘忍）。他在查詢大象的行為和拖延一段時間後，多次向大象開槍，傷害了它，但無法殺死它。他隨後離開大象，因為他不能面對它在眼前繼續受苦。他後來得知，在幾小時內，大象的肉被剝了個精光。這場不必要的殺戮讓他意識到：「當白種人變成暴君時，他已摧毀了自己的自由。」

有一次，歐威爾在公園裡拿麵包餵一隻瞪羚，一個阿拉伯人用法語對他說：「我想吃一點那個麵包。」於是，他將麵包分一大半給乞討者。歐威爾還對過度負重的摩納哥驢子深切同情，就像抱著一匹被虐待的馬痛哭並稱之為「我的兄弟」的尼采一樣：「驢子是世界上最順從的動物，它像狗那樣跟隨著主人，連馬勒和韁繩都不需要。在辛苦勞作了十多年後，它會突然死掉，而主人會將它扔到壕溝裡，村子

裡的狗就會撲上來，趁它餘溫尚存之時，把它的內臟挖出來吃掉。」如果只是這樣，那他跟當下那些矯揉造作的動物保護主義者差不多，但他接著往下思考：「我不想妄作評論，只想指出一個事實……我們都會為那個負重的驢子感到難過，但是，當我們看到一個背著木材的老嫗時，卻沒有多少人為她感到難過。」正是這種偉大的同情心，讓歐威爾的文字超越語言、地域、種族和時代的限制而具有一種普世性和永恆性。

打著和平主義旗號的綏靖主義，是偽善的邪惡

歐威爾意識到，我們生活的世界充滿荊棘，「我們的腳下凹凸不平，但正是這些凹凸，然我們意識到自己正踩著別人的屍骸前進」。由此，他戳穿那個時代（以及所有時代）和平主義的面具，迫使其露出綏靖主義的本質。

「和平主義」本身就是一種左派觀念。歐威爾認為，這些「善良」的人們是一群純粹消極性的生物，反帝反戰反特權，什麼都反，但要他們積極支持什麼事，卻難上加難。這是一群徹底喪失行動能力的人。在過去 20 年裡，英國左翼知識分子的主要目標是摧毀英國人的愛國激情，他們認為激情是不合時宜的東西。於是，他們自覺不自覺地成了納粹的側翼，「如果他們成功，我們現在就看著黨衛軍在倫敦街頭巡邏了」。

還有一小部分標榜和平主義的知識份子，心中的真實動機更為不堪：這些人抱持著對西方民主的仇恨，及對於極權主義的崇拜，這種「和平主義」的核心思維，是站在更加殘暴的一方，要求弱勢一方卑躬屈膝，彷彿暴力程度高就是勝利者。這是「只要被害人屈服，就不會有強暴」的罪犯式思維。這種「和平主義」的根源是崇拜力量，崇

拜「成功的殘酷」。這不就是今天台灣社會流行的龍應台式的絕對和平主義嗎？

　　當希特勒大肆屠殺猶太人並對諸多鄰國蠶食鯨吞之際，很多英國菁英沉浸在和平主義的道德優越感之中。工黨黨魁喬治‧蘭斯伯里（George Lansbury，1932 至 35 年擔任工黨黨魁）聲稱：「我會關閉每一處徵兵站，解散陸軍，解散空軍。我會廢除全國可惡的軍備。」此一聲明獲得民眾一邊倒的支持。牛津大學學生通過投票宣布：「無論情況如何，本會一概拒絕為國王或國家而戰。」對此，邱吉爾譴責說：「卑鄙、惡劣、無恥之聲明……極其令人擔憂、厭惡的徵兆。」

　　國王喬治五世對保守黨首相鮑德溫（Stanley Baldwin）說，如果英國政府帶領英國進入另一場戰爭，他將親往海德公園，揮舞代表革命的紅旗抗議。威爾斯親王——即「不愛江山愛美人」的愛德華八世，退位後成為溫莎公爵——公開支持希特勒，喜歡柏林超過倫敦。

　　英國國教會亦失去了對善惡的判斷和戰鬥精神。時任約克大主教的譚普（William Temple）說希特勒「對於鞏固和平得以確立，有重大貢獻」。教會裡居優勢的神職人員組成了和平請願聯盟，在全國各地徵集「和平簽名」。該簽名主張不准政府和國會增加軍費，一切國際爭端交給國際聯盟處理。一千萬名投票的選民，有 87% 支持這一主張。

　　歐威爾英年早逝的一生完成了從左向右的大轉彎。若非此前一度深陷社會主義的泥沼及親身走上西班牙內戰的前線，他斷然不能如此迅速地洞察左派陣營的偽善怯懦，也無從獲得寫作《動物農莊》和《一九八四》所必需的素材。

　　對於戰前英國的「左派知識分子」，歐威爾沒有多少好話——「左派」兩字或可省略，因為當時幾乎所有知識分子都是左派。「早在 1934 年或 1935 年，如果作家不偏於『左傾』的話，會被圈內人視

為怪物，一兩年後，就發展出一套『左翼』的正統觀念，使某些題材的某些觀念成了固定信條，認為作家必然要麼是左派，要麼就寫不出好東西的觀念，越來越佔上風。在 1935 年至 1939 年間，共產黨對所有 40 歲以下的作家有著幾乎不可抗拒的吸引力。」他冷峻地指出，左派政治狂潮並未產生任何一部優秀的文學作品，極權主義的氛圍，對任何作家來說都是致命的。在一個極權統治延續幾代人的社會裡，過去四百年間存在過的那種文學，有可能會完全消亡。

英國知識界為何普遍左傾？歐威爾認為，英國是一塊擁有人身保護令的土地，絕大多數人沒有經歷過暴力和不法，「如果你在這樣一個環境中長大，那你就不容易想像出極權統治是什麼樣子」，「由祕密警察、思想管制、刑訊逼供和誣陷審判所創造的特殊世界，英國作家當然略有所聞，但並沒有切身感受。結果是，英國根本沒有有關蘇聯的幻滅文學」。因此，「左翼思想就好比不知道火會燒傷的人在玩火」。當左派無法論證其理論的正當性時，「左翼思想的實質成了『反法西斯』，即變成了一個否定性的東西」。後來，東德共產黨政權修築柏林牆時，就在文宣中稱之為「反法西斯牆」。其實，蘇聯和東歐的共產黨政權與納粹德國一樣，都是新的「管理型政體」，即可被稱為社會主義的政體——納粹的全名是「國家社會主義工人黨」。

歐威爾曾為西班牙而戰，後來他更願意為「我自己的英格蘭」而戰。當帝國主義者隨著大英帝國的死氣沉沉而走向沒落時，知識界的觀念得自歐洲大陸，並以自己國家為恥——因為這個國家不夠左。歐威爾曾屬於這兩個集團（帝國主義和共產主義），但在兩集團內都保持孤立和獨立。他明白大英帝國氣數已盡，歡迎殖民地獨立，他說過：「我是完全同情緬甸人而反對他們的壓榨者——英國人的。」但他跟世俗的左派死硬分子及勢利的知識分子不一樣，他為自己國家的文化特別是自由的傳統感到自豪。

BBC 有資格紀念這個卑微的前員工嗎？

我們來到倫敦市中心的 BBC 總部大樓前，瞻仰歐威爾塑像——這大概是英國唯一一尊歐威爾塑像。雕塑藝術家馬丁·詹寧斯是歐威爾的崇拜者，他創作的這尊塑像基於對歐威爾的理解：歐威爾如同挺身對抗納粹德國的邱吉爾，隻身反對蘇俄帝國。這尊塑像豎立於 2017 年 11 月 7 日，距離歐威爾離開 BBC 已超過 70 年——當年，他工卡上的員工編號為 9889，於 1941 年入職時是遠東科節目助理，1943 年離職時是印度科製作人。

二戰爆發後，歐威爾脫離獨立工黨，反戰立場逆轉，毅然報名參軍，卻因為患肺結核沒能通過體檢，只好到 BBC 效力。他在 BBC 工作時，職責包括為鼓舞盟軍士氣寫戰爭新聞提要，同時做英語語言、藝術和文化題材的教育清談節目。他就職時聲明不會為一份薪水犧牲職業原則，離開時對在 BBC 的從業經歷的評估褒貶混雜。在辭職信中，他表述說：「我很清楚，自己是在無效的工作上浪費自己的時間和公共的錢財。」同一封信裡，他又對在 BBC 受到的待遇不乏肯定：「我感到在 BBC 的這段時間受到的待遇極為慷慨，被允許享有極大的自由度。」

BBC 歷史頻道主編羅伯特·希特認為，從歐威爾在小說《一九八四》裡對真理部的描寫來看，在 BBC 廣播大樓的日日夜夜給他留下相當不爽的印象；另一方面，《動物農莊》及《一九八四》風格之流暢和表述之有力，在 BBC 的歷練也功不可沒。

給歐威爾在 BBC 樓前立雕像，最初是已故國會議員班·維泰克（Ben Whitaker）的主意——歐威爾是他少年時代的英雄偶像，他的一個心願是讓更多人了解歐威爾其人其文。維泰克於 2014 年去世後，他的遺孀接手這個項目，他們的養子理查德·布萊厄亦全力支持。

在英國，給名人塑像不難，繁瑣的是找到安置邀雕像的公共場所並申請許可。BBC 經過一番斟酌，同意在樓前豎歐威爾銅像，其主要考慮之一是，歐威爾作為新聞界最優典範傲然佇立於世，特別是在當下假新聞泛濫時代，更有現實意義。「假如自由真有什麼意義，那應該就是指有權利把人們不想聽的說給他們聽。」（If liberty means anything at all, it means the right to tell people what they do not want to hear.）這句話刻在歐威爾銅像的底座上，是從他為《動物農莊》寫的前言裡摘錄的。希特主編說，這段話為 BBC 設置了一個高標準，鞭策 BBC 要無愧於歐威爾在敘事清晰和揭示真相方面的高水準。這一點也適用於整個新聞行業。

然而，BBC 根本沒有資格紀念歐威爾這個當初拋棄它的前員工。按照柴契爾夫人的說法，BBC 這個由公共資金支持（其資金來源是向所有人，包括不收看其節目的人強制收取電視執照費）的國營機構，反對商業又自以為是，跟很多大學一樣，花政府（納稅人）的錢，卻用亂七八糟的左派與道德放縱毒化國民輿論。其職員受工會控制，機構臃腫人浮於事。這個偽新聞機構肆無忌憚地對國民撒謊，比如，為了達成反美的目的，在報導美國空襲利比亞的新聞時，竭力淡化格達費在民航客機上安裝炸彈的國際恐怖主義行徑，而採納利比亞政府的宣傳資料，大肆渲染美國空襲造成平民傷亡。即便是工黨提名的偏左的律師古德曼勛爵也在一份調查報告中指出：「BBC 對這次打擊的報導，糅合了新聞、觀點、猜測、錯誤，不加評判地終結傳遞利比亞的宣傳，這個其聲譽造成嚴重的損害。」

今天，包括 BBC 在內的西方主流媒體已然淪為假新聞的淵藪和左膠盤踞的大本營。BBC 中文部和中文網，被中共嚴重滲透，成為英國版的新華社的一部分。其編輯記者熱衷於發表報導與評論都不加區分的、攻擊美國和吹捧中國的言論。《蘇格蘭先驅報》記者馬汀・

威廉姆斯發表了一篇題為〈蘇格蘭對 BBC 為中國進行「宣傳」的爭論〉的文章，揭露 BBC 與一家北京政府控制的公司合作，在蘇格蘭製作一部新紀錄片，該片釋出後遭到外界抨擊，認為英國公共媒體機構被拉攏，替中共做宣傳。此前，格拉斯哥大學學生詹姆斯·尤塞爾等人成立「解散 BBC」小組，他們認為 BBC 公正性不足。該計畫的總監瑞貝卡·瑞恩表示：「我們經常聽到 BBC 是一種英國向全球展示的『軟實力』，因此英國納稅人需要用辛苦賺來的錢來維持它的運轉。在其為中國共產黨進行宣傳時，BBC 已經把這個論點撕成了碎片。」

一尊歐威爾塑像，拯救不了 BBC 日漸沉淪的聲響，也喚不醒左派記者和編輯早已沉睡的良心。1941 年 5 月 21 日，歐威爾在 BBC 的廣播節目中指出：「在我們這個時代，自治的個體愈來愈少——或者說，即使認為自己是自治的只是我們的幻覺，它也在退卻。」他宣稱，做一個真實的自我，應當是每位作家的箴言。「作家首要的標準就是不能撒謊，而是喊出你真實的想法，道出你切身的感受。」正如學者理查德·A·愛普斯坦（Richard A. Epstein）所說，「歐威爾自視為『眾人皆醉我獨醒』的少數派。他堅定地與光怪陸離的現實社會抗衡，講述艱苦的生活，並投身於捍衛權利被剝奪者的偉大事業。」今天，有多少記者、編輯、大學教授和作家敢於這樣做呢？

從大學一年級讀到歐威爾的作品，我就視為學習的榜樣。我找到了幾乎所有歐威爾作品的中文譯本加以研讀。如同伯克一樣，歐威爾的文字為我們築起了免受左派意識形態污染的堤壩。歐威爾說過：「我最大的願望就是把政治寫作變成一種藝術。」他成功了。在他之後，許多作家和專欄作者嘗試模仿他，但罕有成功的案例。這主要因為在歐威爾文字背後是一整套獨特和奇異的經歷，現在很少有人能夠或者願意去體驗艱苦的底層生活。左派總是偽善地宣稱他們同情窮

人，而歐威爾從來不需要這樣做，因為他本來就是窮人，所以他能夠拍著胸脯說：「只要你堅持自己，過什麼樣的生活都是一樣的。無論貧窮或者富裕，你可以憑藉知識與思想堅持你自己，你只要對自己說，『我在這裡是自由的』。」

第十五章

西格蒙德・沃伯格：
讓倫敦重新成為國際金融中心

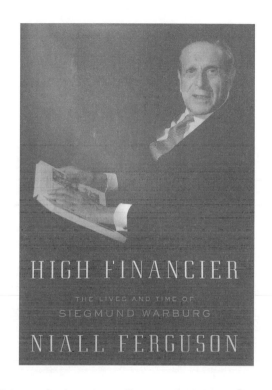

原則上，我反對銀行家作任何宣傳，尤其是猶太裔銀行家。

　　——西格蒙德・沃伯格（Siegmund George Warburg，1902 年—1982 年）

1959 年，S‧G‧華寶公司（S. G. Warburg & Co.）在其擁有者西格蒙德‧沃伯格的數年精心布局下，成功打贏了對英國鋁業公司的收購戰。這場收購戰開創了「惡意收購」之先河。沃伯格是倫敦金融城最傑出的天才，是新興的頂級金融機構（他願意用「投資銀行」這個詞來形容它）的卓越倡導者。

1945 年，英國雖然贏得了戰爭，但倫敦作為金融中心的地位實際上已不復存在，用一位銀行家的話說，它的業務「岌岌可危」，維多利亞時代的大型存賬室有三分之一被毀。戰後的英國社會千瘡百孔，大英帝國的輝煌如落花流水春去也。十多年之後，倫敦金融城卻奇跡般地從德軍閃電轟炸的廢墟中崛起，它的崛起從史學角度看讓人驚嘆，比它不可逆轉的滅亡更難以解釋。直到今天，倫敦金融城依然是國際金融中心，與紐約華爾街齊名，跟貨幣崛起是同義詞。倫敦金融城重現風華，「君子資本主義」時代得以延續，沃伯格的功勞比其他任何人都大。

美國歷史學家尼爾‧弗格森認為，在大蕭條和兩次世界大戰給人類造成的巨大災難後，沃伯格靠著無與倫比的先見，看到全球金融一體化的可能性。他是經濟制度轉型的設計師，這一轉型帶領西方世界從中世紀的國家控制重回自由市場。限制國際資本流動的壁壘被消除

之後，沃伯格使倫敦再次作為世界主要跨境銀行交易中心成為可能。在塑造現代英國的過程中，他的職業生涯幾乎可以說明有關金融能夠發揮作用的所有最重要的歷史課題。

工業革命發生在英國，金融革命也發生在英國

法國歷史學家布羅代爾（Fernand Braudel）認為，貨幣是一個活躍的、決定性的因素，貨幣等於城市。那麼整個英格蘭正是一個大城市，它很早就被整合到一個貨幣經濟體之中。整個古老的「店主之國」並沒有一個單獨的「布爾喬亞」階級，因為每一個英格蘭人在某種意義上都是布爾喬亞階級的一員。英格蘭從來不是一個農民社會。英國人在日常生活的每一個方面都體現出了一種賺錢、投資、存錢、理性計算利潤、資本流動的態度——亞當·史密斯由此寫成了《國富論》。

進入近代，英國迅速成為全球最富庶的國家，絕非偶然。英國歷史學家艾倫·麥克法蘭指出，英格蘭用它的財富建成了一批中世紀全歐洲最宏偉的主教大教堂，這些財富的來源，是古老的市場體系，以及羊毛貿易帶來的豐厚利潤。英國最早形成了國內市場，整個英格蘭基本上是一個大「市場」，其中鮮有障礙，水上交通發達，僱傭勞力無所不在，有著規範和嚴格監控的價格機制，行會和同業組織遍地開花。喬叟在 14 世紀的《坎特伯雷故事集》中描繪了一個社會，不僅涉及它的各行各業，而且涉及它的觀點態度，那個社會已然是一個現代資本主義社會。

1571 年，伊麗莎白女王正式成立倫敦皇家交易所 (The Royal Exchange)，商人聚在那裡交易貨物和股票。交易所是信息的交流中心，顧客與交易員在這裡分享各種潛在商業交易的寶貴信息。經濟史

學家麥克洛斯基（Deirdre McCloskey）指出，英國人更為關注商業、金融、創業和其他營利性創新。實業獲得廣泛的社會尊重，釋放出整個社會階層的創新能力。

英國能打造出世界上第一支近代海軍，得益於其經濟和金融體制——海軍是花錢如流水的軍種。多年之後，清帝國以舉國之力打造北洋艦隊，卻因為財力有限、未能及時添置新式鐵甲戰艦、官兵訓練不足，而在日清甲午海戰中全軍覆沒。1694 年，英國政府賦予英格蘭銀行（Bank of England）這一私有聯合股份公司特許經營權，該銀行管理公共債務並印刷紙幣，同時也擁有開設商業銀行業務的權利。一開始，這個機構只是為了與法國的戰爭籌集資金，該構想既簡單又令人讚嘆：倫敦商人募集了 120 萬英鎊作為這家新銀行的基本資金，並將這筆錢借給英國國王，英國國會則承諾發行鈔票借貸給商人。英格蘭銀行有英國政府的全力支持，並且將整個國家的金融資源匯集到一處，這使得英王室相較其歐洲甚至全世界的其他政府，能夠以更低的利率貸到更多的款項。這是英國獲得軍事勝利的重要因素。英國強大的海軍由此馳騁在茫茫大海之上，將大海變成其國土的延伸，所到之處，帶去英國秩序，也帶去以銀行為標誌的現代金融業。

倫敦的私人銀行數量從 1750 年的不到 30 家增加到 1800 年的 70 家，而全英國的各類銀行在 1815 年時已擴張到 800 家。英格蘭的聯合股份銀行效仿蘇格蘭的模式，在全國各地成立數以百計的支行。隨著工業革命將全新的財富帶到英國幾乎每一個角落，銀行分支網路加速了這個正大步邁向全球首富的國家的金融資源流動。與此同時，英國的金融家開始在全球各地設立獨立的聯合股份銀行，從香港到中東再到拉丁美洲，遍地開花。到 1860 年，他們共設立了 15 家海外銀行，合計有 132 家分行。他們通過向當地顧客提供金融服務，尤其是通過接受存款來募集資本。當時世界上大多數地區缺乏高效的銀行體

系，這讓他們大獲成功。這是一場金融和銀行革命：將成長經濟體的財富合併起來，形成大量資本進行投資，同時鼓勵人們存款，為上百萬普通或略有財富的人提供金融機會。

從 1700 年到 1780 年，英國的國際貿易量增加一倍，部分原因是英國擁有當時世界上最有效率且最大規模的商船隊。英國商人控制了國際貿易中最大的份額，1850 年代超過 20%，到了 1860 年代超過25%。倫敦是當時世界上最大的港口，沿著泰晤士河向東延伸，直到倫敦塔的另一邊。倫敦塔一側就是金融中心，在很多程度上是為了向倫敦的商人提供金融服務。這些服務包括提供貸款、資助國際貿易、為倫敦商人安排在英國或世界其他地方的運輸業務，並維持殖民地和國內各種各樣的商品貿易。

當然，這也要歸因於一套複雜的法律基礎，連同它所支撐的抵押、銀行、貸款、金融業務等等。幾乎每一個英格蘭人都在外面賺錢。英格蘭銀行、東印度公司、倫敦證券交易所等許多偉大的建制湧現出來，並在此後的幾個世紀承載了英國向海外擴張的重量。正如德國社會學家馬克斯・韋伯所言，所有這一切，都是基於一種法律體系，包括各種日耳曼式的法律謀略、普通法、信託會、法律虛擬體。有了法律體系的支撐，英國在工業革命前夕已經開始變成世界的銀行家。

商人不是英雄的反面，商人也可能是英雄

希特勒看不起作為「小店主之國」的英國，他不是第一個這樣想的德國人。雖然過去的一百多年裡，德國一直在模仿英國的工業革命和金融革命，但同時暗暗將英國當作最大的敵人。在德國統治階層和知識界，始終存在著一種強烈的反資本主義思潮。早在一戰前夕，德

國哲學家舍勒（Max Scheler）就認為，英國是現代高度發展的資本主義的發源地，德國對英國開戰表明，這場戰爭針對的就是英國所代表的資本主義及其弊病。德國一定要與英國戰鬥到底——目前歐洲各國的均勢是由英國控制的，是英國商人思維的典型產物，這些商人把鮮活的力量當成是冷冰冰的數字來計算，他們不把自己當作歐洲的一分子，只想承擔「清算」歐洲事務的工作。而且，對英國人而言，士兵「不過是商人的先鋒」，所以英國並未孕育出戰鬥精神。德國一旦擊敗英國，就能在歐陸打造一種以德國文化為基礎的新秩序。

德國經濟歷史學家桑巴特（Wemer Sombart）在《商人與英雄》一書中，將舍勒的這一觀點繼續發揚光大。他認為，英國的「商人」價值觀與德國的「英雄」價值觀的衝突是難以避免的。由誰來統治全世界的海洋，這並不是「人類亟待解決的重大問題」；更重要並且關乎人類命運的問題是，「商人精神和英雄精神到底誰更強大」。商人和英雄，這兩者存在巨大的反差，同時也構成世界上人類所有價值取向的兩極。商人只關心權利，而英雄只關心他應履行的義務。由此，桑巴特認為，商人與英雄之間的戰鬥不亞於一場拯救世界的戰鬥：在戰爭開始之前，商人的文化幾乎就要征服全世界，而資本主義則是它用來侵佔世界的工具——英國人最先染上這種稱為「商人世界觀」的疾病。通過戰爭，德國人可以阻止英國文化對歐洲的滲透和主宰，更可完成德國人的「自我進化」和對英雄精神的弘揚。

德國在一戰中失敗了，「英國商人」打敗了「德國英雄」。但「德國英雄」心有不甘，這種強大的民意挑選希特勒來完成其未竟的使命。但德國迎來了更慘痛的失敗。德國是否永遠放棄了其「英雄夢」，人們不得而知；但英國及其繼承者美國，卻以勝利者之姿顯示了真正的英雄是商人。

在納粹崛起之後，有一位在德國出生、長大的德國公民，毅然脫

離德國，移居英國，成為英國公民，他不願做「德國英雄」，而願做「英國商人」。他就是 20 世紀下半葉英國最偉大的銀行家之一的西格蒙德。

西格蒙德隸屬於一個歐洲猶太金融家族，類似於大名鼎鼎的羅斯傑爾德（Rothschild）家族。沃伯格家族的歷史可追溯到 16 世紀，他們的金融業務則可上溯至 1640 年代，那時他們的祖先從沃伯格鎮移居至漢堡。自 1798 年家族企業 M・M・沃伯格公司正式成立，他們就視自己為銀行家，但僅活躍在德國。西格蒙德於 1902 年出生於沃伯格家族一個比較弱勢的分支，因為父親體弱，他們一家遠離漢堡的家族親戚，住在德國南部的圖賓根大學城，成長環境的差異使他與漢堡的堂兄弟們有些格格不入，像一個局外人。他年長的堂兄們早已揚名立萬：馬克斯・沃伯格是家族繼承者，體現了一個 19 世紀德國猶太裔王朝膨脹的野心，在其帶領下該家族企業在德國金融界長足發展；保羅・沃伯格在 20 世紀初移民美國，是美聯儲建立的關鍵推手，被稱為「美聯儲的總設計師」，他可能是沃伯格家族最出名的人。大器晚成的西格蒙德，則另闢了一片天地。

西格蒙德的少年時代正值帝國主義德國的黃金歲月，但德國在一戰中的慘敗終結了第二帝國，威瑪共和國在政治動盪中迎來 1920 年代的文化繁榮。他在 18 歲時進入家族企業學習金融知識和技能，此後又陸續去英國和美國學習和見識新的管理方法和會計制度。他一開始並不願投身家族世代相傳的金融業，而有從政的雄心壯志——但希特勒在 1933 年勝選上台後實施排猶政策，他的這一夢想斷絕了。當時，包括沃伯格家族在內的絕大多數德國猶太人仍對新政權心存幻想，短短幾年後，沃伯格家族的公司和產業被納粹興強制充公，家族基業毀於一旦。

在歷史轉折關頭，能否看到危險並做出抉擇，將導致天壤之別的

結局。西格蒙德是家族邊緣人，卻比家族掌舵者們更敏銳地注意到納粹衝鋒隊對猶太人的暴力行動和系統性歧視，領悟到第三帝國的極權主義本質，毅然決定離開德國。1934 年，他移居英國，1939 年 4 月正式入籍成為英國公民。此一覺醒至關重要，若他沒有離開德國，將成為舍勒、桑巴特和希特勒宣揚的「德國英雄」的犧牲品，成為奧斯維辛集中營焚屍爐中的一股青煙。幸虧他到了英國這個商人的國度，他這個有商人天賦的外來者很快就如魚得水——他幾乎是白手起家、另立山頭，開始了屬於自己的事業，創辦 S·G·華寶公司。初來乍到的沃伯格野心勃勃，卻也高屋建瓴，對英國金融界的傳統給予猛烈批評，建議進行全面改革，充分顯示了他對舊有金融體制、運作方式諸多弊端的深刻認識。他的 S·G·華寶公司從融資公司轉變為投資銀行，在戰後英國工業企業的復甦進程中尋找業務機會，而且一開始就著眼於龐大的歐洲大陸以及北美市場，使其在倫敦金融城的地位得以一飛衝天。

即使在英格蘭流亡、尚未成為英國公民之際，西格蒙德仍保持著對政治的強烈熱情——這一熱情在德國無法實現，卻在英國部分實現了。他是倫敦金融城中最公開反對英國官方綏靖政策的名流之一，他對邱吉爾的警告予以呼應。戰爭期間，他更竭盡所能地幫助邱吉爾政府維持財政穩定。戰後，他逐漸從一個被倫敦金融城裡傲慢的小圈子輕視的局外人，轉變為 1950 年代以來英國的政治和經濟決策的重要參與者。

從「信猶太教的德國公民」到「清教徒精神的英國公民」

西格蒙德具有多重身分和多重文化背景。美國學者尼爾·弗格森在為其所作的傳記中指出，西格蒙德是與母親關係親密的兒子，受母

親的強烈影響，奉行禁慾主義、完美主義、反對勢利行為、進行嚴格的自我批評；他是不完美但至少擁有理智和穩定感情的丈夫，儘管曾經婚姻出軌，但在很多方面依賴妻子伊娃；他是個糟糕的父親，與兒子關係緊張，無條件的父愛不是他的強項。作為公司管理者，他不關心財富和爵位，比起錢本身，他更關注的是通過賺錢實現人生價值，他「喜歡更文明的事情，而不是賺錢」。如果不是別無選擇做了金融家，他的職業追求是學者、思想家或政治家，研究哲學和文學，事實上他是一位博學之人。他對心理學感興趣，甚至將公司當作他的心理實驗室，同時篤信筆跡學，並將筆跡分析作為招聘的必要考察環節。

從血統上講，西格蒙德是「信猶太教的德國公民」，後來被迫移民英國，算是山重水複疑無路，柳暗花明又一村。實際上，他不是傳統意義上的信教之人，對猶太教漠不關心，不去猶太會堂，從不吃猶太飲食，在跟非猶太信仰的女子結婚，教育孩子「敬畏新教和猶太教，但兩者都不要信」，建議孩子們在學校表格的信仰一欄寫「不信教」。早在 1920 年代，他就試圖與德國和美國的猶太族群保持距離。他是一位矛盾的猶太復國主義者，願意承認「一種血緣的紐帶，這種紐帶既不認同宗教團體，也不認同以色列的民族主義」。他對以色列的命運非常關注，首先在 1960 年代成為猶太復國運動的捍衛者，之後又嚴厲批評以色列政府將猶太人安置在西岸和迦薩被占領地區的政策。他冷靜、理智、對所有已建立的信仰和崇拜體系廣泛懷疑，呈現出一種疏離的旁觀感，卻由此帶來某種「世界人」的視野與高度。

在西格蒙德的自我定位中，他說他自己「有多種的人生——德國學者、國際銀行家、猶太教信徒，而最重要的是他是英國這個接收他的國家的一位激情滿懷的公民」。實際上，與其說他是一個猶太人，不如說是一個清教徒，受母親和成長環境中的南德清教主義影響，他

認同的信條是：「生命的重要價值在於，無論你在什麼崗位都要一心一意地努力服務於社會，並且給予這種服務個人最大的強度和熱情，以至於生活的其他元素，比如審美、物質或主觀的考慮，都被視為是次等的品質。」他每天花至少八個小時開會，四個小時會客，三個小時用在三個不同的宴會上，基本上是一個工作狂。他不喝酒、不抽煙、不收藏、不熱衷富翁們間流行的消遣，「對物質和奢侈感到蔑視」。這是典型的加爾文宗信徒的生活方式。

　　作為一名學者，成為一名金融家也許是命運使然，而非西格蒙德本人意願，但他更感興趣的是管理企業所面臨的在組織上的挑戰，而不是公司自身的營利情況。事實上，他是現代管理創新的偉大倡導者之一，是開放式辦公和公司民主化的先驅。他愛憎分明的強烈程度使他作為朋友真摯忠誠、作為敵人不留情面。西格蒙德身上令人著迷的地方是，他不僅把經濟實力和政治勢力兩者相結合，他的性格裡還有令人難以置信的複雜性，他絕對是歷史上閱讀最廣泛的銀行家之一。他不僅熟諳德國古典與浪漫主義文學和哲學，還是中歐現代派大師忠實的學生——從尼采到弗洛伊德。他熱愛托馬斯・曼的作品，沃伯格家族在某些方面就像《布登勃洛克一家》在猶太人身上的翻版，在其他地方，又像《約瑟夫和他的兄弟們》的現代轉世，西格蒙德自己就像托馬斯・曼筆下的一位主人公——《浮士德博士》裡的作曲家阿德里安・雷維庫恩（Adrian Leverkühn）——孜孜不倦地追求一種孤傲的完美。絕對需要像托馬斯・曼這樣的大作家才能給予西格蒙德這位德國猶太人公道，他身穿在倫敦薩維爾街手工定制的西裝，目光敏銳，頭髮油光鋥亮，行事隱約帶有戲劇化的色彩，他像普魯士軍官那樣對失誤不能容忍，有像英國貴族一樣擅長綿裡藏針的冷幽默，他是「聖火」和「生命動力」——他最喜歡的兩個詞——不穩定的合成產物。

1982 年 10 月 18 日，西格蒙德於倫敦逝世。他相信：「給活人送花要比給死人獻花強。至於死人身上有什麼值得保留的，應該是他或者她做的好事，以及好的思想，而不是任何有形的遺物。」早在 1962 年，他就開出一份後事安排清單，堅持不搞葬禮。在其去世前夕，再度重申：「我的身體應被適當地用於醫療用途，尤其是，如果有可能的話，我的雙眼通過移植，也許能實現為別人服務的良好目的……如果考慮火化，正確的做法是我不想保留我的骨灰，請在盡可能靠近我死去的地方把它撒掉。……如果這些心願出於好的或壞的理由未能實現，請不必擔心如果我活著，我的反應會怎樣。總之，主要的標準應該在風格上有尊嚴，在程序上簡單。」很多富人越富有越怕死，西格蒙德卻超越了生死，或者說早已向死而生。遵循他的意志，沒有花圈和隆重的葬禮，只有如潮水般的致敬。《泰晤士報》的訃告中稱：「對於金融城各種舊習的改變，他比其他任何人發揮的作用都更大，這使得金融城得以充分利用 20 世紀下半葉的各種時局。並且，他是金融城有效性重生的主要權威。」

投資銀行的倡導者和歐洲債券之父

　　尼爾・弗格森認為：「如果有人可以聲稱自己是歐洲債券市場之父，那麼，這個人非西格蒙德・沃伯格莫屬。」在目睹了大蕭條和兩次世界大戰的破壞性影響後，西格蒙德提出了全球金融一體化的理念。從 1920 至 30 年代，他和其他家族成員即慷慨地支援泛歐運動，他還積極推進跨大西洋的金融整合與歐洲的政治整合。二戰後，他意識到推進歐洲和解及一體化事業的唯一方法是通過經濟方式——商業和金融的整合，使歐洲人回到一個統一的歐洲，這種思考正是他成為創建歐洲債券市場幕後推手之契機。

西格蒙德積極提升了二戰後整體衰退的英國在世界金融格局中的地位，同時大力推動歐洲一體化、金融全球化及西歐各國和解進程。他在爭取到英格蘭銀行的同意後，很快組織起包括德意志銀行、布魯塞爾銀行、鹿特丹銀行在內的銀團，為發行第一支歐洲債券做準備。他選中一家義大利國有鋼鐵公司，但直接以它的名義發行債券，將被依法徵稅。他想出一個巧妙的辦法，將名義上的發債人換成免稅的非國有企業——一家高速公路收費公司。同時，為了免徵英國印花稅，債券發行地選在荷蘭史基浦機場，債券上市地點則在歐洲的離岸美元中心——倫敦。如此，一支開創性的金融創新產品——「四不靠」的債券誕生了。總額 1500 萬美元的債券很快銷售一空，歐洲金融市場迎來一個創新產品。進入 21 世紀，歐洲債券市場是「世界最大、最自由的長期公共資金的來源之一」。在所有歐洲債券發行和二級市場交易中，大約有 70% 的份額在倫敦，這並不是歷史的巧合，而是西格蒙德和他的同事們在 1960 年代自覺努力的結果。雖然不用懷疑，歐洲債券市場的設計師們這麼做的部分動機是想增強他們公司的損益表，並重建倫敦金融城作為國際金融中心的地位，但他們非常清楚，他們正在以金融的方式，同時推進歐洲一體化進程。

事實很明顯，銀行家和政府官員在推動建立一個統一的歐洲這件事上同樣重要，沒有一位銀行家比西格蒙德在推動這項事業上更不遺餘力。他一貫力求加速使歐洲各機構，包括國有的和私有的，在歐洲各國之間實現跨境聯繫這一進程。幾十年來，他一直爭取消除英國權貴階層（來自西敏寺〔國會〕和「白廳 Whitehall」〔政府〕的政界和公職部門的菁英）對英國成為歐洲聯盟正式成員的抵抗。

與此同時，西格蒙德一直是堅定的大西洋主義者，他認為歐洲經濟一體化與歐洲在戰略上依靠美國，這兩者並不矛盾。盡管他更傾向於倫敦金融城，而不是華爾街，但他從未忘記他跨大西洋金融一體化

的畢生目標，他在紐約的工作時間超過在法蘭克福、漢堡、巴黎和蘇黎世時間的總和。他試圖拯救曾是華爾街巨擘之一的庫恩 - 洛布公司（Kuhn, Loeb & Co.），這是迄今為止美國金融史上從未被書寫過的章節之一。他是典型的大西洋人，頻繁地往來於倫敦和紐約，不論是乘坐冠達郵輪（Cunard Line）還是「協和」號飛機。但他終其一生還是一個歐洲人，對大部分美國生活中的「現代野蠻主義」過敏，對日本感到困惑，並對以色列既愛又恨。世界沒有其他地方使他感興趣。他的世界明顯是西方世界——事實上，那是一條連接曼哈頓和美茵河（Main）的走廊。

西格蒙德終身感激英格蘭給他點石成金的機會，但他一生都對英國的社會菁英充滿懷疑，他把這個國家戰後的許多問題歸咎於排他性質的私立學校和高級公職部門的官員將「外人」隔離的影響力。經常有人說，銀行家是政治運作幕後的真正力量。那麼，像西格蒙德這樣一位銀行家，是如何在戰後的世界施加其影響力的？部分答案在於他在投資銀行領域先鋒性的角色，歷任英國政府試圖復甦蕭條的英國經濟，這個角色使他置身於這項事業的核心。倫敦重新打造為頂級國際金融中心，與上世紀後半葉年代扮演英國金融診斷師角色的西格蒙德密不可分。1974 年，在威爾遜（James Harold Wilson）做首相的第一任期間，西格蒙德成為其在經濟領域最信任的心腹之一。在他們的定期會談中，西格蒙德建議首相朝著加入歐洲經濟共同體的方向大步前進。1975 年，英國舉行是否脫離兩年前加入的歐洲經濟共同體（歐盟的前身）的公投，67% 的人支持留在歐洲經濟共同體，這是西格蒙德的一大勝利。

然而，後來歐盟的發展卻不在西格蒙德生前的意料之中：2012年的歐洲債務危機再次凸顯出英國模式與歐洲模式的根本性差異。這場債務危機對英國的影響最小，因為英國有自己的央行擔任貸款人，

在流動性危機中出手相救，投資人無需恐慌，英國人早在 1797 年便已知曉這一點。而歐洲央行則在 2012 年時才發現這個常識。德國學者烏麗克·赫爾曼（Ulrike Herrmann）在《資本的世界史》中承認，17 個國家組成的貨幣聯盟居然無法處理和管理一個原本小小的危機，歐債危機及背後的管理危機，使歐元區衝向萬丈深淵，偏偏這些重大的錯誤決策大多來自德國。「倘若歐元瓦解，錯在德國。」

更可怕的是，歐盟不僅著力打造一個共同市場，更要建構一個利維坦式的超級政府，從各國政府那裡奪取更多政治權力和主權，進而成為一個監管各國政府的「太上皇」。這個超級政府將比美國聯邦政府更集權、更低效、更腐敗。這將嚴重損害英國憲制，讓英國被歐洲吞噬，英國模式和英美秩序將崩塌。這是大多數英國人不能接受的未來——如果西格蒙德還活著，他也不會接受這樣的未來。2020 年最後一天，英國終於脫離歐盟。

賈克·阿塔利（Jacques Attali，法國知名經濟、社會理論家，曾任歐洲復興開發銀行的首任行長）把西格蒙德描寫成終極商人，「融合了政治權力、金融創新、創造力和道德」。然而，1930 年代的種種經歷，給這位百科全書式的天才造成難以治癒的心靈創傷，使他的悲觀情緒根深蒂固。他對國際金融再整合具有極為清晰和表達明確的遠景，他比同時代的任何人都有資格稱作「全球化先知」，但「全球化」對人類而言並不全然是一個吉兆——除非是英國（美國）秩序之下的全球化。

附錄

看哪，這個星球上最奇妙的島嶼
——英國遊記

「希望與光榮之土，自由之母，我等眾人為你所出，該如何將你傳頌？」

（Arthur Christopher Benson，1862 年— 1925 年）

7月6日　倫敦衛星城米爾頓凱恩斯

　　2022 年 7 月 6 日上午十點飛機抵達倫敦希斯羅機場（Heathrow Airport），開始一個多月的英國之旅。這是我們全家自中國病毒大流行以來，第一次乘坐飛機出國旅行。

　　希斯羅機場遊客不多，出關很方便。美國及其他五眼聯盟成員國（加拿大、澳大利亞、新西蘭）、歐盟國家、日本、韓國等國公民，可以享受跟英國公民一樣的快速通關優待。只需要將護照在一台電子儀器上一掃就可入關，不需要跟海關官員見面和對話，甚至沒有在護照上蓋入境章。

　　老友袁舒來接機。他是北京方舟教會時期的老友，當年他讀了我的文章到教會找我，常常一起交談。2012 年，淒風冷雨中一別，一晃已十年。三年前，他們全家移民英國。

　　從機場到袁舒家約一個小時。他家位於倫敦北部的衛星城米爾頓凱恩斯（Milton Keynes，MK），號稱英國最年輕的城市。1960 年代，英國出現的「嬰兒潮」，倫敦人口急劇增長，為克服「大城市病」，英國開始新建宜居的「花園城市」，最有代表性的就是 MK。

進入 MK 這座擁有 25 萬居民的新市鎮，發現其道路設計很像西安或北京老城那種「井」字形，當地居民稱之為「格子路」，也叫「直街橫道」，多數由雙向雙車道組成，從一處到另一處，有多條路線選擇。每個交叉路口，不設紅綠燈，建成環島（圓環），全城有 131 個環島，據說是世界上圓環最多的城市。圓環可避免紅綠燈和交通堵塞。

稍事休息，我們出門散步，到來附近一個人工湖。沿途所見，白人頗少，頗多印、巴人及穆斯林。很多人在草地上野餐，亦有年輕人從事各種運動。MK 城市規劃之初即重視環保，建有數十個水庫、人工湖泊、森林公園、自然濕地公園，差不多人均約一百棵樹。

MK 後來未能實現規劃者的設想。這座衛星城原本是為疏散倫敦市中心過於密集的人口，但人們才發現，很多居民仍要到倫敦工作，衛星城的建立反倒加劇交通堵塞和交通成本上揚，衛星城淪為「睡城」。從我的保守主義立場看來，城市本不該是設計出來的，而是自發形成的。

MK 是一個值得反思的城市建設案例。二戰是一個分水嶺，戰時狀態讓政府的權力大大擴張，個人自由大大限縮。英國歷史學家羅伯特·圖姆斯認為，戰時的英國幾乎是半個極權國家。第二次世界大戰使 1920 年代起就出現的「國家計畫」之議更為人所接受，就連邱吉爾等保守黨人亦然。不列顛戰時社會主義的成功與蘇聯所立下的榜樣，似乎再清楚不過地點出國家計畫的「好處」。從更廣的層面來看，二戰催生出一股民心，想要改善或終結 1930 年代的失業與不穩定，並藉由組織強化國民的效率。透過中央指導，這些目標似乎就可達成。二戰已讓政府所能運用的人力、財力與專業技能資源大增。艾德禮（Clement Richard Attlee）政府認為，在重要事務上，不列顛「政府諸君其實比人民自己更清楚何者對人民為好」。政治上、知識上乃

至最重要的在情感上向左轉一事，已成為人們二戰記憶的重要組成部分。戰後，福利國制度成為打造更廣大計畫經濟國家的一環。煤炭、鐵路、鋼鐵、電力、瓦斯等事業全部收歸國有，認為這些事業由「以公眾福祉為念的專家」控制就能追求和諧與公益。

在二戰後主張中央集權、大政府的思潮之下，英國、美國和歐洲的城市規劃和發展走上一條計畫經濟和烏托邦之路——現代主義的烏托邦與社會主義的烏托邦不謀而合。英國展開了長達二、三十年的改革城市計畫，通過《新城鎮法案》和《城鄉計畫法案》，打造「綠帶圈」與興建大型住宅區和「新市鎮」。這些新建築設計平庸，技法拙劣，沉悶乏味。所有建築潮流運動所共享的，是一種對於中央規劃近乎宗教般的信念——官僚自認為大祭司，要帶領人類前往應許之地。在政府官員支持下，建築師也宣稱建築是「必要的指揮藝術」，是「萬物的鎖鑰」，因此理當是「其他所有行動部門秩序的指引」。就連憎恨大政府概念的現代主義建築大師賴特（Frank Lloyd Wright），也描繪出一個遵照某些普世規則而建立秩序的世界。

美國的城市病比英國更嚴重。羅斯福沒有看到戰後在政府的資助下、按照計畫烏托邦理念打造出來的街道、社區和城市——如果他多活一、二十年，一定會對眼前的「啟蒙烏托邦」讚不絕口。然而，理想主義和人類的過度自信很快演變成災難。義大利建築師和思想家德卡羅（Giancarlo De Carlo）將國際現代建築協會（是一個成立於 1928 年並於 1959 年解散的建築師組織）比作共產黨，這個組織用教條作繭自縛，脫離了真實人類的關懷。大量超級巨大的城市出現了，個體被淹沒在海洋般的城市之中，政府的管控越來越強勢。鄉村人口逐漸減少，教堂不再是在城市生活的人們的精神中心。加爾文主義誕生於近代意義上的城市，但那是像日內瓦那樣僅有數萬人的小城，而不是二戰後人工設計的城市——後者比聖經中的所多瑪和蛾摩拉更邪惡，

不再需要信仰，似乎也沒有神學能解決它們的問題。建築批評家珍‧雅各（Jane Jacobs）對於政府出資的貧民窟拆除計畫所造成的現代主義噩夢，寫下一篇辛辣的批判，在其經典著作《偉大城市的誕生與衰亡》中，說明了戰後重建在多大程度上導致城市缺乏群體生活，同時又受困於反社會行為。

路上，兒子看到一群穿學校制服的英國中學生，他說他無法接受這種統一的服裝。美國的學生熱愛自由，兒子就讀的公立學校，從未要求學生穿校服。

晚餐，袁舒製作麻辣火鍋為我們接風。這是我離開中國之後吃到的最美味的火鍋。他說，牛油是開車兩小時去伯明罕農夫市場購買的，跟一般超市的大不相同。袁舒也談到，中共在英國的華人社群滲透嚴重，即便在這邊的華人教會中說幾句批評中共的話也會被趕出去。而且，華人社群魚龍混雜，早來者欺騙新到者的事情層出不窮，他就被華人辦的移民公司騙走了一大筆錢，上法庭打官司贏了，卻還是未能將錢追回來。

7月7日　莎士比亞之鎮史特拉福、水上伯頓、伯里

上午，前往莎士比亞故居參觀。

這座小鎮，愛汶河（River Avon）流經其中，故得名愛汶河畔史特拉福（Stratford-upon-Avon）。居民兩萬五千人，規模跟我長大的川西平原的小鎮差不多，但建築之精美、文化之厚重，卻是後者望塵莫及的。小鎮既古雅又熱鬧，主街亨利街（Henley Street）上人潮洶湧，多為慕名而來的遊客，可見莎士比亞在英國人心目中的崇高地位。大部分英國人的穿著都比美國人講究，很多老婦人亦穿著碎花長裙，舉手投足相當優雅。

莎士比亞中心（The Shakespeare Centre）及莎士比亞出生地（Shakespeare's Birthplace）連在一起，小鎮上與莎翁有關的景點還有莎士比亞母親的農場、莎士比亞女兒的家、莎士比亞晚年的居所、莎士比亞埋骨的教堂、莎士比亞劇院等。莎士比亞中心有莎士比亞生平介紹、作品介紹及若干文物展覽。

旁邊兩層樓高的都鐸式鄉村民居，為莎士比亞出生地，完整保留了原樣，以橡木作為房屋基礎結構、泥土原色的外牆、高聳的雙面斜頂、高而窄的窗戶、門窗上的小型方格玻璃，以及巨大的煙囪，這種格子狀的木屋建築與英格蘭鄉間的自然風光融為一體。這棟四百年前的住宅，帶有美麗的花園，以當年的標準來看，屬於相當富有的中產階級住宅。

二樓有一個房間是莎士比亞出生之處，室內保持當年陳設。最特別的是一張「母子床」，大床下方可拉出一張有著輪子的小型矮床，稱為「輪床」。西元 1564 年，莎士比亞出生在這裡，其父約翰以賣手套為生，也從事羊毛生意，逐漸致富，曾擔任小鎮財政官員及鎮長。其中一間工作室展示羊毛手套的製作工藝。其母瑪麗·阿登是地主的女兒，為這個家庭帶來豐厚的嫁妝。

花園比房子的面積還大，各色鮮花盛開，美不勝收。我喜歡英式花園，與誇張的法式花園相比，英式花園保持植物之原貌，色彩之搭配細緻和諧。英國貴族和文人，很多身兼專業水準的園藝家，這是中國「四體不勤五穀不分」的士大夫的弱項——莎士比亞將英格蘭視為一座受到細心照顧的花園，花園是天真和快樂的源泉。

英格蘭的園藝美學體現了英國人的民族性格。佩夫斯納（Nikolaus Pevsner）在《英國藝術之英國性》中指出：「英式花園……不對稱，不中規中矩，而講究變化多端；園中景物奇崛，有彎彎曲曲的湖泊，有蜿蜒的車道和曲折的小徑，有茂密的樹叢，有平滑的草坪。英

莎士比亞出生地

皇家莎士比亞劇院

式花園以多種韻味無窮的方式隱含著英國性。」與之相比，歐陸的園藝「既不自然，也不奇崛」。

　　小鎮上有一個高爾紀念公園（Gower Memorial），正中間是莎士比亞的塑像，四周分別為其作品中四個重要人物的塑像：代表悲劇的馬克白夫人（Lady Macbeth）、代表喜劇的福斯塔夫（Falstaff）、代表哲學的哈姆雷特（Hamlet）以及代表歷史的海爾王子（Prince Hal）。此四個人物展示了莎翁作品的豐富性與深刻性。

　　下午，我們繼續往南，到了被譽為「英國的威尼斯」的小村莊──水上伯頓（Bourton-on-the-Water）。清澈見底的疾風河是泰晤士河的源頭，如溫柔的臂彎環繞著小鎮，河上有五座數百年歷史的石橋，可隨時穿越到對岸，去欣賞不同的風景。鎮上的房子大都用蜂蜜顏色的石頭修建，每一棟房子的樣式都不重複，既整齊、樸素又不顯單調。兩岸布滿雅緻的住家、客棧、餐廳、酒吧、咖啡館、商店、博物館，遊人摩肩接踵。有一條黑色小狗，大概被沁涼的河水吸引，縱身跳到河中戲水，驚動河中的游魚和鴨子，還洋洋得意地與岸上的主人對視。我們在河邊的一間小餐廳吃英式午餐，牛肉漢堡或炸魚的分量都很大，味道尚可。

　　再去小鎮拜伯里（Bibury），十九世紀手工藝先驅威廉‧莫里斯（William Morris）稱讚其為「全英最美的村莊」。村莊很小，僅數百戶，也有一條小河流過，若沒有河，村莊就失去詩情畫意。河中有野鴨和游魚，互不干擾。小鎮上有一處老房子，成了四星級酒店，花園裡坐滿喝下午茶的人們。英國人比美國人更會享受休閒生活。人忙起來時，大都差不多；只有閒下來，才能顯出修養的高低，休閒是需要素養和才情的。

　　倚山而建的阿林頓排屋（Arlington Row）是小村莊的精華所在。這組小屋初建於 1380 年，屋子很矮小，巧克力色的石頭外牆，讓人

以為是童話中小矮人的居所。門口或窗台上都擺設著一簇簇鮮花或綠色植物，建築原本沉重凝滯的色彩，頓時被花草撩撥得靈動起來。小屋並不奢華，卻呈現出普通英國人生活的優雅從容，中國極少有農家住宅具備此種氣質——即便是富裕的中國農莊，也只有「大紅燈籠高高掛」的俗艷粗鄙。

7月8日　邱吉爾莊園（布倫海姆宮）、沃德斯頓莊園

今天赴牛津郡參觀邱吉爾莊園，車行走在鄉間小路上，兩邊皆是田園風光，工業革命的發生地，居然還保存著中世紀的田園景色。除了少數幾個工業化大城市，其實英國還是大農村。我在美國沒有見過如此狹窄的道路，有時甚至無法會車，若對面有車駛來，需彼此相讓，每隔一段便設計一個會車之處。

在英國歷史上的好幾個轉折時刻，邱吉爾家族都有重大貢獻。邱吉爾莊園的正式名稱為布倫海姆宮（Blenheim Palace），它是英國除了王宮之外唯一稱為「宮」的私人莊園。馬爾博羅公爵約翰·邱吉爾風度翩翩、野心勃勃、才華橫溢，為了名利和成功不惜使用鋼鐵手腕。他是 1688 年威廉三世「光榮革命」成功的關鍵人物：他被詹姆士二世任命為英軍主帥，阻截威廉的軍隊，卻突然倒戈，極力支持威廉的奪位行動。他的妻子是安妮公主（後來成為女王）的閨蜜，雖然他一度被威廉三世冷遇，在安妮繼位後迅速在宮廷中青雲直上——當然，更重要的原因還是他傑出的軍事和政治才能。

英國歷史學家羅伊·史壯認為，馬爾博羅公爵是英軍有史以來能力最強的指揮官，以軍功而論，英國歷史上能與之媲美的唯有打敗拿破崙的威靈頓公爵及海軍戰神納爾遜。他在歐洲大陸取得了一系列傳奇般的勝利，尤其是 1704 年在布倫海姆讓法軍遭受了兩個世紀以來

的首次戰敗。安妮女王將其冊封為馬爾博羅公爵，並授予他位於伍德斯托克的皇家莊園，並將該莊園以戰役發生地布倫海姆命名。

　　馬爾博羅公爵請來建築及景觀大師修建這座龐大的宅邸，耗時17年才完成。此莊園既有宏偉宮殿式大宅，又有法式園林，還有一個巨大的湖畔，被譽為英格蘭最精美優雅的巴洛克式宮殿。莊園主建築比我此前參觀過的法國、德國和俄國的皇宮毫不遜色，花園亦有凡爾賽宮的影子。

　　宅邸大廳中有描繪馬爾博羅公爵戰功的巨幅壁畫、掛毯，各種精美的藝術品。我最喜歡的是長達50多米的私人圖書館，兩側的書架頂天立地，數萬冊書籍汗牛充棟。中間的空間非常開闊，跑馬也不顯侷促。英國及西方的貴族，家中都設有書房、圖書館及博物館，他們通常能文能武。

　　一樓那間溫斯頓・邱吉爾出生的房間仍保持原樣，房間很小，床亦很小。1874年11月30日，溫斯頓・邱吉爾在此出生。邱吉爾原本應當出生在父母位於倫敦梅菲爾區的豪宅，只是他母親珍妮回布倫海姆宮探望時，跌了一跤，腹中胎兒就此提前兩個月在這間臨時湊合當作產房的臥室呱呱落地。他母親產前的陣痛持續八個小時，生下的孩子卻「非常健康」，而且「漂亮得很」，細嫩的皮膚只能穿絲綢內衣──以後，邱吉爾終身都穿絲綢質地的內衣和睡衣。這個孩子就此寫下他的人生基調：急躁、冒進、自負、堅強，又異想天開。不過，溫斯頓出生時，他的父母亦未料到，他將創建超過列祖列宗的偉大功績，成為大英帝國最後的守護者。室內擺放的孩童時期邱吉爾的照片，胖嘟嘟的，很可愛。成年之後，他卻威嚴冷峻、讓人生畏。有不少老師帶著一群學生來此參觀，少男少女們看到邱吉爾的嬰孩時候的照片都發出驚呼。

　　此莊園比美國國父華盛頓、傑斐遜等人莊園更豪華、更宏大。有

布倫海姆宮

布倫海姆宮

一點卻是一樣的：無論是美國的國父，或是邱吉爾，都是貴族或紳士，經濟上足夠富有，精神上具備貴族風範。他們選擇從政，是出於服務公眾的公心（當然也從中獲得個人的榮耀及成就感），而非從中撈取財富——相比之下，柯林頓、歐巴馬等出身卑賤的小人，將從政當作生財之道，是對美德政治的極大敗壞。人類的科技突飛猛進，但人類自身的德性卻在退步。

下午，我們又去羅斯柴爾德（Rothschild）家族的沃德斯登莊園（Waddesdon Manor）參觀。這座新文藝復興式風格並參考幾間法式城堡的建築，外部看比邱吉爾莊園稍有遜色，其內部藏品卻猶有過之。這個家族被稱為「凌駕於英、法、德、俄、奧之上的第六帝國」，一度有權確定每天全球的黃金開盤價，亦為日不落帝國時期英國的最大債權人。這個頗為神祕的家族，至今仍在西方極具影響力，亦被描述為深層政府的支配力量之一。沃德斯登莊園與布倫海姆宮的差異，就是暴發戶與貴族的差異。

7月9日　歐威爾墓地、牛津大學

去牛津大學的路上，先去探尋喬治‧歐威爾的墓地。

我們按照輸入導航的郵編找到了位於牛津郡的薩頓科特尼村（Sutton Courtenay），在村子裡逛了一圈，沒有找到公墓所在地。這時，有一對像是大學生的青年情侶從巷子中走出來，我們走過去詢問。他們一聽歐威爾的名字，立即說，其墓在「老墓地」，進入巷子左轉，再往前數百米即可在左手邊發現「老墓地」。

幾分鐘之後，我們就看到正式名字為「諸聖教堂公墓」的「老墓地」。對面是一處大門緊閉的住宅，門口寫著「歐威爾屋」，卻不知與歐威爾有何關係，網上也查不到有關資料。進入墓地，發現裡面有

上百個墓碑，跟大部分英國鄉間墓地一樣，並未經過規劃，墓碑形制大小不一，不知從何找起。正好有一對老年夫婦在掃墓，一問，他們立即告知歐威爾墓地在左邊盡頭。我們走過去，在周圍的墓碑上一一尋找歐威爾的名字，卻沒有發現。突然想到，喬治·歐威爾是筆名，應當找其真名「艾瑞克·阿瑟·布萊爾」（Eric Arthur Blair）。

兒子拿出手機，從谷歌上搜索歐威爾墓碑的圖片，谷歌上有很多圖片。兒子按圖索驥，就容易多了——果然是他率先找到。這個樸實無華的墓碑，大小不到一平方米，沒有任何經過設計的樣式及圖案，樸素之極。上面鐫刻的文字極為簡單：艾瑞克·阿瑟·布萊爾在此安眠，生於 1903 年 6 月 25 日，卒於 1950 年 1 月 21 日。沒有提及他那著名的筆名，也無其他的尊稱和名言。看來，墓主並不需要任何頭銜吸引後人來悼念他，他生前孤獨，死後寂寞，有清風明月為伴足矣。

這個小小的墓碑泯然於眾墓碑之中，並無特別之處，也沒有特意圈起來以示與他人的墓碑加以區隔，另一個人的墓碑就在一步之遙之處。墓碑前有一叢玫瑰花，看上去缺乏照料，生長得頗為雜亂，不過，玫瑰花正在盛開，為陰鬱的墓地增加了一抹溫柔。歐威爾本人的一生，豈不正像是這一叢野生玫瑰花？與雜草一起生長，在風中搖曳，卻頑強堅韌地綻放。我不覺得小小的墓地配不上偉大的作家，偉大的人物，不需要巨大的墓地，他的書就是他的紀念碑，只要還有人讀他的書，他的生命就在延續。反之，需要巨大墓地的，往往是那些外強中乾、無知無畏卻又害怕被人遺忘的「大人物」，習近平大修祖墳，顯示他其實是一個極度自卑的妄人而已。

與歐威爾告別，我們繼續上路，20 分鐘左右，到了英國最古老的大學——牛津大學。牛津號稱夢想尖塔之城（the City of Dreaming Spires），在英劇《摩斯探長》中，它是一座寧靜的小城，教授、學生和市民都騎單車在城中穿行。我們剛進入城市，卻發現其主街車水

牛津大學基督堂學院

牛津大學拉德克里夫圖書館（Radcliffe Camera）

馬龍，人群熙來攘往。兩邊的商店，好些都是招牌頗庸俗的國際連鎖店。古老的教堂和學院反倒被淹沒在店鋪之中。牛津似乎過度商業化了。這裡早已不見 C·S·路易斯心無旁騖的身影。這位最偉大的牛津人及文學和基督教護教學大師，若是看到基督教在今天已成為人們生活中可有可無的點綴，不知當作何感想？

我們買票進入基督堂學院參觀——買票參觀大學，本就頗為荒謬，也並未減少遊客。基督堂學院是牛津最大的學院之一，進入這裡，才有了一點古老學院遺世獨立的感覺。其餐廳懸掛著若干歷史名人肖像，在這群神情嚴肅的人物的注視下吃飯，估計很難放鬆。四面的建築圍繞著巨大的廣場和綠地，這大概就是所謂的「象牙塔」？若我還年少，真想來此讀書。不過，如今基督堂學院，已然沒有基督，只剩下學院了。

基督堂學院的教堂是主座教堂，也是基督教堂學院名稱的來源。我們從旋轉樓梯登上教堂塔樓頂端，可眺望牛津的全景。教堂中也多半是好奇的遊客而非敬虔的信徒。正好有詩班在練習，聖詩宛如天籟之音，比之華人教會中常常聽到的讓人渾身起雞皮疙瘩的鄉村小調，不啻天壤之別。

忽然想到，錢鍾書是從牛津畢業的，會講牛津腔的英文，並以此炫耀其博學。然而，此種博學卻不能挽救他在中共暴政之下的苟且偷生——他靠翻譯《毛澤東選集》草間求活，其實也是可憐人。在文革期間，他與妻子失去知識分子的架子和面子，為一點公共生活空間而與鄰居大打出手。錢氏並未給其母校增輝。

近年來，包括牛津在內的英國高校，紛紛向中國拋出橄欖枝，招攬中國留學生，廣設孔子學院，言論自由大大收縮——師生仍可自由批評英國首相和英國政府，卻不敢輕易批評中共。這是自毀長城的短視和貪婪。可惜，今天的英國政界沒有邱吉爾那樣的反共戰士，今天

的英國文學界也沒有歐威爾和 C · S · 路易斯那樣的先知。

7 月 10 日　米爾頓凱恩斯市中心

上午，臉書朋友、作家張樸來 MK 探望我們，他讀過我從《火與冰》以來的很多著作和文章，談及文壇及流亡知識界的趣事，我們頗有共識。他的姐姐張戎是在英文世界最成功的華裔作家和學者，其著作《鴻》、《毛澤東：鮮為人知的故事》等都膾炙人口。

張樸的人生閱歷很豐富，做過記者和商人。他們的家庭雖是中共高級幹部，但在政治運動中屢屢受到迫害，跟經濟學家楊小凱非常相似。張戎當年利用文革後第一批出國留學的機會，離開了中國，之後張樸也追隨姐姐的腳步到英國，經商之餘繼續寫作，出版過幾本小說。

張樸寫過一篇習近平前妻柯玲玲的故事：「2013 年的某一天，柯玲玲在倫敦一家中餐館與朋友們小聚，席間難免不議論到已經做了中共總書記和國家主席的習近平。忽然有人問她：跟習近平離婚，你現在後悔了吧？幾乎是即時反應，語氣帶著不屑，柯玲玲反問道：跟一個一星期不洗澡不刷牙的男人生活在一起，你受得了嗎？」這篇文章發表後，一石激起千層浪，張樸在中國的家人遭到恐嚇，回國時被警察跟蹤和請喝茶，高齡的老母親斷然要他迅速離開中國，再也不要回國探親——她不想看到兒子被關進監獄。張樸還告知，有一位住在倫敦的、跟他略有來往的音樂家和僑領打電話給他，邀請他到其泰國的豪宅度假。他敏銳地覺察到這是一個陷阱，他可不想成為桂民海第二（2015 年銅鑼灣書店股東及員工失蹤事件主角之一）。張樸還告知，柯玲玲很可能已經被習近平騙回中國隔離起來，在倫敦的朋友全都跟她失去了聯繫。中共的黑手伸得很長，倫敦的共特比在華盛頓更

明目張膽、趾高氣揚。

中午，張樸請我們 MK 市中心的一家餐廳吃土耳其烤肉，這家餐廳的烤羊肉和烤餅味道都不錯。誰說英國沒有好吃的食物？大英帝國接納了世界各國的美食。市中心這一帶相當繁華，很像美國大城市的郊區市鎮，生活便利，又不至於像大城市那樣大得讓人窒息。有一個超大的購物中心，據說是當年柴契爾夫人前來剪綵的。

張樸告知，他的兒子從牛津醫學院畢業，又拿到帝國理工的博士學位，如今在醫院從事醫學研究工作。我們對及時「潤」出中國都充滿感恩，在自由的國家自由地寫作，又有優秀的孩子，何其幸福和快樂。

7 月 11 日　劍橋大學

今天上午，到劍橋大學遊覽。從淵源來說，劍橋算是牛津的弟弟，創建劍橋的一批教授，最早是從牛津脫離出來的。

劍橋比牛津的商業化程度略低，但觀光客還是太多，跟我想像的學術聖地的安寧肅穆大不相同。與之相比，我倒更喜歡美國普林斯頓大學所在的寧靜的普林斯頓小鎮。

劍橋大學是由 31 所半自治的學院所組成。我們先到希尼學院（Sidney Sussex College），尋訪清教徒革命領袖奧立佛‧克倫威爾墓地。學院今日正在舉行畢業季的活動，不對外開放。門口的工作人員告知，在王室復辟之後，克倫威爾的屍體遭到鞭屍和斬首，頭顱掛在倫敦城樓上示眾，後來被多人收藏。直到上世紀中期，希尼學院才購到頭顱，將其頭顱埋葬在院子裡，但為了提防有人破壞，不設墓碑和標誌。

按照地圖，我們走馬看花地參觀了多個學院，其建築風格和結構

大同小異。三一學院正門內的小花園中，有一棵據說是從牛頓故居移植而來的蘋果樹——至於牛頓是否是看到從這棵蘋果樹上落下的蘋果才發現地心引力，已然不重要了，人們寧可信其有，紛紛在此拍照。而在王后學院的後面，有一座名為數學橋的小橋，據說也是牛頓親自設計，橋上沒有使用任何的螺絲釘。

在諸多學院中，國王學院規模最大，宛如一座防守嚴密的城堡。國王學院成立於 1441 年，由亨利六世所創建，為了顯示國王的雄厚財力，學院建立之初就追求宏偉壯觀的建築，其建築群中最著名的當屬禮拜堂，它聳入雲霄的尖塔和恢弘的哥德建築風格被當作劍橋的標誌和榮耀。

我們漫步到河邊，看坐滿遊客的小船從橋下駛過，各自將對方當做風景。

我們還去了劍橋的自然歷史博物館，劍橋的考古學相當厲害，這裡保存的文物及標本很多都是劍橋學者在世界各地考古發現的成果。

我剛讀過康有為的《英國遊記》。戊戌變法失敗後流亡海外的康有為著力探討英國富強原因：「英之強也，宜哉！四面環海，易於保守，而不至日受大陸各國之兵，一也；居人環海而居，日狎波濤，因以試其海師，而即以海軍制勝大地，二也；望海波之滔滔，生思想之悠邈，妙於風景，令人性活潑，三也；其與波羅的海諸國皆近在咫尺，得以競爭進取，四也。吾於此望海，感於英之所以強焉。」他進而探討了「何獨英為最能自治、最得民權、最先創憲法、最先創物質汽機」的原因，從人種、拿破崙封鎖大陸方面看，英國並不具有優勢。英國之成功，首先是因為「島國絕海為之也」，英國遠離歐洲大陸，沒有歐洲大陸那麼激烈的生存競爭，可「閉關臥守」，「故英制壓制不深，而生民生存稍易」，「而又小國寡民，人數百萬，故君不甚尊，民不甚賤」。另一方面，相對安定的環境，使英國能吸引歐洲

劍橋大學國王學院

嘆息橋

大陸來避亂的各方面人才，「英以海外絕島，易於避亂。故每當大陸之兵爭大亂，德、法之名士、名匠、大商、富家皆走避於英，受廛為氓，英乃大開網羅而受之。名士多，則學日以智；名匠來，故藝日以精；大商富家麇集，故財用日以豐盛」。

康有為特別到劍橋大學參觀，有英國漢學家陪同，他的行程比我更豐富——他參觀了藏書樓、神學館、考試館、博物院、學生食堂、鐘樓、戲院、學生划船比賽等，他興致勃勃地觀看了劍橋大學學生的划船比賽並評論說：「設帳棚於河幹，畫舫櫛比、紅女聯翩。競者得勝而歸，則所歡或其所識之女舉帕歡迎，擲果歡笑。其義主導樂以暢魂靈，習勞而壯體魄，未可徒以佻達議之也。」

康有為只是劍橋的遊客，真正到劍橋國王學院讀書的是徐志摩，如今國王學院裡面還有一塊紀念徐志摩的小石碑。很多華人知道劍橋，是因為徐志摩那首矯揉造作的〈再別康橋〉。徐志摩的詩是三流的，為人更是四流渣男，卻被通俗影視捧為大情聖。不過，從徐志摩被後人忽略的政治評論可看出，他從未對蘇聯和共產主義有好感和期待，對共產黨和共產主義的認識比胡適、魯迅更深刻。1921 年，24歲的徐志摩發表了兩篇事涉蘇俄的評論，眼光非常精準：「他們相信天堂是有的，可以實現的，但在現實與那天堂中間隔著一座血海，人類得渡過這血海，才能登彼岸，他們決定先實現那血海。」新月派成員中，1949 年後留在中國的，大都成為政治鬥爭的犧牲品。幸虧徐志摩死得早，不必看到中國沉淪在比蘇俄更血腥殘暴的極權專制之下。

回到 MK，前幾日認識的袁殊的朋友紅梅，請我們去她家喝下午茶及享用晚餐。紅梅是廈門人，移民英國多年，生活早已英國化。我們第一次品嘗到正宗的英式下午茶，茶及奶都濃香撲鼻，為美國所無；蛋糕也不像美國的那麼甜膩，口感更佳。紅梅做得一手好菜，一

會兒就做了一桌子中西合璧的好菜。我們大快朵頤。

7月12日　伯克墓地、克里夫頓莊園、《大憲章》簽署地蘭尼米德草坪

　　上午出發，前往白金漢郡比肯斯菲爾（Beaconsfield）尋訪「保守主義之父」埃德蒙・伯克的墓地。伯克位於比肯斯菲爾附近的格列格里斯的莊園（Gregories Estate）在 1812 年已被遺孀出售用以支付家族債務，更不幸的是莊園在 1813 年毀於火災。整個英國沒有一座伯克紀念館，真正的哲人和先知是獨行者。

　　比肯斯菲爾是一個古色古香的小鎮，柯克描述說：「歷時四個世紀的漂亮老房子、半露木架的整潔小酒館、巍峨的橡樹和安靜的小巷與伯克那個時代一模一樣……在工業化和無產階級的人間海洋中，比肯斯菲爾的舊城區就像古老英格蘭的一片孤島。」

　　伯克的墓地位於聖公會教堂的公墓。我們來到教堂時，外面的小廣場正在舉辦農夫市場。我們買了一些新鮮水果，順便向農夫打聽伯克墓碑所在，但這些農夫都搖頭說不知道。我們進入墓地尋找了一番，但大部分墓碑上的文字或因年代久遠模糊不清，或為拉丁文，無法加以辨識。教堂沒有開門，我們到教堂旁的一棟附設建築，詢問裡面的工作人員。一位中年女性熱情地告訴我們，墓地中有柵欄的、最高的塔狀墓碑就是伯克的墓碑。這個方尖碑式墓碑是整個墓地中最高的。

　　我們順道去參觀附近的克利夫頓莊園（Cliveden House）。18、19 世紀，該莊園遭遇過兩次大火，主人請來英國議會大廈和「大笨鐘」設計師查爾斯・巴里（Charles Barry）操刀重建，它混合英式帕拉迪奧（Palladian）與十六世紀羅馬藝術風格，定格了維多利亞時代

大英帝國的風華絕代。1893 年，克利夫頓莊園被來自美國的企業大亨、擁有曼哈頓七成地產物業的威廉·華爾道夫·阿斯特（William Waldorf Astor）高價收購。當聽說莊園要賣給美國人時，曾來此下榻的維多利亞女王十分不悅。但她不是絕對王權的君王，無法阻止這一交易發生。

威廉將莊園作為新婚禮物送給兒子。第二代阿斯特子爵則特地為新婦南茜·阿斯特送上一座「愛之泉」——丘比特與三位裸女的雕塑具有羅馬時代的風采，砌造噴泉的大理石是從義大利運來的。

20 世紀上半葉，這裡「談笑有鴻儒，往來無白丁」，曾經來此作客的包括卓別林、邱吉爾、蕭伯納、甘地，以及羅斯福等貴賓。在「咆哮的 20 年代」，需要有阿斯特夫人的私人邀請才能在這座莊園下榻；如今，莊園主樓已改建成酒店，只要支付幾百英鎊，任何人都可以在其中一間精妙雅致、裝飾古典的房間裡住宿，房間裡擺滿古董、波斯地毯和古老的油畫。

有一白髮蒼蒼的老先生是導遊，帶領我們這個小團隊參觀。在很多博物館和古蹟中，常常會遇到這些做志工的老人，他們不是在家等死，而是繼續服務社會，老而彌堅也。酒店之大堂富麗堂皇，但稍顯沉悶。其中最讓人驚艷的是法式黃金餐廳，主人不惜耗費巨資將一座法國古堡中的裝飾完整移來。餐廳中的大餐桌帶輪子，可移動，這裡曾坐過邱吉爾，他對面曾坐著莊園女主人南茜。兩人留下不少經典的互懟對白，其中一段廣為流傳的是邱吉爾的話：「你可真是醜啊。反正明兒我就會酒醒，而你呢，還是會那麼醜。」但仔細觀看牆上女主人的巨幅肖像，不僅不醜，還風姿綽約。有人說，兩人有一段柏拉圖式的愛情，邱吉爾的話其實是開玩笑。

步出保留著 17 世紀原貌的二樓大露台，向花園遠眺，夏日藍天白雲下，泰晤士低谷綠地綿延，視野直達地平線，溫莎古堡就在南邊

不遠處。

我們穿越花園，向河邊走去。河邊山坡上有一座私人小教堂，馬賽克壁畫美輪美奐。從教堂外即可看到山坡下的泰晤士河，波瀾不驚，如一塊玉帶。英國流傳極廣的童書《柳林風聲》的作者肯尼思．格雷厄姆（Kenneth Grahame）正是在這裡泛舟時，獲得寫小動物們的故事靈感。書中河鼠與鼴鼠在綠水上泛舟的插畫，成為好幾代英國人的童年回憶。

下午，驅車去《大憲章》簽署地。按照導航，駛入一條小路，看到路邊有一個大宅院，設有門衛，似一高檔住宅區，以「大憲章花園」為名，遂詢問門衛《大憲章》簽署地及紀念亭在何處。門衛告知繼續往前走。我們開了五分鐘，卻發現是個死胡同，前面並無任何紀念物。

又回頭轉入另一條小路，駛入一個公園，一側是泰晤士河，另一側是極為空曠的草坪，很像是我此前在圖片上看到的《大憲章》的誕生地蘭尼米德草坪（Runnymede），卻不見紀念亭。詢問幾位在河邊垂釣及散步的遊客，都搖頭說不知道有紀念建築。我們大感奇怪：難道《大憲章》在英國的知名度如此之低？步行到公園入口處的咖啡館兼遊客中心，這才打聽到紀念亭在草坪右手邊的山坡上，從一棵大枯樹旁的小徑向山上走兩三分鐘就能看到。如此重要的地景，為何沒有指示牌？

往前走十多分鐘，先看到青蔥的草地中有一組裝置藝術，12 把銅椅子面對面地排列著，圍成一個長方形。這是藝術家洛克（Hew Locke）製作的裝置藝術「陪審員」。12 張銅椅子，象徵著法庭上的 12 名陪審員──陪審團制度，即由《大憲章》所確立，成為英美法系的重要標誌。藝術家的創作靈感來自於《大憲章》第 39 條中的「同級貴族的依法裁判」，文內強調審判必須經過陪審團合乎法律的

判決，才算公平公正。

　　走近了才發現，每張椅子上都有浮雕呈現若干歷史事件和人物。「Take a seat. Touch the piece.」是藝術家向公眾發出的呼喚——邀請大家觸摸椅子，並在上面坐坐，如果沒有觀眾互動，這件藝術品就將失去其意義。每張椅子正面和背面都有與世界各地法律制度有關的浮雕。圖案包括：古埃及的天平，一邊是心臟，一邊是羽毛；印度的精神領袖甘地設計的紡車，是抵制英貨、爭取獨立的象徵；南非曼德拉監獄的窗子，上面刻著囚牢號碼，有意思的是最後兩位數字恰好是六四；緬甸反對派領袖翁山蘇姬被軟禁的住宅，隔著一片湖水；王爾德《瑞丁監獄之歌》的封面，一面窄窄的小窗戶，讓人想到其詩句：「我從未見過如此惆悵的雙眼，望著囚徒頭頂那片窄窄的藍天，還有浮雲流動如同一片銀帆」；黑人奴隸船 Zong 號——1781 年，在糧水盡缺的情形下，英國商船船主為了得到保險賠償，強迫船上黑奴跳海自盡，喪命者多達 133 人，此事件震驚英國，促使國會於 1807 年通過禁止非洲奴隸販運的法案，在椅背上鐫刻的商船巨帆上，有約束、法治、平等圖案（我認為，這裡更應放置廢奴運動先驅威韋伯福斯（William Wilberforce）肖像——或許因為他具有基督教背景，而被現代藝術家刻意忽略）；同性戀權利活動家米爾克（Harvey Milk）的擴音喇叭；一架用來銷毀證據的碎紙機；澳大利亞當年監禁土著囚犯的麵包樹；印度的第一位女律師索拉布吉（Cornelia Sorabji）；《聯合國兒童權益法》中的文字；1861 年，俄國沙皇亞歷山大二世宣布廢除農奴制；中國儒教中「禮、仁、義」三個大字；1948 年，聯合國發表《世界人權宣言》；1953 年，《歐洲人權公約》發布；當然，還有《大憲章》第 39 條的文字。

　　現代藝術家的思想大都左傾，其理解的人權進步亦如此。這組藝術作品中的很多歷史場景、事件和人物並非《大憲章》的精神傳承。

王爾德、甘地、曼德拉、翁山蘇姬等人身上光影交錯，各有其重大缺陷。比如，甘地的激進反現代化和民族主義立場，給印度後來的發展留下巨大隱患；曼德拉看似解決了南非的種族隔離，卻將南非帶入更大的腐敗和經濟衰敗之中；翁山蘇姬掌權後立即變臉，對人權災難不聞不問，隨即又被軍人政變推翻並囚禁，這一次西方反應冷淡。

而正面刻著「禮仁義」幾個中國字的那張椅子更莫名其妙，作者希望以此展示中國文化、嘉許儒家精神，表明中國也有跟《大憲章》一致的普世價值——這種想法是對中國文化的巨大誤讀。以儒家為主體的中國文化從來沒有《大憲章》中保護人身自由和財產自由的內容，中國是絕對君主制，所謂「普天之下莫非王土」，正是此種分野導致中國與歐洲此後分道揚鑣。

不過，我對這組空椅子也有自己的解讀。今天正好是曉波去世五週年紀念日，我看到這組空椅子，不禁想到曉波；看到《大憲章》，不禁想到《零八憲章》。這組椅子中應當有一張是劉曉波的空椅子，椅背上與其鑴刻幾個虛偽的中文，不如鑴刻劉曉波的肖像——他比曼德拉和翁山蘇姬更值得世人尊敬與緬懷。此刻，我既感到悲痛，更油然而生前行的勇氣。

草坪一側的山坡上，有兩處紀念景點。一處是甘迺迪紀念碑，沿著一條碎石小路走上山去即可看到。這是美國民間團體得到英國女王贈送的一英畝土地，而在此修建的建築。我對這位半風流半下流的美國總統評價不高，這位靠勾結黑幫、選舉舞弊當上總統的紈絝子弟，跟《大憲章》沒有什麼關係，我毫無興致走過去參觀其紀念碑。

從另一條小徑往上攀登，可看到大憲章紀念亭，這是一座希臘式廊柱的白色亭子，有點像縮小版的華盛頓潮汐湖畔的傑斐遜紀念堂。亭內的石柱上刻著藍色的字：「紀念《大憲章》：法律之下自由的象徵。」若再往山坡上攀登，可以眺望整座倫敦城的景色。這座紀念亭

是 1957 年由美國律師協會出資修建的——美國人認為《大憲章》是美國獨立宣言和美國憲法的源頭之一，比英國人更重視大憲章。

　　中國現代自由主義知識分子、《觀察》雜誌主編儲安平曾留學英國，在《英國采風錄》中以很大篇幅討論《大憲章》，認為《大憲章》是英國人政治生活及社會生活中的一步不可或缺的「聖典」。他引用學者麥克奇尼專著《大憲章》中的分析，《大憲章》之優點有四點：第一，《大憲章》公正而溫和，並不趨於極端，故易垂之久遠；第二，《大憲章》所言均甚實際，此點符合英人個性；第三，《大憲章》包括甚廣，故使全民擁護；第四，《大憲章》文字明確、毫不含糊，使國王不能任意曲解，亂用權威。而《大憲章》在歷史上的價值則包括三個方面：第一，《大憲章》明確了一個原則，即在國王之上，尚有法律，此法律為國王所必須遵守者。第二，《大憲章》仍承認國王的地位，其目的僅在限制國王之權力。而封建諸侯既可限制國王之御權，遂使日後國會亦可限制立憲君子之權力。第三，《大憲章》所發生之道德的及心理的影響極大，使人民有勇氣反抗暴政，以維護自由。

7 月 13 日　西敏寺大教堂、特拉法加廣場、唐寧街十號、白金漢宮

　　今天上午，我們進倫敦市內，這是到英國後第一次進倫敦城。

　　今天也是第一次坐英國火車，英國最早發明蒸氣火車並第一個在國內普及鐵路交通的國家，但今天體驗到的英國的鐵路卻讓我大失所望：火車晚點超過 15 分鐘；全程無空調，在密閉的車廂內，很快流汗濕透衣衫，周圍的英國人，卻個個都很淡定，有的西裝革履還氣定神閒。英國人的耐心與耐性實在無與倫比。據說英國鐵路早已私有

化，但分拆過細，造成許多問題。

　　到侯斯頓中轉站，再轉地鐵。跟火車票一樣，地鐵票也比華府的貴好幾倍。難怪朋友說，英國福利制度很好，但交通成本太高，上班族苦不堪言。出了地鐵站，不遠處就是高聳入雲的西敏寺大教堂（Westminster Abbey）。這是中國病毒流行兩年多來，我到過的遊人最多的地方——在美國，能跟倫敦人口密度相提並論的城市，唯有紐約。倫敦地鐵比紐約地鐵還古老，就我們出入的幾個大站來看，比紐約地鐵更乾淨，但車廂內仍無冷氣。

　　今天主要參觀西敏寺大教堂，其灰白色外表的哥德式建築宏偉壯觀，門口的廣場人潮如織。大門上方有 20 世紀各國的十位殉道聖徒塑像，分別是：馬希連・國柏神父（St. Maximilian Kolbe），波蘭籍天主教方濟會神父，1941 年被囚禁於奧斯威辛集中營時，代替一名難友受死；梅思默拉（Manche Masemola），南非原住民少女，1928 年因為信基督教被其父母殺死；魯溫（Janani Luwum），烏干達聖公會大主教，1977 年遭獨裁者阿敏殺害；聖伊麗莎白，俄國皇族成員，獻身於扶弱濟貧，1918 年遭布爾什維克黨處決；馬丁・路德・金恩，美國黑人民權領袖及牧師，1968 年 4 月 4 日遇刺身亡；若梅若（Óscar Romero），天主教聖薩爾瓦多總主教，1980 年在主持彌撒時被刺身亡；潘霍華（Dietrich Bonhoeffer），挺身抵抗納粹政權的德國信義宗神學家及牧師，1945 年 4 月 9 日被納粹處以絞刑；以斯帖・約翰（Esther John），巴基斯坦籍女信徒，逃離父母安排的婚姻，跟著白人宣教士傳福音，1960 年在寢室中遭人謀害；塔皮迪（Lucian Tapiede），巴布亞新幾內亞原住民，日軍占領期間，陪同白人宣教士躲避日軍，1942 年被另一名土著殺害，兇手後來成為基督徒；王志明，中國雲南苗族牧師，文革期間遭受逼迫，1973 年在批鬥大會中殉道。

西敏寺大教堂

特拉法加廣場

好多年前，我就有來此瞻仰王志明塑像的心願。我的朋友廖亦武曾循著百年前西方傳教士的腳印深入雲南山區，採訪地下教會成員寫成《上帝是紅色的》一書，其中一章即是寫王志明的故事。廖亦武不是基督徒，他完成了這項本該由基督徒完成的工作。

　　1973 年 12 月 31 日，在武定縣城飛機場槍決王志明牧師當天，中共召開二萬人的大會，集體控告其「罪行」。王志明被拉出來時滿口鮮血，中共怕他臨死前發表演講，將他的舌頭用刺刀絞碎。但他被帶到刑場時，面色紅光，極其喜樂，面帶微笑，面對眾人，毫不畏懼地倒在槍口下。王志明殉道的壯舉，襯托出如今與中共合作的教會和基督徒的偽善。廖亦武說：「如果華人基督徒連他們的名字都記不住，這個信仰就是空的。記住這些人，就知道共產黨是多麼邪惡的東西，你還和它有關係，你不是也成了邪惡？」

　　同樣具有諷刺意味的是，英國國教會將王志明的塑像放在西敏寺大教堂門口，西方教會知道紀念和推崇王志明，同時又向中共暗送秋波，尤其是英國聖公會若干大主教，爭先恐後到北京去走秀。

　　西敏寺大教堂原是天主教修道院附屬的教堂，宗教改革後，其地位儼然是英國聖公會的國家大教堂。就建築風格而言，我喜歡輝煌宏大的老教堂，儘管知道修建這些教堂時勞民傷財，而且也成為國家政治力量控制教會的標誌。與之相比，美國大部分新教教堂都過於簡陋，在其中敬拜上帝，難以讓人產生敬畏感。宗教改革期間，改教家們矯枉過正的一個行動，就是將各種藝術以「偶像崇拜」之名從教堂中驅逐出去。

　　歐洲的老教堂，同時又是國王貴族及各界賢人的墓地。西敏寺大教堂中有廢奴運動先驅威伯福斯的塑像和墓地，我在詩人角找到了詩人彌爾頓（John Milton）的塑像──他是我最喜歡的清教徒時代的詩人。

從教堂一側可從旋轉樓梯登頂，參觀女王珍寶展，這是數百年來第一次開放給公眾參觀的王室珍寶，如女王的加冕禮服、王冠、歷代國王之佩劍等物品。

出西敏寺大教堂，漫步到國會廣場。這裡有多個名人塑像，有甘地、曼德拉等人，他們都是大英國協成員國的政治領袖，雖是反英，英國仍為他們設置雕塑，可見英國人真有「有容乃大」的胸襟，英國人能締造日不落帝國，絕非偶然。這排塑像，排在首位的邱吉爾是我心中的英雄。

途經唐寧街十號，街口早已封鎖，鐵門內聚集著一群荷槍實彈、全副武裝的特種兵。唐寧街十號在巷內數十米之外。這跟我過去在電視上看到的人們走到門口，首相及大臣在門口對記者發表聲明的場景大不相同。九一一恐怖攻擊之後，政府首腦的安保提升，卻與民眾隔離。美國首都華府的若干聯邦政府機構亦如此。在儲安平留學英國的 1930 年代，他筆下的唐寧街十號的景象截然不同：「全街僅長數十步，冷清清的，此街係斷頭街，意即謂不通何處者，故行人絕少。兩旁房屋極尋常，皆作灰黑色。街中僅有身體魁梧態度雍容莊嚴肅穆之警察一人漫步往返。若無人特別指點，雖經過此街街頭，亦不易知此即大名鼎鼎之唐寧街也。首相官邸為一三樓建築，其外表與一般出租之普通房屋無異。」大英帝國的政治中樞，如此樸實無華，舉世罕見。

步行到特拉法加廣場（Trafalgar Square）。廣場最突出的標誌是南端的納爾遜紀念柱，高 53 米。柱頂是將軍的銅像。柱底四周是四隻巨型銅獅。廣場中部有兩個花形噴水池，很多遊客坐在水池旁邊休息嬉戲。廣場上有多名街頭藝術家表演，有的在地上畫彩繪，有的彈琴唱歌。

廣場四角上有四個雕塑基座，國家美術館前另有兩個。這六個基

座中有五個為人物銅像,還剩下一個空著。人物包括名將及君主,有一位是美國國父華盛頓——他是當年英軍懸賞其人頭的「叛匪」。英國人將華盛頓塑像放置在國家美術館門前一側,可見英美兩國早已「相逢一笑泯恩仇」。

步行前往白金漢宮,沿途林蔭道及公園美不勝收。紐約只有一個中央公園,倫敦卻有數十個大小不一的公園。白金漢宮門口聚集很多遊客,沒有機會見到女王,只見到站崗的衛兵,定時行走表演,其他時候如雕塑般一動不動。如今是高溫天氣,身穿制服、頭戴高帽的衛兵怎麼受得了?我只覺得小兵太辛苦、太可憐,擔心他們中暑。此種傳統,應當做出改革,使之更人性化,至少應當讓衛兵換上夏裝。

7月14日　聖保羅大教堂、國家美術館、倫敦唐人街

今天到倫敦參觀聖保羅大教堂 (St. Paul's Cathedral)。聖保羅大教堂為英國規模最大的教堂,亦是近代英國的信仰中心。

西敏寺大教堂已夠大,聖保羅大教堂卻更大。西敏寺大教堂是哥德式尖頂,聖保羅則是巴洛克式圓頂,其穹頂直徑達 34 米,絕冠全英——有點像梵蒂岡的聖彼得大教堂,卻又比之更簡潔和現代。如果說西敏寺大教堂代表天主教時代的英國,聖保羅則代表新教時代的英國。

聖保羅大教堂象徵著英國全盛時代即將到來,其設計師是大火後重建倫敦的第一功臣克里斯多夫・雷恩爵士(Sir Christopher Wren)。賀利思(Leo Hollis)在《倫敦的崛起》一書中寫道,聖保羅大教堂是英格蘭第一座由一位建築師在有生之年完成的大教堂,它在人類的一個世代裡,經歷了倒塌又重起的過程。

大教堂不只是石頭和建築,更是崇拜場所。教會希望這所大教堂

成為英國傳道的中心，講道壇上宣講正統教義，將信仰和記憶聚合在一起。此前，雷恩並沒有現代英國國教教堂應該像什麼樣子的前例可循。他認為，新教堂的重要元素是：「讓所有在場的人可以聽到且看到。羅馬天主教的教堂的確可能造得比較大，只要會眾能聽到彌撒的喃喃語音，看到高處的講者，就夠了，但我們的教堂則是為了要適合聽覺，要能聽清楚。」在新教教堂中，會眾的首要需求是傾聽由牧師講述的聖經真理，而不單單是沉浸在崇拜帶來的充盈或滿足的情緒之中。建成後的大教堂成功實現了這個目標。在沒有擴音器的 17 世紀，教堂的聲音效果，可讓牧師的講道被下面數千人清楚聽到。

砌上第一塊石頭的 33 年之後，雷恩的兒子放上大教堂的最後一部分。「雷恩將任務轉交給次子，在優秀技工小史特龍的陪同之下，與其他所僱的自由工匠一起，把最後的石塊擺放到燈塔的頂端。」1868 年，米爾曼寫道：「大教堂外觀宣告完工，它如此矗立著，完美圓頂周遭有柱廊環繞……倘若有一種時候，一個人心中充滿驕傲卻能得到上帝的諒解，便是當下雷恩的心。」此時的英國已成為世界帝國，敦倫已成為世界中心，這個大都會的居民也有了一座自己的主教堂。詩人萊特寫道：「我們該如何稱呼這無可比擬的建築才對？／什麼樣的詞彙才能描述得當？／倫敦之榮，島嶼之光！／極品中的極品！」作家華德稱讚說：「我們看著這令人驚歎的人類工程所呈現出來的效果，心裡無限滿足，心思因全能上帝的造物之手所創的作品，而提升到高處。」

雷恩死後葬在聖保羅大教堂地下室，他的兒子為父親題寫墓誌銘，寫下這句簡單的話：「若要找此人的紀念碑，請環顧四周。」雷恩為倫敦建造了包括聖保羅大教堂在內的 52 座教堂，各個精彩殊異卻又都絕妙無比。雷恩與另一位偉大建築師虎克以及科學家牛頓、哲學家洛克等人一起，用建築、思想和文化共同塑造了現代倫敦、現代

白金漢宮

聖保羅大教堂

英國及現代世界。

聖保羅大教堂也是 1707 年慶祝「大英帝國」誕生的地點。5 月 1 日這天，大教堂裡擠滿為蘇格蘭與英格蘭聯合來獻感恩的人。統一的文告在教堂中宣布：「英格蘭與蘇格蘭兩個，將從此永遠合併為一個王國，稱為大英。」

我們在大教堂內參觀了三個多小時。其地宮中有英國歷史上兩大英雄——威靈頓公爵和納爾遜海軍上將——的墓地。兩人之石棺，一為白色，一為紅色，比我在西敏寺大教堂看到的若干君王的墓地更宏偉。

今天，中國可仿製出外表維妙維肖的航母，卻無法培育出納爾遜式的英雄。生活在專制獨裁體制下的中國人，只是將愛國當作一門生意。華春瑩、司馬南、胡錫進、陳平等「飛盤俠」，口口聲聲說踏平美國，卻悄然在美國購房置業，所謂「反美是職業，赴美是生活」。中共政權能靠此等變臉優孟來捍衛嗎？

聖保羅大教堂可登頂。攀登了 259 級台階後，到達迴音廊，站在石迴廊和金迴廊間，可從不同方向俯瞰倫敦市景。還是維多利亞時代的建築優美肅穆，當代玻璃結構建築大都輕佻庸俗。我不是厚古薄今派，但必須承認，儘管科技突飛猛進，現代人卻修建不出聖保羅大教堂，這是信仰與審美雙重衰退的結果。

下午，參觀英國國家美術館。其館藏極為豐富，若干價值連城的名畫，如梵谷的〈椅子〉和〈向日葵〉、莫內的〈花園〉、達文西的〈岩間聖母〉、米開朗基羅的〈埋葬〉等，都可近距離觀賞。半天時間，只能走馬看花，無法一一細細欣賞。

出了美術館，去唐人街逛逛。倫敦唐人街很大，包括周圍多個街區，還算整潔，人流熙熙攘攘，其他膚色的遊客也不少。但店鋪幾乎全是餐館，沒有一個具備文化深度的場所，中國人只知道吃，停留在「口腔期」。

7月15日　大英博物館

　　今天，到倫敦參觀世界上最大的博物館——大英博物館。

　　入內參觀之前，先要填飽肚子，在附近偶然發現一家名為「米齊臨」的湖南小館。服務態度不佳，但吃到了離開中國之後吃的最正宗的湖南臭豆腐、筍乾米粉和蘿蔔乾炒臘肉等。我喜歡湖南口味的臭豆腐，先炸過再煮，外面是黑色的，外焦裡嫩，很有嚼頭，比台灣的臭豆腐味道更加濃烈。

　　大英博物館於 1753 年對外開放，是世界上第一個國立公共博物館，免費對所有「勤奮與好奇的人」開放。其藏品達到驚人的八百多萬件。走馬看花五小時，若是每個展品都仔細觀看，一個星期都看不完。

　　大英博物館館藏的重點是埃及和兩河流域（美索不達米亞）文物。埃及館藏有橫跨三千年古埃及文明的文物，大的高達數米、重達幾噸，小的則是戒指、耳環等飾品。其中一座巨大的聖甲蟲雕塑，有著柔和的線條和彎曲的腿，栩栩如生。在古埃及，聖甲蟲代表永生，是太陽神的化身，它推糞便的動作被視為與太陽運轉有關。還有一座拉美西斯二世（Ramesses II）半身像，充滿大半個展廳。埃及館收藏了古埃及紙草文獻，最有名的是《亞尼的死者之書》，亞尼為埃及新王國第 19 王朝時代的書記，紙草上的插畫描繪死者在來世獲得永生所需的咒文和約定事項——埃及人發明紙張遠比中國人早，中國的四大發明，是四大意淫。埃及廳中最受歡迎的展品是羅塞塔石碑，碑上刻有國王托勒密五世的詔書，用古埃及象形文字、埃及草書和古希臘文三種文字書寫，是研究失傳千年的埃及象形文字的重要文物。美國學者破譯了其內容。石碑本身的經歷亦頗具傳奇性：1799 年，拿破崙占領埃及，法軍在羅塞塔獲得該石碑，又在隨後的英法的戰爭中被

英國奪走。總體而言，我不太喜歡古埃及的藝術風格，其背後是政教合一的絕對君主制。

看了大英博物館中沒有窮盡的埃及文物之後，不禁感嘆：埃及最好的東西——除了金字塔——都被運到英國。大英帝國胃口很大，眼光也很準。但反過來想，這些文物若不是被運到此處保存，一定難以逃過革命和動亂，就像阿富汗、敘利亞和伊拉克的文物被伊斯蘭原教旨主義者和極端主義者破壞掉一樣。

埃及是第三世界國家現代化失敗的典型。當初，英國人推翻奧斯曼帝國的統治，在埃及創造了一個帝國混血兒——既非殖民地，也非正式的保護國。英國幫助埃及走向現代化，埃及人卻認為英國人是掠奪者。1919 年出任英國駐埃及高級專員的艾倫比子爵（Edmund Henry Hynman Allenby, 1st Viscount Allenby），對英國在埃及的使命充滿懷疑，他覺察到「那種正在積蓄力量並即將對抗英帝國的歷史動力」，但本地人學到的東西不能使他們獲得「責任感、正義感和領導力」。數十年來，從納瑟到穆巴拉克再到如今掌權的塞西，埃及沒有一個好的統治者。在阿拉伯之春中，開羅的廣場革命最為慷慨悲歌，革命之後，埃及卻再次陷入混亂，不僅沒有自由，還喪失了秩序。政變隨即發生，軍人再度掌權。美國調查記者何偉（Peter Hessler）在《埃及的革命考古學》中寫道：「自三年前爆發的革命以來，埃及已七度舉行全國大選，每一次選舉都沒有暴力與舞弊發生，但這個國家至今無論各個層級都沒有一位由民選產生的官員。」埃及陷入了奈保爾所說的「自我殖民主義」。埃及有七千年文明，但對於今天掙扎在獨裁與貧困中的埃及人而言，究竟有什麼意義呢？川普訪華時，習近平在紫禁城炫耀說：「中國有五千年文明。」川普回敬說：「埃及有七千年文明，但它今天又如何？」如此打臉，習近平啞口無言。

繼續看其他館藏。大英博物館珍藏的古希臘和羅馬的文物及藝術

品，比羅浮宮稍有遜色。最有代表性的是帕德嫩神廟的雕塑及若干建築部件。1801 年第七代額爾金伯爵湯瑪斯·布魯斯從當時統治者希臘的鄂圖曼帝國高門那裡獲得許可，將這些浮雕陸續從希臘運往英國，此後它們被稱為「額爾金石雕」（Elgin Marbles）。

中國館精品不多，遠遜於台北故宮博物院，介紹中國藝術史和文化史的部分略顯雜亂。特別值得一看的是瓷器——大維德花瓶（David Vases），其名稱來源於這對花瓶的收藏者斐西瓦樂·大維德爵士，可能是現存最重要的青花瓷器，其頂部銘文表明其年代可追溯到 1351 年。顧愷之的《步輦圖》並未展出。當代部分，居然看到一張粗俗的雷鋒畫像，此像既無藝術價值又無歷史價值，讓人厭惡，不必放在此處污染觀眾眼目。

日本館的水準比中國館高出太多，特別是介紹日本近代化的部分非常精彩，還有一本以汪精衛為封面人物的日本雜誌。日本明治維新，以脫亞入歐為旨歸，中國的執政者中，至今沒有人具有此種敢於自我否定和謙卑學習西方的觀念。

館內，大約一小半展區安裝了冷氣，其他更多展廳沒有。總體感覺很悶熱。歐洲展區以高溫為由暫時關閉。可見大英博物館的硬件還需要提升。

非常值得參觀卻少有人提及的是啟蒙運動館（The Enlightenment Gallery）。這幾個長長的展館裝有橡木和紅木地板、古典式立柱、陽台和玻璃門書架，感覺像進入另一個時代、或另一個博物館。1823 年，它們被添加到大英博物館，用來保存喬治三世的六萬多本藏書，以及象徵理性時代無止境的好奇心與探索精神的藏品——從擁有 35 萬年歷史的手斧到 18 世紀的植物標本。

走出大門時，在博物館門口發現一件相當有趣的事：門口有一個賣蜂蜜花生的小販，倫敦街頭有很多這樣的小販，但攤子擺到大英博

物館正門中央，實在匪夷所思。顧客在其攤位前排起長隊，小販一天的收入一定不少，似乎沒有「城管」之類的官差前來驅趕。不知他為何有在此擺攤之特權？他難道有女王頒發的特許狀嗎？

至此，我看完了全球四大博物館（大英博物館、法國羅浮宮博物館、俄國冬宮博物館、華盛頓史密森學會博物館系統）。此四大博物館各有千秋，以後有機會加以比較。

7月十六日　西敏宮（國會大廈）、溫莎城堡

上午到倫敦，參觀國會大廈西敏宮（Palace of Westminster）。只有入口大廳可拍照，此廳曾是英格蘭規模最大的大廳，這個地點的歷史最早可以追溯到 1016 年的克努特一世（Canute the Great）。聽耳機中介紹，提及包子帝訪英時曾在此演講，真是大煞風景。野蠻人哪裡知道英國秩序中議會制度的精妙與偉大，這裡本不該任由其玷汙。

現在的西敏宮並沒有它的外表那麼古老，它是在 1834 年的一場大火後重建的，重建時間晚於美國國會大廈落成。作為其組成部分的維多利亞塔和大笨鐘是倫敦的地標。英國議會分貴族院和平民院，也就是俗稱的上議院與下議院，內部裝修風格大不相同，前者之內飾用紅色，後者則用綠色，上院以前比下院尊貴，但後來權力逐漸由上院轉入下院之手。西敏宮建築規模龐大，上院和下院的議事大廳卻並相當侷促。特別是下院，隨著議員人數增加，大廳中的座位早已不敷使用，很多議員坐在階梯上或站立在後面。此前，我在電視中看到議員們在擁擠昏暗的大廳內辯論，很奇怪為何為不新建一所寬敞的會議廳，但等我身臨其境時，才明白小有小的妙處。邱吉爾認為，下院有一種擁擠而緊迫的感覺是好事，因為談話的風格需要一個相對較小的空間，「我們希望看到我們的議會是一種強健、寬容、靈活的自由辯

論的工具，為此，一個較小的會場和一種親近感是必不可少的」，「下議院的生命力和權威性，以及它對建立在普選基礎上的全體選民的吸引，很大程度上都要依靠有趣事件或重大時刻，甚至依靠爭執吵鬧的情景，而所有人都會同意，這樣的事情以在較近距離內短兵相接地進行為好。」與之相比，納粹德國、蘇聯和中國等極權國家的偽議會，通常擁有宏大的建築和寬敞的大廳，民意代表在其間顯得非常渺小，而站在高處的、作為國家民族代言人的獨裁者則非常偉大。從建築設計上就可看出國會功能的真與偽。

兩院中間的休息大廳，有邱吉爾、柴契爾夫人等四名首相的塑像。1941 年 5 月 10 日夜，德國飛機轟炸倫敦，最後一批炸彈落在下院，下院嚴重受損。邱吉爾沒有失去特有的幽默感，對祕書說：「德國佬還是挺照顧我們的，當我們不在議院的時候才扔下炸彈。」1943 年 10 月 28 日，邱吉爾曾在此發表演講：「我們設計了我們的建築物，隨後，我們的建築物也塑造了我們。我在舊會議廳裡服務了 40 多年，從中享受到巨大的快樂，也受益匪淺，我自然是想看到當它重現時，能夠保留一切必不可少的舊形式、舊設施和昔日的威嚴。」下院被炸毀的大部分地方得以修復，但留下受到損毀的從休息大廳通往下院的大門，以警醒後人。

英國憲制與美國憲制同源，卻也有相當之差異，如英國憲制中強調「國王在議會中，才有國王之合法性」、政府部長為議會天然成員等，均為美國共和制中所無。若無議會——尤其是下院，就沒有英國憲制，正如邱吉爾所說：「下議院是英國自由的大本營；它是我們法律的基礎；它的傳統和特權時至今日仍像當年它推翻專制王權、以令我們受益無窮的君主立憲制度取而代之時一樣生機勃勃。在這場戰爭中，下議院已證明其堅如磐石……它能夠在鬥爭面臨不利和令人失望的局面時，支持政府度過那些憂鬱黯淡的漫長歲月，直到陽光重新普

大英博物館正門口

西敏宮

照。我不知道，除了讓下議院在廣泛自由的英國公眾生活中充分發揮自己的作用外，這個國家還能怎樣治理。」

下午，赴溫莎城堡（Windsor Castle）。從 11 世紀的威廉一世到現在的伊麗莎白二世，歷代英國君主都居住其中。伊麗莎白二世喜歡溫莎城堡甚於白金漢宮，在此居住時間最長。今天，從城堡上高懸的旗幟來看，女王在城堡中——是皇家旗幟而非英國國旗。溫莎城堡比我去過的法國之凡爾賽宮及楓丹白露更佳。法式宮殿過於繁複、奢華、誇張，英式宮殿則低調、內斂、適用。城堡內對公眾開放的景點甚多，但我不禁想，如此之多的觀光客，女王會不會覺得太吵？

我是共和主義者，對王室興趣不大，但我深知王室的存在對英國憲制的重要性。很多英國朋友說，他們已習慣女王的統治（連英國國歌都如是說），若有一天女王去世，對英國的政治經濟會產生很大衝擊。學者白芝浩（Walter Bagehot）指出，英國憲法的功能不僅僅是處理政府事務，還使英國王室擁有近乎神祕的氣質，他將前者稱為「效率部分」，將後者稱為「莊嚴部分」，這兩部分是必要的存在，且相輔相成。而 17 世紀蘇格蘭長老會的神學家盧瑟福（Samuel Rutherford）在《法律與君主》中指出：「君主制度並不必然是偶像崇拜；當今大多數崇拜政治偶像的國家，其實都沒有君主。……像蘇格蘭與英格蘭那種有限而複合的君主制度，在我看來是最好的政治體制。在其中，國會與君主共同帶來三種政體的優勢。這體制有從君主而來的榮耀、秩序、合一；有從最優秀、最有智慧的人的治理而來的可靠政策、安定、強盛；有從百姓的影響而來的自由、權益，以及自發的守法行為。」

聖喬治教堂是城堡內最富麗堂皇的建築，是王室的御用教堂，藏有英王愛德華的佩劍等珍貴文物。它也是英國最高榮譽「嘉德勳章」騎士團的授勳地點與根據地，每年會在此地舉授勳儀式。自維多利亞

女王以降的英國君主皆在此舉辦安葬典禮，分別是維多利亞女王、愛德華七世、喬治五世、喬治六世、伊莉莎白二世（2022 年 9 月 19 日）。

瑪麗皇后玩偶屋（Queen Mary's Dolls' House）是孩子最喜歡的地方。這裡陳設著許多玩具玩偶和小型模型，做得極為逼真。這是喬治五世的妻子瑪麗皇后所收藏的玩具。1920 年代，知名建築師埃德溫・魯琴斯組織多達一千五百名工匠、藝術家、文學家，一同打造了這個巧奪天工的微縮世界。模型屋裡的電力、冷熱水和電梯都真的可使用，讓人如同進入《格列佛漫遊記》中的小人國。

國家外交大廳（The State Apartments）所藏之珍寶文物最多，有女王戴過的王冠，光彩奪目。有沙皇等歐洲王室贈送藝術品，這些歐洲王室大都在近代以來的戰爭和革命中灰飛煙滅，英國王室則穩如泰山。這背後是絕對君主專制與君主立憲兩種政制之差異，沙皇是典型的「要權不要命」，企圖重建俄羅斯帝國的普丁正在往新沙皇的絕路上奪命狂奔，其下場不會比尼古拉二世更好。

展廳內最吸引我的一件文物，是法國狙擊手射殺納爾遜的一顆子彈——透過放大鏡看，似乎能看到這顆鉛彈上沾有納爾遜已變黑的血跡。

溫莎小城，宛如熙熙攘攘的商埠，街上的商店，很多是名牌服飾，可見小鎮之富庶。我們選了一家美味的泰國菜，飽餐一頓。吃完之後去停車樓，發現兩個小時前摩肩接踵的遊客大都消失不見，小城又恢復了寧靜。

7 月 17 日　維多利亞與艾伯特博物館

上午參觀維多利亞與艾伯特博物館（Victoria and Albert Museum,

V&A）博物館。它為紀念維多利亞女王和艾伯特親王而命名，是世界上最大的裝飾藝術和設計博物館，永久收藏品超過450萬件。免費，無需預約，也沒有安全檢查，自由出入，感覺甚好。

V&A的建築與藏品比起大英博物館和國家美術館來毫不遜色，從中可想見當年大英帝國國力之強盛。其收藏的希臘、羅馬的雕塑及中國館、日本館之展品，非常吸睛。大英博物館人潮洶湧，太過吵鬧，而V&A在國際上的知名度沒有那麼高，因此館內顯得比較安寧，可從容觀賞不少上乘藏品，比如首飾館，藏有價值連城的鑽石及各種寶石製成的項鍊、王冠、戒指等，設計之精美，讓我們目不轉睛觀賞了很久。博物館內還有一寬闊中庭，庭院中有一戲水池，許多孩子在其中戲水玩耍。連日高溫，有水之地，正可洗滌暑氣。

艾伯特親王推動萬國博覽會成功舉辦，博覽會的水晶宮後來拆除，博覽會還有大筆盈餘，艾伯特親王生前就計畫修建一所博物館，將展品收藏在其中，但直到他去世，這個宏大的方案仍未啟動。維多利亞女王為了紀念亡夫，全力推動興建艾伯特禮堂（女王親口稱讚這個禮堂「像英國憲法一樣完美」）、自然歷史博物館與維多利亞和艾伯特博物館等大型建築，使之形成一座「艾伯特城」。這些偉大的建築大都出自建築師科爾之手，他的實幹精神讓艾伯特的理想成為現實，「他們都擁有一種宏偉且永恆機構的雄心壯志，這些作品不僅代表著創造者本身，還體現出維多利亞文明永恆的進步」。

7月18日　坎特伯雷大教堂、多佛城堡、敦刻爾克大撤退紀念館

一大早出發，一個多小時車程，到達坎特伯雷大教堂（Canterbury Cathedral）。大教堂與被譽為「英國的花園」的坎特伯雷小鎮融為一體。

公元 596 年，羅馬聖安德肋修院副院長奧斯定受教宗委派，從羅馬赴不列顛島傳教。他在 40 名傳教士的伴隨下，597 年來到撒克遜人建立的肯特王國的都城坎特伯雷。當時，國王是異教徒，但王后原為法蘭克公主，已信仰基督教。在王后幫助下，奧斯定在這裡站穩腳跟，成為第一位坎特伯雷大主教，並把基督教傳播到整個英格蘭。因此，坎特伯雷被喻為「基督教信仰的搖籃」。

坎特伯雷座堂作為英語世界第一個羅馬教會教區，地位顯赫。16 世紀，英王亨利八世創立英格蘭教會（Church of England，又稱英格蘭聖公會、安立甘宗），不再聽命於羅馬教宗，改以英國君主為英格蘭教會最高領袖。但它保留了不少羅馬天主教建制，如嚴密的等級制度及繁複的禮儀。其最高主教為「坎特伯雷大主教」、副手為「約克大主教」，坎特伯雷大主教儼然是聖公會的教宗，身兼多種角色：坎特伯內教省大主教暨坎特伯內教區主教；全英格蘭主教長；普世聖公宗精神領袖。

近百年來的坎特伯雷大主教多半為左派，有多名親共的「紅色大主教」——當年親蘇，後來親中。他們與保守派政治家邱吉爾及柴契爾夫人均有過激烈論戰，世俗政治人物固守基督教價值，教會最高領袖反對基督教價值，真是一個有趣現象。這些主教認為共產主義和左派思想符合聖經，他們既能當上大主教，一定飽讀詩書，卻又昧於常識。英國國教會的左傾敗壞過程，值得好好研究。

坎特伯雷大教堂規模恢弘，與倫敦的西敏寺大教堂和聖保羅大教堂相比毫不遜色。它的主體建築長約 160 米，寬約 47 米，中塔樓高達 72 米。高大而狹長的中殿和高聳的中塔樓及西立面的南北樓表現了哥德建築向上飛拔升騰的氣勢，而東立面則表現出雄渾淳厚的諾曼風格。英國詩人奧登如此詠歎坎特伯雷大教堂：「大教堂，豪華的客輪。/ 石頭船體裝載著靈魂，/ 駛向東方。」這個比喻自有其來由：

大教堂的中殿（Nave）已有六百多年歷史，這個詞彙來自拉丁語的「一艘船」，因為屋頂看起來類似於木船的支柱。

教堂東端，設有一個巨大的地下室，包括亨利四世、百年戰爭中馳騁疆場威震法蘭西的「黑太子」等名人都安葬在此，墓穴附近陳列著他們用過的盔甲、盾牌和其它兵器。在側堂，有一座現代雕塑，像三把劍刺向大地，是為紀念遇刺的坎特伯雷大主教聖托馬斯·貝克特。十二世紀時，英王亨利二世為獨攬政教大權，任命其親信、御前大臣貝克特為坎特伯雷大主教，卻沒有想到這一任命成為其政治生涯中最大的錯誤。原本是紈絝子弟、生活奢華無度且對國王言聽計從的貝克特，當上坎特伯雷大主教之後，如同在大馬士革被上帝光照的聖保羅，洗心革面，一切以教會利益為重，過著刻苦己身的簡樸生活，處處與企圖控制教會的國王作對。

亨利二世惱羞成怒，以藐視法庭罪傳喚貝克特。貝克特在法庭上高聲抗議：「我是你們的神父，而你們只是掌握世俗權力的貴族。我拒絕聽取你們的審判。」他昂首走出法庭，無人敢阻攔。

亨利二世與貝克特對峙四年多。亨利二世性情粗暴，撕碎衣服，對身邊人怒吼：「我在自己家裡養育出了寄生蟲和叛徒。身為國王，我卻受到一個出身低下的記賬員如此可怕的羞辱。誰能替我除掉他？」包括菲特祖爾斯在內的四名騎士，聽到國王的怒吼，立即啟程，從法國跨過英吉利海峽和愛爾蘭海，再翻身上馬，往坎特伯雷教堂奔馳而去。

四名騎士和其他兇手衝入教堂，抓住貝克特。貝克特毫不畏懼地迎接死亡，低下頭，雙手合十祈禱。當兇手揮刀將他砍倒在地時，他輕聲說：「以耶穌之名並為保護教會，我已準備擁抱死亡。」致命一擊將他的頭砍成兩半，兇手的劍都砍斷，兇手高呼：「叛變者再也不會站起來了！」

這件殘酷卑鄙的謀殺案引起信徒們抗議。人們湧入教堂,將布片浸在貝克特噴濺出的鮮血之中。羅馬教宗亦對此震怒,追封貝克特為殉教聖徒,揚言要對亨利二世處以開除教籍的懲罰。亨利二世的王權搖搖欲墜,乃親赴坎特伯雷座堂,赤腳走到貝克特墓前下跪懺悔。

貝克特成為反抗暴政的偉大人物之一,在英國歷史上作為不朽的愛國者而「重新站起來」。從此,坎特伯雷大教堂成為歐洲最受歡迎的朝聖地之一,坎特伯雷成為英國的一座宗教聖城。英國文學家喬叟的代表作《坎特伯雷故事集》,就是在去往坎特伯雷途中,為打發時間,與同行旅伴約定每人講一些有趣的故事,他把這些故事匯編起來,寫成英國文學史上的經典《坎特伯雷故事集》。書中盡是天南海北的閒聊,極具庶民氣質與時代氛圍,這些故事是對 14 世紀晚期英格蘭風土人情入木三分的精彩刻劃。

中午,驅車到達小城多佛(Dover)。今天天氣晴朗,從港口上方的山坡上可望到對面法國的海岸。多佛距離法國加來(Calais)僅 35 公里的海路,是歐洲大陸進入英國最近的通道,堪稱守衛英國的「東南前沿」,也有人將多佛形容為「英格蘭之鑰」。這裡的山崖多為白色,當地人說,白崖是希望和自由的象徵。不列顛古稱阿爾比恩(Albion),原義為白,就是因為英格蘭東南沿海岩石是白色的,人們常說英國是白堊島國。二戰期間,有一首家喻戶曉的歌曲《多佛的白崖》(*The White Cliffs Of Dover*)唱道:「青鳥將會重回多佛白崖的峭壁,明天,你等著瞧吧,愛和笑聲將會飛到多佛白崖峭壁,還有和平……」

如今,有渡船一個多小時即可抵達對岸。英國數學、哲學家懷特海(Alfred North Whitehead)在〈英格蘭、英吉利與愛爾蘭海〉中指出,多佛海峽是英格蘭和歐洲大陸之間的一個象徵,既是一個隔離和保護的屏障,也是一個連接和交流的橋樑。英吉利海峽是世界上所有

自由政府——荷蘭、英國和美國的父母，因為它們都受到了英吉利海峽地區的歷史和文化的影響。清教徒是英吉利海峽文化和政治的一個重要分支，在英國內戰中支持議會對抗國王，在美洲建立了新英格蘭殖民地，傳承了英吉利海峽的自由政府的精神。

用懷特海的說法，多佛海峽構成了北海末端小三角的南部頂點；它們還構成英吉利海峽向下變窄至 20 英里處將英格蘭與具有拉丁影響的文明世界隔開的小三角的東北頂點。在地圖上，穿越海峽似乎是世界上最簡單的工作，但只有四次成功地穿過英吉利海峽和愛爾蘭海的記載：羅馬人、撒克遜人、征服者威廉和威廉三世。海潮、危險的岬角、霧和大風讓穿越海峽並登陸變得極為困難，最危險的是海潮，奔騰如賽馬。在此背景下，英吉利海峽和愛爾蘭海上的航行是荷蘭史和英國史的關鍵。

懷特海從眼前的景象聯想到英美關係：「在薩尼特的敏斯特（Minster-in-Thanet）教堂院子裡的羅馬式和撒克遜式水泥磚石結構的小塔，朝向英吉利海峽和愛爾蘭海，在那裡北海與英吉利海峽會合，還有科德角保護其不受大西洋海水侵襲的普利茅斯岩，是標誌著兩個起源——英國起源和美國起源——的兩個場所，具有新型的文明文化，這種文化在海邊和洋邊的溫帶氣候的任何陸地上現已都占優勢。」

多佛的地標是多佛城堡。如果說英國是一個城堡，多佛城堡就是其大門，一個羅馬人、法國人、拿破崙、希特勒都想要進來的門。多佛城堡曾是亨利二世的行宮，但主要還是軍事功能。比起其他城堡來，它的最大特點是地下有一個祕密世界——總共有三條地道，長達數千公尺，一條是與古堡一起修建的，另外兩條是二戰時修建的，分別為英軍的祕密指揮中心和軍醫院，可容納兩千多人。

海峽對面是敦刻爾克（Dunkerque）。當年，數十萬從敦刻爾克

撤退回來的官兵，大部分都在多佛及附近登陸。他們回到祖國的懷抱，經過一番修整，將再次出現在歐陸的戰場上。

山坡上有敦刻爾克大撤退前線總指揮拉姆齊將軍（Bertram Ramsay）的青銅像。他手持海軍單筒瞭望鏡，眺望多佛海峽的洶湧波濤，彷彿在胸有成竹地指揮著千帆競渡的船隻。

我們從一個不起眼的大門進入地下堡壘，這裡如今是敦刻爾克大撤退紀念館。有一位年輕的女士擔任導覽，她詢問我們是否有幽閉空間恐懼症，接下來是一個小時在地堡中的參觀。當我們一步步走入地下時，宛如進入金門的地下堡壘。

在第一個房間中，一台老舊的石英鐘開始三分鐘倒計時，老式收音機裡播放著 1939 年 9 月 1 日二戰爆發前的快訊。接下來的展廳播放二戰各個階段的紀錄片，也有兩個陣營兵力和武器裝備對比的資料，戰爭的殘酷讓人毛骨悚然。在當年情報中心的大廳中，各種通訊工具仍保持原樣，官兵們的工作場景用投影儀打在牆壁上，遊客宛如身臨其境。在地道中行走時，導覽特別告訴我們，兩邊牆壁上有當年戰士寫下的抒發心情的文字和圖畫，比如給心愛的女孩訴說衷腸的話。

晚上，住在海濱小城黑斯廷斯（Hastings）。黑斯廷斯是一個優雅的海港城市，早在公元前 55 年，古羅馬人初次登陸英格蘭時，即在此地上岸，此後建立了港口及城鎮最初的雛形。1066 年，決定英格蘭歷史的黑斯廷斯之戰，在城郊七英里之外的「那棵灰白蘋果樹下」展開。

7 月 19 日　黑斯廷斯城堡、佩文西城堡

早上，到一家咖啡館吃早餐，四壁都是頂天立地的書架，放滿書

籍和藝術品，粗略估計藏書至少數萬冊。顧客一看大都是熟客，很多都是退休老人，身上有一種美國人缺少的紳士風度，一副閒看花開花落、雲卷雲舒的模樣。這種神態容貌，是數百年的文化教養薰陶出來的，其他國家的人想學也學不到。

早餐之後，我為妻子拍照，旁邊一位白髮紳士問：「要我為你們拍攝合影嗎？」我們求之不得，看他拍攝的樣子很專業，我們讚揚他拍得很好，他說他是攝影師。他告訴我們，這裡有全英國最美的廁所，不妨去用用看。我們一開始以為他在開玩笑，看他的樣子又很認真。於是，我們就去看看：原來，廁所中設有一間寬敞的等候室，裝飾十分典雅，遍佈四面牆的書架上至少有上千本書，比很多人書房的藏書還多。即便是如廁之處，周圍也圍繞著書籍和花卉，這比《世說新語》中石崇家有十幾位美女服伺的豪華廁所高雅多了。

黑斯廷斯城市旁邊的山頭有一座城堡，為羅馬人所建，如今僅存斷壁殘垣。掐指一算，此城堡建立時，北美大陸還沒有人煙和文明。我們一路攀登上去，兩千年的歷史就在腳下展開。此城堡與歐洲頗有淵源，許多歐洲的中學生和大學生來此參觀，他們說是乘坐渡輪從對面過來的，當天即可往返。

然後，驅車去旁邊的小村莊佩文西（Pevensey）。這是一個只有數百戶人的村莊，在英國歷史上卻留下重要一筆：1066 年 9 月 29 日，法國諾曼第公爵紀堯姆二世（Guillaume II，即征服者威廉）率領一支強大的軍隊登陸英格蘭，問鼎英格蘭王位。

當時，英王宣信者愛德華於 1066 年 1 月去世，膝下無子，其王后的哥哥哈羅德是一名軍人，靠實力奪取王位。還在歐陸的威廉宣稱自己才是愛德華生前指定的繼承人——但除了威廉本人的說法外，沒有任何證據可證明這一點。既然哈羅德和威廉兩人在血統上都並非愛德華的直系，就只有在戰場上決定王冠的歸屬了。

哈羅德二世（Harold II）登基之後，先面臨的是挪威國王哈拉爾的挑戰，後者的艦隊從北方登陸，企圖統治英格蘭。哈羅德集結軍隊北上，在 9 月 25 日於史丹福橋擊敗挪威人，挪威國王和王后都被殺了。大獲全勝的哈羅德遂揮師南下，迎戰威廉。

這邊，威廉的艦隊在 9 月 28 日啟航，出發後不久，在英吉利海峽遭遇颶風，未能在預定地點登陸。卻沒有想到因禍得福，他們在佩文西登陸時，沒有遇到抵抗，英格蘭的精銳部隊還在北方。傳說威廉走上海灘後，不小心面朝大地摔了一跤，模樣頗為狼狽。為了不至於影響士氣，他靈機一動，雙手捧沙站起來高聲呼喊：「我現在擁有了英格蘭的土地！」大眾很容易被操控，官兵們掌聲雷動，士氣大振。

哈羅德的軍隊急行軍 13 天，抵達黑斯廷斯，已精疲力盡。10 月 14 日上午，決定性的戰役打響。兩邊兵力都是七千人左右，哈羅德的士兵手持斧頭徒步作戰，威廉的士兵則由弓箭手和騎馬揮劍的騎士組成。哈羅德的軍隊從山丘上沖下來，佔了地利之便，第一輪衝鋒便擊退了威廉的軍隊，但已是強弩之末。威廉受挫後，先後發起第二波和第三波攻擊，在此期間，威廉的坐騎被敵軍的矛刺中，他隨之落馬。他的部下以為他死了，開始潰散。威廉站起來，掀開頭盔高喊：「你們如果逃跑都會死！」他再一次鼓舞了士氣。

據法國編年史家居伊所說，在此千鈞一髮之際，威廉部下的四名騎士找到衝鋒陷陣的哈羅德二世，合力將其殺掉並大卸八塊。哈羅德的軍隊潰敗了。威廉乘勝追擊，進軍倫敦，掃平其他抵抗者，在西敏寺大教堂加冕為王。

佩文西這個小村莊連一條熱鬧的主街都沒有，卻有一個大名鼎鼎的城堡：佩文西城堡（Pevensey Castle）。其歷史可追溯至羅馬帝國時期，諾曼征服之後，威廉將其改建為諾曼式城堡。二戰時，該城堡「活化」成為軍營，這是城堡最後一次發揮軍事用途。今天，城堡主

體建築仍基本完好，有護城河和吊橋。城堡內寬闊的空地上擺設著好幾座近代的大砲——有了大砲之後，中世紀城堡的防禦功能就被打破了。

參觀完城堡，我們在城堡對門的一家鄉村小酒館吃午餐。餐後，我們再去七姊妹巖（Seven Sisters Cliff）。從停車場往山上走大約 20 分鐘，四周都是草地，還有羊和兔子出沒。攀登到最高點，再往對面的低處張望，忽然之間，一片白色懸崖映入眼簾，以藍天碧海為背景，美得讓人窒息。走下山坡，來到海邊的沙灘，與七姊妹巖僅一河之隔。海風習習，吹去暑熱。一箭之地外，七座白堊斷崖漸次排列，宛如七名白衣飄飄的美女。繼續往前走，移步換景，七座斷崖呈現出「橫看成嶺側成峰，遠近高低各不同」的姿態，讓人百看不厭。

下午，抵達熱鬧的海濱城市布萊頓（Brighton），它是英國南部最大的城市，號稱英國晴天最多的城市，成為倫敦人的度假勝地。但我覺得它太過商業化了。此時正是大學畢業季，沙灘上擠滿拍照的畢業生及其父母。我們入住一間網紅旅店，其美式裝飾風格頗為艷俗。

我們在旅店旁邊找到一家名為 China Garden 的中餐館，主打廣東菜。裡面人聲鼎沸，頗有在廣州或香港喝早茶的氛圍。我吃到了廣東香港之外最美味的枝竹羊腩煲，其他的菜和點心大都不錯。

7 月 20 日　布萊頓皇家穹頂宮

上午，去海邊英航投資修建的 i360 觀光塔，人潮洶湧，排隊很長。圓形玻璃屋可容納數百人，像電梯一樣慢慢攀升到高處，可通過透明玻璃觀賞大海和布萊頓市貌，大海很美，但布萊頓的市貌乏善可陳，它是一座歷史短暫的新城，連老教堂的塔尖都很少。

布萊頓必遊的景點是英王喬治四世的行宮——皇家穹頂宮（Royal

Pavilion，又稱英王閣）。喬治四世平生沉醉於奢華生活，引領攝政時期上流社會的潮流時尚，其治國才能遠不能與父親喬治三世相比。他身患痛風，早年遵照醫囑，到布萊頓療養，因而在此修建一所奢華行宮。與英國其他皇家建築不同，皇家穹頂行宮具有「東方哥德式」風格，外觀為印度伊斯蘭風格的圓頂，內部則是中國風格。

進入行宮，當我看到各種「中國風格」的內飾和擺設，不禁目瞪口呆，進而大失所望——很多都是「不中不西」的仿製品，創作者的思路在魔幻與現實之間遊移，其目光在對中國的欣賞、獵奇與鄙視之間轉換，形成某種「並不美麗的誤會」。比如，英國畫師筆下的龍，帶著翅膀，跟中國文化中的龍根本就是兩種不同的東西；門口張貼的「春聯」，只是一堆並不連貫、毫無意義、更未形成對仗的漢字；中國特有的植物如荷花和竹林，模樣怪異而誇張。坦言之，此行宮是我在英國看到的最醜的宮殿。

在沒有大量西方人抵達中國的啟蒙運動時代，歐洲和英國知識界普遍存在著對中國的美好想像。西方人對中國的知識大都來自於耶穌會傳教士，啟蒙知識分子透過二手文獻來架構中國想像，即便對中國一知半解，仍將中國拿來當做批判西方時的鏡子。16 世紀末，門多薩在《中華大帝國史》中提出，中國是地球上治理得最好的土地。17 世紀，中國在啟蒙知識分子眼中升華為「準天堂」般的美好國度。狄德羅在《百科全書》中說：「人們一致認為，中華民族優於亞洲其他民族，因為他們歷史悠久，精神高尚，藝術精湛，才智出眾，政治清明，還具有哲學素養。」

這座行宮修建期間（1815 至 1822 年），西方的中國熱已然降溫，但鴉片戰爭（清英貿易戰爭）還未開打，這串肥皂泡還未全然破滅。其實，1792 年馬嘎爾尼使團已出訪中國，回國後揭示了中國種種不堪的真相。馬氏受歐洲啟蒙思潮影響，又經歷英、法的政治變

局，是一位從啟蒙時代過渡到反啟蒙時代的人物，是少數、甚至可能是唯一一位帶有強烈啟蒙主義世界觀而親自造訪東方的文人哲士及政府高官，歷史學家基爾南稱之為「啟蒙外交官」。他的訪華使命未能達成——乾隆皇帝傲慢地拒絕了通商請求，聲稱「天朝大國，無所不有」。不過，通過此次出訪，他對清帝國宮廷與上層政治、軍事實力等均有細緻入微的觀察，在日記中記載了乾隆皇帝昏庸排外、中央與地方官僚腐敗愚昧、水師不堪一擊，並認為英國可以靠船堅砲利打開這個「停滯帝國」的大門。法國在學術界和政治界頗具影響力的阿朗‧佩雷菲特（Alain Peyrefitte）在《停滯的帝國》一書中描述了馬嘎爾尼使團在中國的遭遇——下跪叩頭的禮儀差點讓這趟出使夭折。使團中有一名見習侍童小斯當東（Sir George Thomas Staunton），日後成了下議院議員，在林則徐查禁鴉片時，力主以武力打開中國通商的大門，以 40 艘軍艦、四千士兵組成的艦隊，就能將東方帝國打趴下。開戰之後，清帝國軍事上的無能、缺乏近代戰爭及在國際法平台下談判的經驗等弱點統統暴露在全世界面前。清帝國受傷流血，其他列強如群鯊般尾隨而來。這場戰爭發生在皇家穹頂宮建成後 18 年。從此，英國人對中國的看法丕變，這裡充滿異國情調的「中國風格」對英國上層社會不再有天方夜譚般的吸引力。

除了皇家穹頂宮，布萊頓值得遊覽的景點不多，它最大的特色就是綿延十多英哩的海灘，成千上萬民眾在海灘上享受假日生活。據說，附近設有天體浴場，我們沒有膽量去展現自己的身體和觀賞他人的身體。我只覺得這座城市太喧鬧、太輕浮，正如美國旅行家保羅‧索魯（Paul Theroux）所說：「大家總是想像住在布萊頓的人永遠生活在胡鬧之中，整天在路上和海軍閱兵場閒晃，夜晚盡從事些亂七八糟的性活動，心想我到那裡會有個淫蕩的夜晚。布萊頓過分惡名昭彰。所以你到這裡，原本期望享樂，但布萊頓卻有張老水手的臉和非

常短暫的吸引力。」他又說：「布萊頓比英國任何一個海濱城市都擁有更多的酒吧，因為除了喝酒之外，沒有什麼好做的。布萊頓充滿了失望和壞脾氣的遊客。」他的評語過於刻薄，但我部分同意。

傍晚，我們離開布萊頓，到達小鎮羅姆西（Romsey）。我們住的民宿 The Palmerston Rooms 由一對彬彬有禮的老夫婦經營，門口鮮花盛開，房間裡一塵不染，各種生活用品也都精緻適用。這是我們到英國後住的最好的一家民宿，比標準化的連鎖酒店更讓人感覺溫馨如意。

7月21日　羅姆西大教堂、索爾茲伯里大教堂、巴斯羅馬浴場

早上，在一樓一塵不染的餐廳享用民宿主人烹飪的整套英式早餐。餐具及餐點相當精美，味道也很好，我們很快吃得一乾二淨。

餐後逛羅姆西小鎮，來到一家小小的蔬菜水果商店，買了些新鮮水果。市中心的廣場上，豎立著曾兩度拜相的英國政治家巴麥尊的雕像。此前，我讀近代史，讀到巴麥尊派艦隊將大清帝國的水師打得落花流水，懲罰不守契約的東方野蠻國家，感到非常開心。正是在巴麥尊執政時期，清帝國將香港割讓給英國，香港成為英國的殖民地，開啟了此後 150 年的繁榮和自由時代。可惜，最近 20 多年來，在中共暴政之下，東方之珠已黯淡無光。

小鎮上處處是花園，家家戶戶門口都擺設著各色鮮花。我始終缺乏種花技藝，特別佩服英國人的種花技能。英國歷史學家艾倫・麥克法蘭在《現代世界的誕生》一書中，專章討論英國人在園藝上的愛好與成就，他甚至稱之為「園藝革命」。福克斯指出：「園藝大概是這個國家最普及的業餘愛好了，至少三分之二的人口可被描述為『現役

園丁』。」從村舍的小花園，到紳士府邸的大花園，再到皇家的超大花園，都美不勝收。普遍的園藝熱是英國一個驚人的、典型的表徵──在這一點上，美國和歐陸都遠遠不如。美國人擁有更大的土地、更大的草坪，但美國人種的花卻遠沒有英國人種的花那麼美麗。英國人僅在室內度過必要的時間，因為只要他們愛家，就去愛他們的花園，就連女王都不例外。英國人普遍陶醉於以花草樹木為形式的自然之美。

羅姆西雖小，卻有一個一千年歷史的羅姆西大教堂（Romsey Abbey），是漢普郡最大的教區教堂。其前身是十世紀早期的撒克遜教堂，諾曼征服後，在重建中加入諾曼風格。上午有一堂崇拜，牧師正在小堂中對幾位會眾講道。教堂一角設有販售紀念品的小店，沒有人看管，櫃檯上寫著一張字條，讓顧客按照標價自行結賬、將現金放在櫃檯的杯子中即可。若非民風淳樸，人與人不可能如此信任。我們身上沒有帶現金，步行十分鐘回住處取來，買了幾個教堂手工製作的冰箱貼。

教堂對面有一個名為「約翰王小屋」（King John's House）的小博物館，這裡曾是簽署《大憲章》的約翰王的狩獵小屋的所在地，但現存的房子實際上是在約翰王死去 40 年後的 1256 年建成的。小屋保存著八百多年前都鐸式外觀及花園。但博物館 11 點才開放，我們等不到了，只能在外面拍照留念。

經半小時車程，到達完整保留中世紀風格的小城索爾茲伯里（Salisbury），英國《觀察家報》曾將索爾茲伯里列為英國十大旅遊城市之一。車可以開進石頭修建的城門裡面，城門內為內城，以索爾茲伯里主座教堂（Salisbury Cathedral）為中心，民居、公共建築、草地和花園等次第展開，拱衛著位於圓圈中心的教堂。內城的布局井然有序，宛如以教堂為圓心，用圓規畫一個圓圈。大教堂由此與民眾的

日常生活水乳交融。

　　索爾茲伯里大教堂占地面積達 80 英畝，是英國早期建築的代表作品，主體建築修建於 1220 年，共花 38 年時間才完成，估計共用掉六萬噸巨石。大教堂用銀灰色的條石砌成，莊嚴而宏偉，為早期哥德式建築風格，這在英國建築史上十分罕見。其尖頂是英國最高的教堂尖頂，達 123 米，是在完工 50 年後加建的。大教堂擁有英國最大的迴廊、八百多年歷史的唱詩班、保存最完好的一份《大憲章》（另外三份，兩份在大英圖書館，一份在林肯主座教堂）及世界上最古老的、仍在工作的機械塔鐘。

　　大教堂大殿的中心有一個風格獨特的設置：黑色大理石的水盆，流水不斷從中流淌出來，形成細細的水簾，源源不斷地流入下面的水槽。水在此象徵著聖靈。

　　似乎是要顯示古老的教堂與信仰要「與時俱進」，教堂的四壁展示著若干粗俗不堪的現代藝術作品（我記得西敏寺大教堂亦有類似做法），我非常不欣賞這種說法。這些所謂的現代藝術品破壞了教堂內古典而純淨的藝術及精神氛圍。教堂不必向這些「新」的東西低頭。新的東西未必就是好的東西。實際上，宗教改革之後產生的脫離羅馬天主教的教會，不是「新教」，而是「更正教」，是回到聖經的偉大而正統的源頭。

　　索爾茲伯里大教堂側面的小禮堂，專門用作展示《大憲章》抄本。《大憲章》的抄本放在一個四面用帷幕圍成的空間內，遊客可排隊進入觀看，但不能照相。一位穿著中世紀服裝的中年男士是解說員，詳細介紹這份抄本的來龍去脈。我看到這份字跡模糊的抄本，心中既激動又頗哀傷——《大憲章》已成為西方文明的基石，八百年之後的《零八憲章》在中共眼中卻是顛覆國家的罪證，它改變了我和曉波的命運，曉波殉道，我流亡。文明與野蠻的差異，八百年都不止。

我在禮品店買了一份拉丁文《大憲章》之複製品，帶回美國，以後掛在書房中。

吃過簡單的午餐，經過半小時車程，到達埃姆斯伯里（Amesbury）的巨石陣（Stonehenge）。遊客極多，接駁車一輛接一輛，全都坐滿了。這裡是我們在英國遇到的最擁擠的景點。我們坐接駁車到巨石陣跟前，發現整個巨石陣的結構是由環狀列石及環狀溝所組成，環狀溝的直徑將近 100 米，再距離巨石陣入口處外側約 30 米的地方，有一塊被稱為「腳跟石」（the heel stone）的石頭單獨立在地上，如果從環狀溝向這塊石頭望去，剛好是夏至當天太陽升起的位置，因此部分的學者認為古代民族用巨石陣來記錄太陽的運行。巨石其實沒有我們此前想像中的那麼巨大，且如今被柵欄圍起來，只能遠觀，不能走近——只有烏鴉能飛近。對我而言，巨石陣只值得在現場停留半小時。很多人說，這是一個雞肋般的景點，不去覺得遺憾，去了又失望。

離開巨石陣，下午四點，抵達古城巴斯（Bath）。這個名字就是洗浴的意思，它以英格蘭唯一的天然溫泉而著名。這是一個羅馬人建立的城市，與我們此前到過的羅馬具有相同風格。房子大都用米色石頭修建，整個城市保持一致風格。它也是英國唯一一座列入世界文化遺產名單的城市。

巴斯大教堂正在舉行大學畢業典禮，笑逐顏開、意氣飛揚的畢業生及家長排隊進入，故這幾天不對遊客開放。教堂的正面雕刻著讓人忍俊不禁的天使攀爬天梯進天堂的畫面，想不到古人也如此幽默。

英國唯一保存至今的羅馬時代的大型建築羅馬浴場，是巴斯古城中最值得參觀的經典。如今，巴斯浴場如同羅馬鬥獸場一樣，已殘缺不全，但其建築之精妙仍可見一斑。走到地下一層，可近距離觀看溫泉如何被引入浴池。工程師在泥池裡放置橡木鞏固地基，並用灌鉛的

不規則石室圍住浴池，浴池分為熱水、溫水和冷水三個區域。浴池原本是室內的，其上有巨大穹頂，羅馬人離開後，此處被廢棄，外部建築遭到損毀，浴池變成露天的了。

兩千多年前，羅馬人就很重視沐浴與清潔，每到一處必定修建龐大的公共浴場（建了神廟就建浴場，神廟潔淨心靈，浴場潔淨身體），公共浴場是羅馬文明的一部分。是否熱愛清潔，是判斷一個國族文明程度的重要標誌——同為亞洲人，日本人比中國人清潔百倍。據包子帝前妻說，包子帝不愛洗澡不愛刷牙，是她當初毅然與之離婚的原因之一。這個不愛洗澡不愛刷牙的人，登基十年，寫了 125 本書——連我這個自認為還算相當勤奮的專職作家都「甘拜下風」。但實際上，這些書沒有一本稱得上是「書」，全都是臭不可聞的垃圾。道理很簡單：文盲總是喜歡冒充有文化，權貴總是要附庸風雅，身上惡臭的人總要噴灑過量的香水。英國女王火眼金睛，一眼就看出這是一個「野蠻人」。

巴斯的地標式建築是建於 18 世紀的皇家新月樓（Royal Crescent），它由建築師小約翰·伍德設計，被列為英國的一級古蹟，是英國最大型的喬治式建築（Georgian architecture）之一。其外觀是由 30 棟樓組成的一個巨大的圓弧形，整齊對稱的外觀配合前面大片的綠色草坪，比起白金漢宮來亦毫不遜色。

巴斯是一座文化藝術之城，有很多劇院、博物館、公園和古跡，可惜這次沒有更多時間遊覽，下次有機會再來。

在夕陽的餘暉中，開車十多分鐘，到達巴斯郊外一棟鄉村別墅，這是我們下榻的民宿，一樓是廚房客廳等生活區，二樓是房間，如同回到家中。周圍再無房舍，周遭寂靜無聲。屋子後有一個小花園，可以坐在小花園中看星星。

7月22日　卡地夫城堡、卡菲利城堡

　　早上出發，很快進入威爾斯境內，發現路牌文字變成雙語，一種是英語，另一種是威爾斯語，後者與英文差別甚大，很多單詞皆無法辨認。這種雙語標誌讓人意識到，這是幾乎就是另一個國家，這裡的人們以「不是英格蘭」而自豪——在聯合王國內部，對於威爾斯人、蘇格蘭人和北愛居民來說，這種「分裂主義」的國族感情是正常的、充盈的、不被壓制的。

　　我們抵達威爾斯首府卡地夫（Cardiff）。這個城市擁擠而雜亂。我不喜歡大城市，這次旅行英國，倫敦當然是旅行的重點，但其他英國的工業重鎮如利物浦、伯明罕等，我都從造訪目的中畫掉，而將更多的自然景點和鄉村列入。我們將車停在附近一棟停車樓。上樓的轉彎處極為狹窄，稍稍寬大的車難以轉彎，建築師似乎故意考司機的車技。幸虧開車的朋友車技高超，若是換我來開，一定開不上去，也停不進狹小之極的車位。一下車就聞到一股撲鼻的尿騷味，只得掩鼻而奔。難道越是市中心的居民，素養就越差？我不是像保羅‧索魯那樣專門挑刺的旅行者，但大致同意他對城市尤其是這座城市的批評：「在英國，城市本來就深邃又具有威脅性，如同它們以前身為堡壘一樣，好像心事重重，不適合徒步旅行者。城市充斥著隱諱的神祕，讓我不耐煩。建築物暗暗的，住戶對你的疑問小心翼翼。……卡地夫不適合像我這樣的徒步者。」

　　先參觀市中心的卡地夫城堡。城堡始建於公元一世紀，羅馬人來到這裡，為抵禦外敵，修建了最早的城牆與碉堡。11世紀，諾曼人佔領威爾斯，以羅馬人遺留下來的碉堡為原型，修建了一座新城堡。此後，卡地夫以此為中心，逐漸發展起來，成為威爾斯首府和第一大城。

卡地夫城堡

卡菲利城堡

卡地夫城堡（英語：Cardiff Castle，威爾斯語：Castell Caerdydd）規模宏大，歷史上為幾個不同的貴族家族所擁有，作為外來者，他們與威爾斯本地人關係緊張，城堡多次遭到圍攻，其軍事防禦功能不斷凸顯。在固若金湯的城牆內，城堡經過多次改造，具有中世紀哥德式及維多利亞式等不同建築風格。裡面的房間有王族的起居室、會議廳、圖書館、宴會廳等，金碧輝煌，古色古香，但若與溫莎城堡相比就遜色多了。

目前的城堡建築要歸功於蘇格蘭比特島的貴族家族，尤其是第三代比特侯爵約翰・帕特里克・克賴頓 - 斯圖爾特（John Patrick Crichton-Stuart, 3rd Marquess of Bute）。1848 年不到六個月大的他，繼承了貴族頭銜和卡地夫城堡，年長後以對建築的投資聞名，被譽為 19 世紀英國最偉大的鄉村別墅建造人。他和才華洋溢的建築師威廉・伯吉斯（William Burges）自 1865 年開始合作，直至伯吉斯於 1881 年去世，卡地夫城堡就是二人的其中一項傑作。

很遺憾，我發現目前的城堡處於管理不善狀態：城堡內的若干房間租給餐廳經營，中間在搭建舉辦大型音樂會的舞台。地下室是戰爭博物館，值得看的展品不多，仿製的羅馬時代的場景做工也較為粗糙。

城堡分為幾個區域，進門處購買一張通票，在不同區域都需要展示，有點中國「園中園」景點的感覺。最高那座高塔可登上去，但必須查驗此前購買的通票。我們登到最高處，眺望整座城市，方圓數里的景色盡收眼底。高塔四周雜草叢生，幾乎將基座全部覆蓋。當地人似乎沒有將這座城堡當寶貝看。或許，威爾斯的經濟狀況不如於英格蘭，政府管理水平亦有所不及。

中午，我們在市中心一條小巷內的一家越南餐廳吃越南粉。午餐之後，驅車去卡菲利城堡（Caerphilly Castle）。該古堡始建於 1268

年，屢經戰亂。後來，在第三代比特侯爵的指揮下，耗費大量人力、物力和財力加以重修。其面積之大，在英國位居第二，僅次於溫莎城堡。近代以來，該城堡失去戰略價值，趨於沒落。其最大特點是，周圍環繞著寬闊的人工湖，因此被歷史學家艾倫·布朗形容為「英國最複雜的帶水防禦性建築」。如今，該城堡仍保留三道壕溝、六個吊閘和五座防禦門。從遠處看過去，整個城堡就像是一座漂在水中的神話宮殿。

此處遊客甚少，貌似已經荒蕪，實際上有人管理，還有禮品店，有多處正在維修。荒蕪之美，催生如同憑吊古戰場的悲情。在城樓上，設置有音響，播放戰爭時各種驚心動魄的聲音——廝殺聲、槍炮聲、吶喊聲……只要有人走近，音響就自動播放，讓遊人身臨其境、肝膽俱裂，如唐代文學家李華之〈弔古戰場文〉之詠歎：「沙草晨牧，河冰夜渡。地闊天長，不知歸路。……屍填巨港之岸，血滿長城之窟；無貴無賤，同為枯骨，可勝言哉？鼓衰兮力盡，矢竭兮弦絕；白刃交兮寶刀折，兩軍蹙兮生死決。」

城堡最值得一看的是一座破損的塔樓，幾乎裂為兩半，分別向兩邊傾斜，其傾斜度比義大利的比薩斜塔還大。若站在塔樓下，真的非常擔心隨時會倒塌。有趣的是，斜塔最大角度傾斜的一側，有一尊耶穌形象的木頭雕塑，在奮力托著將要傾倒的塔樓。這個形象頗有深意，彷彿在告訴人們：是耶穌基督幫人類承擔人生的苦難。那一刻，我心中湧起深深的感動。

下午，趕往附近一座名為龐特普里斯（Pontypridd）的小城，入住市中心一家古老的旅館。小城依山傍水，地勢頗有起伏，據說經常被水淹，前幾年還遭遇一次大洪水。旅館的一樓是餐廳，我們吃了頓便餐，我點的是當地名菜「櫻桃醬鴨肉」，味道還不錯。

7月23日　龐特普里斯農夫市場

　　早上，被一陣叮叮噹噹的敲打聲吵醒，推開窗戶，看到外面的街道上，有很多人正在搭帳篷、擺攤位。原來，週末的農夫市場設就旅店外這條小小的街道上。

　　我很喜歡逛農夫市場，每到一地旅行，若有時間，必定去逛逛，以此觀察當地人真實的日常生活。英國的農夫市場與美國很相似，大都是週末或特定時間才有，是農夫開車過到某一區域擺設移動攤位，跟台灣的那種有固定攤位的傳統市場不同。在這個農夫市場上，有販賣各種生活用品及地方特產的攤位，我最有興趣的是蔬菜、水果和肉類的攤位，價格比倫敦便宜很多

　　英國蘋果比美國的小好幾號，無論是在大型超市，還是在農夫市場。英國櫻桃卻比美國的更大，且更有櫻桃原本的濃郁味道，尤其是在農夫市場購買的櫻桃。我們在幾個不同的農夫市場買過本地產的櫻桃，都比超市的更好、更新鮮，也更便宜。

　　很多人說，威爾斯人排外，就連英格蘭人也遭到排斥，更不用說不同膚色的人。今天早上的農夫市場裡，只有我們幾個是亞裔長相，一看就是外來者。但人們對我們都頗為友善。

　　我們發現有一家賣牛肉的攤位，是夫妻檔，他們身穿整潔的工作服，臉上紅撲撲的，身材壯碩，一看就是長期幹農活鍛鍊出來的體型，是真正的「勞動人民」。他們將卡車當作攤位，各種不同部位的牛肉，被整整齊齊地擺放著，標出不同的價格。賣牛肉的婦人殷勤地招呼顧客，驕傲地說：「我們賣的是威爾斯最鮮美的牛肉！整個威爾斯找不到第二家！」我仔細看了看他們賣的牛肉，果然是當天宰殺的、沒有冷凍過的新鮮牛肉，跟超市裡牛肉的顏色完全相同，價格還很便宜。我們買了兩磅帶回去。晚上，我用上午在農夫市場買的牛

肉，做了一道家常的紅燒牛肉。果然，這種牛肉比超市的香多了。

在農夫市場買牛肉的經歷，讓我想到中國「農家產品」和「綠色產品」的騙局。有一個名為〈內循環‧買雞蛋〉的段子說：現在老年人都可免費乘坐公交車。某地市區的老太太們早飯後結伴乘坐公交車去郊區農村，一來消磨時間、呼吸城外新鮮空氣，二來去農家買土雞蛋。一個禮拜去兩次，樂此不疲。郊區農家在山坡草地或樹木下用網圍著幾百平米的地方，放養著土雞。城裡老太太來到後，以每斤15元的價格挑幾斤心儀的雞蛋，再一起搭公車返回城裡。等城裡老太婆們走後，農村老太婆吃了午飯也三五成群坐上免費公交車往市內趕，到了市區直奔各大超市買雞蛋，專揀酷似土雞蛋的「小雞蛋」買，每斤四元五，同樣裝滿一大籃子。回家後，她們把雞蛋放在自家養雞場的草地上和樹下，只等城裡老太們到來。就這樣你來我往，皆大歡喜。這種故事，只有在中國這樣以瞞和騙立國的國家才會發生。

英國的農夫市場，販賣的是真正的農夫產品，其他店鋪也大抵童叟無欺。英國是最有契約精神的國家。早在19世紀，一位名叫佩恩的觀察家發現了英國與歐洲商業模式的差異：在英國，每一種產品都明碼標價，童叟無欺，購買大多數東西都無須殺價。一名店主縱然屬於最低階層，但如果向顧客張口索取不公道的高價，他會覺得有損於自己的人格。一位顧客如果討價還價，他會覺得是對店主的無端侮辱，暗示著不相信店主的誠實無欺。而在歐洲大陸，最可敬的人在開始一筆交易時會報出一個天價，實際上他能拿到此數的一半就心滿意足；而且他會一口氣編造五、六個謊言，讓你相信他的報價又公道又克己。在中國，砍價是購物時必須的一種本領，也是我最欠缺的能力——離開中國後，不具備這種能力的我至少可以不必再做冤大頭了。

驅車三小時，中午時分，返回MK。稍稍休息，再去附近的一間

華人超市買菜，準備自己來做菜。超市中的蔬菜水果肉類，種類及質量均比不上美國的華人超市。有些蔬菜價格貴得驚人。比如，四川人很喜歡吃的豌豆尖（豆苗），這裡 29 英鎊一磅，美國只需要三塊多美金一磅，價格相差巨大。英國人的平均收入沒有美國人高，食品等日常開支卻比美國人多得多，不過房產稅和醫療保險方面的支出要比美國人少得多。

7 月 24 日　格蘭瑟姆柴契爾夫人塑像及故居

中午出發，目的地為約克（York）。到了英國才發現，美國十有八九的地名都是從英國抄來的，或許因為當年的清教徒到美國之後，思念英國的故鄉，就將故鄉的地名用於新大陸。有些直接移用過來，有些在前面加上一個 New（新），紐約、紐澤西、紐罕布夏等都是如此。

途中，經過柴契爾夫人的故鄉格蘭瑟姆（Grantham），去探訪柴契爾夫人故居。一位前任市鎮辦事員曾經形容格蘭瑟姆是「一座很小的城鎮，建在狹窄的街道上，裡面居住著一群蔽塞的居民」。這是一個平淡無奇、樸實無華的地方，紅磚蓋就，建築低矮，乍看像是一個標準的英格蘭東中部城鎮。或許為了貶低柴契爾夫人，《太陽報》曾稱之為「不列顛最無聊的城鎮」。其實，它並沒有那麼無聊，它有美麗的花園、古老的教堂、友善的居民。英國最偉大的科學家牛頓也出生於附近的鄉間。一個名不見經傳的小鎮，為英國和世界貢獻了兩個改變人類歷史的偉人，可見英國小鎮文化之深沉博大。

市中心的廣場上，樹立著一尊柴契爾夫人的雕塑。柴契爾夫人是20 世紀最偉大的英國首相之一，跟她一樣偉大的是邱吉爾，她也自命為邱吉爾的繼承人。這尊雕塑，柴契爾夫人身穿華服，目光堅毅，

頗有鐵娘子之風。塑像底座上有一段聖經經文，是《提摩太後書》四章七節：「那美好的仗我已經打過了，當跑的路我已經跑盡了，所信的道我已經守住了。」這是對其一生最簡潔的概括。

左派控制的好萊塢拍攝柴契爾夫人的傳記電影，由極左派女演員梅莉·史翠普（Mary Louise Streep）出演，竭力醜化晚年失智的柴契爾夫人，這種做法跌破了道德底線。在柴契爾夫人去世和下葬期間，左派分子舉著印有「The Bitch Is Dead」（臭婆娘死了）等標語的牌子和道具，上街慶祝。反柴契爾的歌曲《叮咚！女巫死了》亦開始流行。前些年，柴契爾夫人的塑像剛設立時，有左派抗議者向塑像扔臭雞蛋。左派對柴契爾夫人的仇恨綿延不絕。此前的工黨政府對罷工工人予取予求，但柴契爾夫人執政期間，政府強力對抗為所欲為的激進工會並將其擊潰。全國煤炭工人大罷工結束後，柴契爾夫人認為，經濟規律普遍適用於公共和私營部門，英國的煤炭業也不例外。國家雖然投入大量資金，但英國的煤炭業仍無法在世界市場上與對手競爭。「過去，人們一直認為如果沒有工會的支持，一個政府是無法管理英國這個國家的。沒有一個政府能夠真正對抗一場大罷工，更不用說在罷工中獲勝了。左派人士想像礦工擁有最後的否決權。……我們決心對抗罷工，這也鼓舞了普通工會成員起來對抗那些好鬥分子。這場罷工的失敗表明，我們不能讓左派把英國搞成無政府的狀態。馬克思主義者無視法律來對抗經濟法則，他們失敗了，這也展現出自由經濟和自由社會是怎樣互相依存的。」

柴契爾夫人的父母都是普通人，她的女爵士的貴族稱號是自己掙來的。她的父親阿爾弗萊德出身於鞋匠家庭，不願繼續從事此行業，12歲輟學，在食品零售店當店員；她的母親出生於鐵路服務員家庭。這對夫婦用按揭方式盤下一個小商店，這個商店兼做郵局之用。他們僱用兩三個店員，隨著孩子們長大，在放學之後都要在店裡幫忙——

在櫃檯後稱量糖、茶、餅乾和扁豆。

阿爾弗萊德是一個典型的白手起家、自我奮鬥的英國人。1927年，他當選市鎮議會成員，後來擔任金融與價格委員會主席——他參與地方政務的首要目標是限制稅賦增加。二戰結束後，他還擔任過市長（1945年—1946年），主持修復二戰炮火給這個小鎮留下的滿目瘡痍。他還是教會執事——宗教活動是他參與的所有社區活動的核心，作為虔誠的衛理公會教派教徒，他的商業、政治和宗教價值觀都高度一致。他認為人的責任就是維護靈魂純潔，管好自己的業務，悉心照顧家庭，幫助危難中的鄰居。

從孩提時代開始，這個名叫瑪格麗特的女孩就在商店——這種最純粹的市場——工作，對市場有了深切領悟。她在自傳中說，父親喜歡把這個雜貨店的生意與複雜得多的國際貿易聯繫起來，正是國際貿易使得這個小店裡出售的來自世界各地的食品出現在小鎮上人們的餐桌上，比如印度的大米、肯尼亞的咖啡、西印度群島的糖。「在我讀到那些偉大的自由經濟學家們的著作之前，我就從我父親那裡了解到，自由市場制度就像是一個巨大的、靈敏的系統，它對來自全世界的信號做出迅速的反應，以滿足人們不斷變化的需求。……事實上，從我年齡很小的時候起，我就具備了這種精神面貌和分析工具，並最終借此重建了一個被國家社會主義破壞了的經濟制度。」

柴契爾夫人從小從父親那裡學到三點政治人格：第一，辛勤工作。第二，服務公眾。第三，對大是大非有著堅強的自信。尤其是第三點——從充滿權宜和妥協污濁的政治世界，這種罕有的道德自信是柴契爾夫人最大的政治優勢。

在市中心的廣場上轉了一圈，我們向行人詢問柴契爾故居所在。一位中年男士告知，故居就在數百米外的十字路口，只能在外面看看。我們驅車前行到一個路口，找到這棟跟周圍的房子沒有太大差別

的紅磚房——二樓牆面上鑲嵌著一個巴掌大的銅牌加以標識，寫著「瑪格麗特‧柴契爾，大不列顛及北愛爾蘭聯合王國第一位女首相出生地」。

　　柴契爾夫人在此出生和成長。一樓是店面，家人居住在二樓。窗戶最小的小閣樓就是她的房間。當年，希特勒輕蔑地說，英國是一個小店主的國家，德國可輕易征服英國。他卻被這個小店主的國家打敗。小店主捍衛其自由和財產的決心與勇氣，是獨裁制度下的人們所無法想像的。早在 19 世紀，蘇格蘭旅行家萊恩就發現：「英格蘭是一個店主之國，但是這些店主很有自尊心，與顧客打交道時很有榮譽感，所以這些店主是紳士，不亞於鄉間那些自稱受過高等教育、更富於騎士精神的紳士。」

　　柴契爾夫人的後人未能保留這棟祖宅，很多偉人家中總是出現敗家子（她的兒子一直醜聞纏身）。這棟房子被賣給他人，現在一樓是一間名為 Living Health 的手療中心，週日關門，無法進入一探究竟。據說，店主對前來探尋柴契爾夫人故事的遊客頗不友善——設身處地想想，店主確實有權將絡繹不絕的遊客拒之門外。其實，這裡應當設立一間柴契爾夫人紀念館，為何保守黨和保守派沒有人重視這件事？保守派應當維護自身的光榮歷史。

　　柴契爾夫人有三大歷史貢獻。首先，她是橫掃全世界的經濟自由化潮流最為權威、最具魅力的捍衛者。即便面對巨大壓力，她也不改初衷，她在演講中斬釘截鐵地說：「我要對那些正屏氣凝神、等待著傳媒所稱『180 度轉彎』成真的人說：若你要轉彎便由你，但女士我絕不會轉。」這股潮流扭轉了過去 30 年占主導地位的集體主義、社會主義、計畫經濟和大政府，經過私有化改革之後，英國經濟重新恢復了活力，並成為歐洲國家仿效的榜樣。

　　其次，柴契爾夫人是邱吉爾之後最堅定地相信「講英語的人民」

負有領導並拯救世界其他地區義務的政治家。她認為大西洋聯盟（英美關係）比英國與歐洲的關係更重要。她欣賞美國社會的活力與樂觀主義，希望英國在各方面都愈來愈像美國。她對社會主義的歐洲天然地反感，對歐洲共同體抱懷疑態度：「我們尚未成功縮減英國的大政府邊界，卻眼睜睜地看著其又擴展到整個歐洲的範圍水準，被一個歐洲的超國家組織在布魯塞爾遙遙支配。」這為日後英國脫歐埋下伏筆。

第三，柴契爾夫人和雷根聯手終結了咄咄逼人的蘇聯帝國。她支持雷根以遏制政策對抗蘇聯，這點與 1970 年代西方普遍主張的「緩和政策」（實際上是綏靖政策）大相逕庭，並與英國其他奉行「緩和政策」的盟友（如德國和法國）產生摩擦。一般輿論公認，柴契爾夫人與雷根一樣，對西方資本主義陣營取得冷戰的勝利起到了關鍵作用。

柴契爾夫人也是邱吉爾以來唯一勇敢地宣稱自己是虔誠的基督徒的英國首相。她由小時候的衛理公會教友轉而加入英國聖公會，長期讀經、禱告、去教堂。在基督信仰主動退出或被逐出公共生活的時代，她毫不猶豫地斷言，她所信仰的宗教應該佔據國民生活的中心位置，她堅信基督教是一種向善的力量，是英國政治經濟文化的基石。她經常與左派的主教們論戰，指責教會放棄道德上的領導責任，應該為社會道德價值的整體性喪失負責。她堅信：「基督教啟迪的核心，就是每個人都有選擇的權利。」

如今，西方世界有哪個政治家具備終結中共帝國的勇氣和魄力？當今西方世界的政治人物，十有八九都是精神和行動上的小矮人，無足稱道。柴契爾夫人之後的第二位女首相特蕾莎·梅伊，執政時間很短，沒有什麼政績。（補記：2022 年九月當選的英國第三位女首相特拉斯，執政時間更短，她雖聲稱以柴契爾夫人為榜樣，但政見及價

值立場多變，早年是左派，主張大麻合法化、廢除王室，擔任教育部長時曾引入孔子學院和中國式填鴨教育，她上任後無力處理通膨等難題，很快就灰頭土臉地下台。）

我在臉書上貼文讚揚柴契爾夫人，有香港人怪罪柴契爾夫人出賣香港，我做出反駁，對方立即攻擊我「破壞香港人名譽，挑撥香港人和台灣人的關係」，卻不願承認當年（直到今天）大部分人香港人都是統派和大中華主義者的事實，英國人離開時，很多香港人鼓掌歡呼。多年來，香港泛民主派大都是「國粉」，反對台獨、反對民進黨。反送中運動後，香港年輕一代才出現獨派和本土派，但始終是少數。香港人身上有太多中華文化劣根性，趨炎附勢，有奶便是娘——1980 年代初就在中國做生意的港商大都名聲狼藉。若不敢直面歷史和的內心，香港爭取不到自由和獨立。

繼續上路，路遇到英國後的第一場大雨。氣溫陡然下降，宛如從盛夏來到深秋。下午抵達約克，入住市郊一家連鎖旅店。

7 月 25 日　約克古城、約克大教堂

上午進入約克古城，英王喬治六世說過，「約克的歷史，就是英格蘭的歷史」（The history of York is the history of England.），公元 71 年，羅馬第九兵團佔領當地，開發它並命名為艾伯拉肯（Eboracum）。此後，君士坦丁大帝登基前曾帥軍遠征英格蘭，在其父死後，他在此地被推舉為帝，約克大教堂（York Minster）前有其雕像。

約克郡是英國最大的郡，也是北部重鎮，自古名人輩出，如英國文學史上著名的勃朗特三姐妹 ——《簡·愛》的作者夏洛特·勃朗特（Charlotte Brontë）、《咆哮山莊》的作者艾米麗·勃朗特（Emily Brontë）、《荒野莊園的房客》的作者安妮·勃朗特（Anne

柴契爾夫人是 20 世紀最偉大的英國首相之一

歷史古城約克

Brontë），以及國寶級雕塑家亨利・摩爾（Henry Spencer Moore）。

我們在約克的城牆邊漫步，這是英格蘭最長的古城牆，始建於羅馬時代，之後不斷擴建。羅馬撤離英格蘭後，當地陷入內亂。公元857年，維京人從海上來襲，佔據英格蘭大片國土，牢牢控制約克長達一個多世紀，將該地改名為"Jorvik"，意為「馬廄」。維京人開放約克為貿易河港，經濟逐漸發展起來，約克升格為一處政經重地。公元954年，最後一位維京國王「血斧王」埃里克（Eric Bloodaxe）被阿爾弗雷德大帝（Alfred）逐出約克，維京人在約克及英格蘭的統治終告結束，然維京文化已融入當地，在很長一段時間內約克都與維京人藕斷絲連。征服者威廉來了之後，約克人對這名諾曼人不服，發動激烈反抗。約克於1069年遭到了北方大浩劫（Harrying of the North）的災難並造成很大的破壞，此乃征服者威廉所發動之一系列針對約克地方起義的報復行動。因此，約克人對諾曼征服的體認，與英格蘭其他地方大不相同。

約克博物館很值得一看。它是英國歷史最悠久的博物館之一，共分四個展區，展示生物學、地質學、考古學和天文學的文物。考古學方面，有羅馬、撒克遜、維京及中世紀不同時代的代表性考古發現。

博物館花園中，有僅存一面牆的聖瑪麗修道院（St. Mary's Abbey），它建於1088年，本為英格蘭北部最大也最富裕的本篤會修道院之一，後來毀於亨利八世的宗教改革。如今，人們還能從僅存的華麗的拱窗和門面想像修道院當年的輝煌。我讚同宗教改革，但不讚同損毀天主教的建築與藝術。徜徉在斷壁殘垣之間，回想歷史的血與火，很多當年人們為之而付出生命代價的真理，其實只是相對的真理而已。

徒步十分鐘，即到達約克大教堂，它是歐洲北部最大的哥德式教堂之一，外觀精細繁複，讓人眼花繚亂。在英國國教會（Church of

England）的權力體系中，坎特伯雷大主教管南方地區，約克大主教管北方。從高度來看，約克大教堂是全英最高的大教堂，在全球範圍內僅次於德國科隆大教堂。教堂內布滿細緻的雕刻和精美的彩繪玻璃：北面有被譽為「哥德建築的眼睛」的玫瑰窗；大東窗的彩繪玻璃，是世界上最大的中世紀彩繪玻璃。我很喜歡天主教時代古老教堂中的彩繪玻璃，新教教堂排斥絢爛的色彩與藝術品，認為其有可能干擾會眾的心靈，內部陳設卻過於單調乏味，又造成了對上帝賦予人類的審美能力的壓抑，反倒讓很多人遠離信仰。

八角廳是教士們開會的場所，以大理石塊打造，且為八角錐體設計，音響效果極佳，人在大廳中心小聲說話，即能傳遍整個廳堂，不同位置的人都能聽得清清楚楚。教堂的雕像，一般都是聖母、耶穌跟天使，這裡卻不同，猴子、綿羊、貓頭鷹、獅子等動物出現在各座位頂上，坐在座位上抬頭即看到諸多面目猙獰的動物，頓時恐懼戰兢。

約克被譽為「上帝所屬的領地」，除了人文自然風景之外，還跟它被稱為「英倫美食之都」有關。參觀完大教堂，我們在擁有百年歷史的「貝蒂咖啡和茶屋」（Bettys Café Tea Rooms）享受正宗英式下午茶。約克也是英國最好的巧克力的產地，可惜我一生中吃糖的配給已用完，不能再吃巧克力了。但可喝不加糖的奶茶，比美國的濃郁許多。

附近有多條街道，皆古色古香。在市中心的肉鋪街（The Shambles）在中世紀是一條肉鋪林立的街道。樓房呈現奇特的倒梯形，越往上層越突出街道，最後兩邊的屋簷幾乎連接在一起，據說有擋光效果，避免掛在樓下的肉品被陽光直射而影響品質。如今，這裡沒有肉鋪，都是琳瑯滿目的網紅店。肉鋪街是在英國遊覽期間經過的最擁擠的街道：這裡拍攝過哈利波特系列電影，慕名而來者眾多，有很多人打扮成哈利波特電影中角色。我們對哈利波特毫無興趣。同樣

是魔幻題材的作品，我更欣賞《魔戒》和《納尼亞傳奇》。但作品的質量與讀者的多寡常常成反比，這是什麼原因呢？一言以蔽之，曲高和寡吧。

約克基本保留中世紀古城的風貌。工業革命期間，交通特別是水路交通便利之地成為工廠選址的首要條件，英格蘭的發展偏向運河流速較快的西部地區（如曼徹斯特），而不通運河的約克未受太大衝擊，始終以農業為主，反倒因禍得福，沒有大量拆毀精美的古建築來修建醜陋的現代建築。

7 月 26 日　霍華德莊園、惠特比庫克船長紀念館、惠特比修道院

早上從約克出發，前往位於約克北方 24 公里的霍華德莊園（Castle Howard）。霍華德城堡被譽為英國最華美的鄉間別墅之一，不過實際上並不是一座城堡，由建築師兼劇作家約翰·凡布魯（John Vanbrugh）於 1699 年設計，是英國巴洛克建築中出類拔萃的典範。一本權威旅行指南如是評價：「在英格蘭，雄偉的莊園到處都是，但是你很難找到一處像霍華德莊園這樣美得驚心動魄的建築。」三百年來，這個莊園一直在霍華德家族手中，前幾年因某華裔歌星在此舉行婚禮而在華語世界名聲大噪，引來無數華人遊客。幸運的是，因為中國閉關鎖國，此行極少見到喧囂粗魯的中國遊客。一場濛濛細雨，為這趟古堡之行增添一番詩情畫意。

霍華德家族在英國歷史中大名鼎鼎，亨利八世結過六次婚，有兩任妻子都來自霍華德家族。最出名的一位是安妮·博林（Anne Boleyn，亨利八世的第二個王后），她的母親伊麗莎白·霍華德·博林就是該家族家主托馬斯·霍華德的親妹妹。亨利八世為迎娶安妮·

博林，不顧羅馬教廷不准離婚的禁令，發動宗教改革，創建英國國教會並脫離羅馬教廷的控制，永遠地改變了英國的宗教與政治格局。然而，如此大費周章完成的一樁婚姻，卻未能善始善終。博林因未能生出兒子，被喜新厭舊的渣男丈夫羅織罪名，處以斬首之刑。她的表妹凱瑟琳·霍華德後來成為亨利八世的第五任妻子，最終也沒有逃過被砍頭的厄運。

城堡四周被起伏的山丘、玫瑰園、森林花園包圍，可與邱吉爾家族的莊園媲美。巨大的宅邸中，處處是名家畫作及琳瑯滿目的藝術品。宅邸中有一座私人教堂，可容納整個家族在其中禮拜，據說現在每週都有禮拜活動。因為《故園風雨後》（Brideshead Revisited）等影視作品曾在此拍攝，霍華德莊園在英國家喻戶曉，其中一個展廳，專門展出此拍攝的影視作品的劇照和海報，及劇中人物的服裝。作為英國諷刺小說作家伊夫林·沃的代表作，《故園風雨後》被稱為英國的《紅樓夢》，講述了一個貴族家庭的悲歡離合、盛極而衰，折射了英國貴族階層的榮光在「二戰」前夕的幻滅。

離開霍華德莊園，前往海濱小城惠特比（Whitby）。路上經過小鎮莫爾頓（Malton），它被譽為約克的美食天堂，英國人常說：「約克美食甲英國，莫爾頓美食甲約克。」該小鎮既有美食，也有美景，很多英劇如《唐頓莊園》都在此拍攝外景。

我們找到一家在地名為 Peasey Hill 的「炸魚薯條店」（Fish & Chip Shop），名字平淡無奇，家庭經營的小店，主要是外賣，連座椅都沒有。老闆娘熱情、敏捷，丈夫在後廚烹飪，很像台灣街頭的小店。五英鎊即可買到一大塊炸銀鱈魚，味道鮮美，外面很脆，裡面鮮嫩多汁。果然名不虛傳，這是我在英國吃到的最美味的炸魚薯條。薯條有手指的一半粗細，是美式薯條的幾倍大。我們在櫃檯上站著吃，等我們吃完，小店就下班休息了，老闆和老闆娘倆挽著手悠閒地步行

霍華德莊園

惠特比修道院（Whitby Abbey）之遺址

回家——他們不需要白天黑夜不停工作，除了工作之外，生命中還有很多事情，比如休閒，休閒是一種生活態度，也是一種能力。

到了惠特比，小城一面朝向大海，一面背靠山崖。城裡遊人摩肩接踵，車水馬龍，我們好不容易在路邊找到一個停車位。然後往港口漫步，發現碼頭上停泊著航海家庫克船長當年駕駛的「勝利號」的複製品，如今是一家水上餐廳，可載著遊客在海岸邊巡遊。很難想像，當年如此小的一艘無機械動力（只有風帆）的木船，被庫克船長駕駛著遠航，將澳大利亞、紐西蘭和夏威夷等「化外之地」收入大英帝國囊中。

在一條小巷的盡頭，有一間庫克船長紀念博物館。博物館中保存著各種航海資料、地圖、器具、動植物標本以及船隻模型等。庫克本人是一流的繪圖師，這裡展出了他親手繪製的紐芬蘭海岸等地圖。那個時代，在有限的地理知識和簡陋的工具限制下，庫克的地圖繪製得如此精準，若是與中國清朝的地圖相比，簡直就是天壤之別。

在三樓的展廳中，我看到有一塊展示牌上說，太平洋很多地方的族群，都來自台灣，在大航海時代，台灣在太平洋上具有舉足輕重的樞紐地位。

出了庫克船長紀念博物館，我們沿著一條石板街道往山上走，登上 199 級石台階，參觀惠特比修道院（Whitby Abbey）之遺址。在台階上，隨時可回頭眺望海灣和港口，景色美不勝收。這是我到英國後看到的最美海景之一——跟七姊妹巖不相上下。

到了山頂，首先看到一片墓地，墓碑大都已有兩三百年歷史，字跡多半模糊不清。能葬在風景如此美好的地方，真是「面朝大海，春暖花開」。

惠特比修道院原為七世紀的女修道院，第一任院長是一位公主，後來被教廷封聖。修道院歷盡滄桑，曾遭到維京人破壞，在亨利八世

宗教改革時又被解散，一戰時遭到德軍炮擊，如今只剩下一片頹垣敗瓦，卻別有一番歷史滄桑感和神祕感。此時已是夕陽西下時，我們是最後一批遊客，歷史似乎在此定格，有金戈鐵馬的聲音從牆縫中傳出。據說，愛爾蘭作家布拉姆‧斯托克（Bram Stoker）夜晚在惠特比修道院的遺址中漫步，在恐怖陰森的氛圍中，獲得了創作吸血鬼題材小說德古拉伯爵的靈感。

揮別惠特比，驅車北上，傍晚抵達工業城市新堡（Newcastle），它是英格蘭北部的重鎮，昔日羅馬修築的哈德良長城就在附近。在一家錫克人開的家庭旅店下榻，隔壁就是一家義式餐廳，晚餐不必再外出了。

7月27日　愛丁堡城堡、聖吉爾斯大教堂、諾克斯塑像及墓地、亞當‧史密斯塑像及墓地

早上，前往愛丁堡。車行在被稱為英國最美的高速公路上，剛進入蘇格蘭，立即發現景色迥異，不再有英格蘭的侷促之感，原野和牧場廣袤無垠，青山綠水連綿不絕，水氣充沛，植物生機勃勃、綠意盎然，天空越發高而藍，用沈從文的說法，美得「讓人想要下跪」。有一段公路，右側是海岸線，左側是山麓或原野，很像台灣花蓮的海岸公路。一如電影《梅爾吉勃遜之英雄本色》（Braveheart，中國譯作《勇敢的心》）中的畫面，景色壯闊、狂野而冷峻，我們進入了一個勇士和英雄的國度。

對我來說，蘇格蘭一直是個謎，一個遙遠的夢，卻又與我有一種神奇的精神上的聯繫。邱吉爾曾說，「這世上所有的小國，也許只有古希臘人在對人類的貢獻上能夠超越蘇格蘭人」。就信仰而言，我最傾向的新教宗派是蘇格蘭長老教會；就思想觀念而言，我認同蘇格蘭

啟蒙運動而反對歐陸的啟蒙運動（華語圈中，十有八九的高級知識分子對這兩者的重大區別一無所知）；就美國歷史的淵源而言，正如蘇格蘭移民後裔卡耐基所說，「美國是一片隔著汪洋的蘇格蘭。……若非有蘇格蘭移民，美國只是一齣三流戲碼。」美國著名的歷史學家亞瑟‧赫曼（Arthur Herman）認為，蘇格蘭已經不僅僅是國籍、出生地和民眾，蘇格蘭更是一種心境、一種世界觀，蘇格蘭式的心態，是累積前人種種心血的精緻產物，是一種自覺的現代觀點，深深扎根於支配今日生活的各種假設與體制之中。蘇格蘭人讓世人認清，真正的自由除了是個人的權利，也必須盡相對的義務；物質充裕不代表心靈貧乏；科技與人文可以相輔相成；如何利用個人財富善盡社會責任；政治與經濟自由並行不悖；展望未來必先慎終追遠。

中午時分，抵達愛丁堡（Edinburgh）。如果說約克像是一名溫婉可人的小家碧玉，那麼愛丁堡就如同凜然不可侵犯的貴婦。被譽為「北方雅典」及「孕育天才的溫床」的愛丁堡為蘇格蘭首府，砥礪心靈、鼓勵創新，緊密融合了學者和思想家的社群，在此誕生了蘇格蘭學派。愛丁堡的舊城基本保持中世紀晚期的風格。一座座宏偉的古建築，或為教堂，或為愛丁堡大學，或為博物館，或為議會，或為大酒店，每棟建築皆有綿長的歷史淵源。修築這些建築的石材與別處不同，經過長久風吹雨打，外部大都呈現一種肅穆莊嚴的黑色。

我們先去參觀愛丁堡城堡（Edinburgh Castle）。這座城堡修建在一座死火山花崗岩頂上，被譽為歐洲最堅固的堡壘之一。一面斜坡，三面懸崖，只要把守住位於斜坡的城堡大門，便能固若金湯，敵軍縱有千軍萬馬，亦對它無可奈何。六世紀時，它成為皇室堡壘，後來又成為蘇格蘭的國家行政中心。蘇格蘭獨立戰爭期間，蘇格蘭與英格蘭的軍隊在此展開血腥廝殺。1314 年，蘇格蘭人大膽夜間突襲奪回城堡的故事，成為蘇格蘭人永遠無法忘記的驕傲。1603 年，蘇格蘭國

死火山花崗岩頂上的愛丁堡城堡

聖吉爾斯大教堂

王詹姆斯六世繼承英格蘭王位，稱詹姆士一世，開啟蘇格蘭與英格蘭共主邦聯的時代，並將象徵英國最古老的皇冠珠寶、權杖與寶劍迎回蘇格蘭，從此該城堡成為蘇格蘭與英格蘭聯合的象徵。如今，愛丁堡城堡是蘇格蘭國家戰爭博物館（National War Museum of Scotland）、蘇格蘭皇家兵團博物館（Museum of The Royal Regiment for Scotland）之所在地。

離開城堡，我們步行走在最熱鬧的王子街（The Princes Street）及周邊街道上，遊人甚多，店鋪鱗次櫛比，比倫敦的街道更整潔，沒有那麼多奇裝異服者和乞丐遊民。隨時拐出熙熙攘攘的主街，步入旁邊的小巷中，便宛如到了另一個世界——遊客頓時減少，當地人過著寧靜的日常生活。每一戶的大門、每一個招牌、每一盆掛在牆上的花卉，都展現了生活的詩意。手中的相機隨便拍前後左右的景色，都是明信片式的美景。愛丁堡是我到過的最美的古城，與德國的海德堡相比，更有一種冷峻高絕之美。

街上有許多出售蘇格蘭羊絨製品商店，每個商店中都至少有一位店員是會講中文的華人。大概是在中國遊客成群結隊、絡繹不絕的年代裡，老闆為吸引中國買家而特意聘請華人店員提供賓至如歸的服務。如今，中國遊客大幅減少，華人店員大都很清閒，看到我們進入，立即熱情地迎上來。或許我太多疑了，每當看到華人店員較多的地方，就情不自禁地懷疑其商品是否為從中國運來的假貨——山寨王國，實在讓人防不勝防。朋友介紹了一家超過兩百年歷史的老店，妻子這才放心在那裡買了一頂粉紅色的羊絨帽子。

每座歷史名城，都有增添其榮耀的歷史人物，他們的豐功偉業亦成為城市傳奇的一部分。到愛丁堡，我首先尋找兩位人物的蹤跡——蘇格蘭宗教改革先行者約翰·諾克斯（John Knox）和經濟學大師亞當·史密斯。在一個十字街頭，我發現一尊哲學家休謨的塑像，但塑

像底座上有一些莫名其妙的塗鴉——這種不尊重歷史的行徑讓人厭惡，但此類嬉皮無賴哪裡都有，防不勝防。

諾克斯的很多故事都發生在老城中心的聖吉爾斯大教堂（St. Giles' Cathedral）。該教堂的尖頂是蘇格蘭王冠的模樣，跟英格蘭教堂的尖頂大不一樣。與此前在英格蘭看到的若干著名教堂相比，這座教堂的外表和內部裝飾並無什麼出色之處，它原本為天主教教堂，宗教改革之後，改為蘇格蘭長老教會教堂，若干天主教的裝飾被移除，以便讓信眾禮拜時，更能一心一意地敬拜上帝。它不像英格蘭的若干大教堂那樣買票才能進入，對民眾免費開放，人們可自願奉獻支持——教堂本該如此。這座教堂是諾克斯發動蘇格蘭宗教改革以及諸教會簽署《國民合約》之地，是蘇格蘭長老教會的聖地，也被稱為全世界長老教會之母會。

教堂內有《蘇格蘭盟約》的抄本展出，字跡模糊，勉強可辨認一部分。蘇格蘭國民於 1638 年及 1643 年，先後簽署《國民合約》（National Covenant）及《嚴肅同盟合約》（Solemn League and Covenant），表明蘇格蘭人民將藉著長老教會的教義來復興信仰，教會亦以長老教會制度運行。

1637 年 7 月 23 日，聖吉爾斯教堂的副主教在禮拜中使用查理國王頒布的祈禱書版本，信眾怒髮衝冠，最憤怒的是一群婦女，其中一名婦女鼓譟咒罵，拿起一把椅子向講台扔過去——這把椅子至今還保存在教堂中。長達數月的抗議由此拉開序幕。1638 年二月底，蘇格蘭各界人士簽署《國民合約》，這是一份信仰告白，也是長老教會版本的民主宣言——任何人不經教徒代表大會和議會同意所頒布的法律，民眾必將群起反抗。在這份文件上簽字的人們誓言捍衛諾克斯的理念：「吾等將極力維護……上帝交付人民手中的權利，至死方休。」

1660 年，英王查理二世復辟，不顧前約，在蘇格蘭強制推行英國國教教制。蘇格蘭長老會的「盟約者」堅守盟約，拒絕承認國王在宗教事務上的主導權，拿起武器與之抗爭。直到 1688 英格蘭發生光榮革命，信奉新教的威廉三世及瑪麗二世推翻詹姆士二世，且不再干涉蘇格蘭人民的信仰，蘇格蘭的盟約者才放下武器。

　　教堂內有一尊漆黑的諾克斯的塑像，一如其嚴厲銳利之性格。當時還是神學院學生的詹姆斯・邁爾維爾（James Melville）牧師，對諾克斯講道的情形留下了極其深刻的印象。他寫道：「我一般帶著紙筆，以便隨時記下自己理解的內容，諾克斯在講解經文的頭半小時通常口氣溫和，但是，當他進入應用部分時，我禁不住渾身顫慄和發抖，甚至無法繼續拿筆寫字。他真的非常虛弱。每次講道的日子，我都看到他小心翼翼地緩步而行……可是，一旦他開始講道，馬上就變得精力充沛，幹勁十足，似乎要把講壇擊得粉碎，整個人從裡面飛出來。」歷史學家德歐畢涅認為：「在更正教之中，接繼約翰・加爾文的最卓越人物，恐怕非約翰・諾克斯莫屬。」十九世紀蘇格蘭傳記、教會史作家麥克里（Thomas McCrie）在《諾克斯傳》（The Life of John Knox）中指出，「在諾克斯心目中佔第一位的是對新教信仰的熱愛，其次則是對公民權利的極其推崇」。

　　諾克斯的影響力，特別是他所帶領的長老會的影響力，幾乎覆蓋世界每一角落。諾克斯是蘇格蘭長老會的創建者之一，之後蘇格蘭長老會又衍生出荷蘭長老會。這些蘇格蘭清教徒擴散到世界各個角落──特別是大英帝國的殖民地。有人說，美國獨立運動是長老會主導的民族獨立運動，許多獨立戰爭領袖和美國國父都是長老會信徒，他們具有諾克斯那種不向惡勢力低頭的精神。在加拿大，19 世紀時期，幾乎所有大學都是長老會的蘇格蘭裔信徒創立的。

　　諾克斯墓地不在塑像旁邊，而在教堂外的停車場上──只有一個

小小如書本大小的銅牌，設置在 23 號車位邊上，任由車輛和行人踐踏，很少有人停下來仔細辨別上面的字眼。大教堂內有諸多王侯將相、社會賢達之墓地，作為上帝的戰士的諾克斯卻不能在教堂內佔有一席之地。後人也許覺得不公平，但這就是歷史真相，這倒是應了保羅在聖經中所說：「直到如今，人還把我們看作世界上的污穢，萬物中的渣滓。」受尊崇和愛戴從來不是基督徒的待遇，因為我們的主耶穌基督就戴著荊冠被釘在十字架上。

教堂外不遠處，豎立著一尊經濟學家亞當·史密斯的塑像。他身後是一把舊式犁，身旁是一個蜂巢，象徵著農業社會向商業社會和市場經濟的過渡。他的左手捏著長袍，暗示他將大部分時間投入到學術生活之中。他的右手擱在一個地球儀上，委婉地提示觀眾他作為思想家的野心和世界性的聲譽，以及他面對的時代背景是大航海時代來臨，他的經濟學不僅是為解決英國一國的問題，更是處理全球化的問題。

繼續往前走約 20 分鐘，就到了修士門教堂（Canongate Kirk，編按：Kirk 在蘇格蘭語〔Scots〕是教會的意思）所屬的一處墓地。臨街的正門看不出這裡有公墓，進門後，石板地面有一串小小的銅牌指引方向，一開始我們沒有發現，徑直往教堂建築後面的一大片公墓走去，四處尋覓亞當·史密斯的墓地。在公墓裡繞了一圈，這才發現亞當·史密斯的墓在左邊最靠外面的地方。墓地用圍欄圍起來，但樸實無華，其墓碑與前面一棟房子的後牆幾乎融為一體。墓碑上簡單地寫著一句碑文：「《道德情操論》和《國富論》的作者亞當·史密斯長眠於此。生於 1723 年 6 月 5 日，卒於 1790 年 7 月 17 日。」這兩本重要著作，耗盡作者一生心血，很難想出比這更簡練雋永的墓誌銘了。我心中萬分感嘆，從歐威爾墓地到伯克墓地，從諾克斯墓地到亞當·史密斯墓地，全都卑微寂寞，絲毫不引人矚目。難道這就是先知的寂寞？

7月28日 蘇格蘭國家美術館、卡爾頓丘、諾克斯故居、作家博物館、蘇格蘭國家博物館

今天繼續遊覽愛丁堡古城。

先參觀蘇格蘭國家美術館（Scottish National Gallery）。宗教改革時代的蘇格蘭被譽為「北方燈塔」，政治經濟和文化藝術都超過了蘇格蘭，美術界亦名家輩出。在館內，我們看到多幅林布蘭（Rembrandt）等人的名畫，看到了宗教改革之後經濟飛速發展的時代風貌。這些貼近人們的日常生活的作品，比中世紀的那些刻板僵硬的聖像畫更有魅力。該美術館布置極佳，有多處樓梯可以上到二樓，總體面積不至於太大，兩個多小時即可匆匆看完。可惜，很多重要藏品，如莫內的畫，都在外地巡展，不能一睹真容。

出美術館，攀登上卡爾頓丘（Calton Hill）。山腳下有一座老墓園，哲學家大衛·休謨即長眠於此。休謨在 26 歲時即寫出轟動一時的《人性論》，作為懷疑主義者，他認為人的理智受制於情感，而沒有一種情感能超越圖利的欲望。他與亞當·史密斯一樣堅信，商業是改革的引擎，商業促進了自由，自由帶來文化，文化使人類的性靈獲得提昇，整個過程息息相關，休謨強調：「除非先有自由的政府體制，否則藝術和科學無從提昇。」1776 年 8 月 25 日，休謨去世，其葬禮上人頭攢動，頂著滂沱大雨，其靈柩由新城的家中被抬到舊城區的墓園。就在同一公墓中，有一座政治烈士紀念碑，紀念當初提倡國會改革而被捕入獄並遭流放 15 年的五位先賢。

山丘並不高，十多分鐘就可登頂，頂上有一座蘇格蘭國家紀念碑，其巨大的廊柱類似希臘神廟。它是為了紀念奮勇抵擋拿破崙軍隊而陣亡的蘇格蘭士兵們所建，蓋了 12 根柱子後，因經費短缺無法完工，只留下一個立面，被視為蘇格蘭之恥。隨著時間流逝，人們也以

平常心視之。旁邊還有一座高聳入雲的納爾遜紀念塔，是山頂最高的建築，沒有說明文字，可謂「不著一字，盡得風流」。

在山頂還設有天文台，可以俯瞰愛丁堡全景。老城中心的愛丁堡大學，由一個個口字形的院落組成，很像牛津與劍橋的格局。往另一個方向眺望，新城的高樓卻相當醜陋，人類越到現代，審美能力越是飛速下降。

下山回到城內，繼續在街上閒逛。突然發現一家名為蜀湘門第的中餐廳，看菜單似乎很正宗。我們點了回鍋肉蓋飯及牛肉麵，皆相當美味。我們坐在窗邊的桌子上，望出去才發現，對面紅色門臉的咖啡館即為大名鼎鼎的「象之屋」（Elephant House）。《哈利波特》的作者羅琳成名之前是這裡的常客，她是單親媽媽，失業多時，時常到咖啡館來，在餐巾紙上寫小說草稿。老闆對她頗為友善。如今，羅琳已不在此地出現，但哈利波特迷們從早到外都在門口排隊打卡。我對哈利波特及羅琳沒有什麼興趣，卻對《哈利波特》衍生出龐大產業頗感好奇。魔幻文學向來是人類的一大喜好，但同樣是魔幻文學，羅琳的作品比托爾金、C・S・路易斯差太多。頗具諷刺意味的是，近年來，本來偏左的羅琳成為極左派打擊的對象，讓人有「30年河東，30年河西」之嘆。左派的天性是比左，極左派以消滅溫和左派為志業。

午餐後，參觀諾克斯故居（John Knox House）。這是一棟四層小樓，最早的歷史可追溯到1470年，它是愛丁堡唯一保存下來並矗立在皇家大道（Royal Mile）上的中世紀建築，原本是信奉天主教的金匠詹姆斯・莫斯曼（James Mossman）的住宅——詹姆斯・莫斯曼一直忠於蘇格蘭人的女王瑪麗（Mary, Queen of Scots），並為之鍛造皇冠和金幣，信奉天主教的女王被推翻後，1573年他被逮捕並被處決，房子被沒收。在小屋的樓上還保存著一間金匠的工作間，各種工具擺

卡爾頓丘（Calton Hill）上的國家紀念碑

諾克斯故居

在桌上，琳瑯滿目。

據說諾克斯曾在此居住並在此逝世（諾克斯究竟有沒有在此住過是有爭議的）。昨日瞻仰了諾克斯的雕像及墓地，今天在其故居中更深切地體驗其生活氛圍。諾克斯說過，所謂的「自由」，「就是一個卑微的罪人，站在聖約當中領受恩典，並以此抵抗對自我中心、對世俗國家和對公共權力的各種偶像崇拜」。他的一生就是這句話的實踐。紀念館一樓的一個小房間中，有麥克風傳出模擬諾克斯講道的嚴厲如颶風的聲音——這位巨人曾將兇狠的瑪麗女王訓斥得嚎啕大哭，這是上帝賦予先知的超人力量。

接著又去參觀作家博物館（The Writer's Museum）。門外階梯上有一塊石碑，寫著作家巴伯瑞的名句：「自由是神聖之物。」我太喜歡「自由是神聖之物」這句名言——迄今為止，我的一生都在實踐這句話。沒有自由的人生是不值得過的人生。

作家博物館設在一所老房子中，展示了蘇格蘭詩人伯恩斯 (Robert Burns)、歷史小說家司各特 (Sir Walter Scott)、探險小說家史蒂文森 (Robert Louis Stevenson) 三位文學巨匠的手稿、不同版本的著作、藏書及各種私人物品。這三位作家都是蘇格蘭的文學瑰寶，他們身世坎坷，均身患重病，卻創作了豐富厚重的文學作品，將他們放在一起，星光輝映、何其燦爛。

只活了 35 歲的詩人伯恩斯，出生於農家，成年後擔任稅吏，其作品關注市井小民的生活，與誇誇其談的主流文壇格格不入，不得不離開愛丁堡，終身沒有擺脫困窘的生活。1796 年 7 月 12 日——去世前九天——伯恩斯在給友人湯姆森的信中寫道：「雖然過去我曾誇下海口獨立，現在可惡的貧窮卻迫使我向你乞求五英鎊。」至於為什麼需要這筆錢，他解釋說：「有個縫紉用品商是一個惡棍，我欠他一筆錢。現在他知道我快死了，於是開始提起訴訟，非要把我送進監獄不

可。」他卑微地死去，但他留下的遺言「我死之後，人們會更崇敬我」終成現實：在當代蘇格蘭一份民調中，伯恩斯力壓亞當·史密斯和詹姆士·瓦特，被評選為「最偉大的蘇格蘭人」及蘇格蘭的「國民詩人」──英格蘭有莎士比亞，蘇格蘭有伯恩斯。伯恩斯的詩歌，有一半是歌頌蘇格蘭，另一半則是歌頌愛情，他的愛情始於一望無際的麥田：「我們鄉下有個習慣，在收獲季節，總是讓一男一女結伴去勞動，在我 15 歲那年秋天，和我作伴的是一個只比我小一歲的迷人姑娘，我很難用有限的語言描繪她的美。」其名作〈友誼天長地久〉（Auld Lang Syne），後來成為電影《魂斷藍橋》的主題曲，催人淚下：「我們倆在山坡上奔跑，採摘美麗的雛菊，但自從久遠的往昔以來，我們已漫步了許多勞累的腳程。」愛丁堡大學校長托馬斯·卡萊爾說過：「伯恩斯是一個達到了永恆深度的人。他若雲雀，從低下的地壟開始，高高飛上藍天深處，並在那裡如此真實地為我們歌唱。他有一種高貴、粗獷的真誠，有誠實、簡樸的鄉村氣息，真實單純的力量。」

　　司各特出生於愛丁堡一個律師家庭，從小身患小兒麻痺症，終身腿殘，卻身殘志堅，一心向學。12 歲那年，他步履蹣跚地走遍蘇格蘭的古堡，並熟讀歷史和傳奇故事。成年後，他當過律師和法官及副郡長，但始終鍾情於文學，選擇成為職業作家。「一個民族的性格，不是從它的衣冠楚楚的紳士群中可以了解的。」他和農民結成莫逆之交，搜集民間故事和民歌，出版了《蘇格蘭邊區歌謠集》及個人詩集《最後一位行吟詩人之歌》。豐厚的稿費收入讓他有能力購買一大片土地、興建一座名為阿伯茲福德的中世紀風格的城堡──這是蘇格蘭第一棟安裝煤氣照明設備的房子，比皇室莊園還早。司各特在城堡中寫作歷史傳奇小說，結合幻想與史實重現流逝的時空，比歷史本身更為動人。他的創作量驚人，連拜倫都感嘆司各特開創了一個「司各特

王朝」。司各特在長篇小說《清教徒》中重現了 1679 年蘇格蘭清教徒反抗壓迫的歷史，他希望用作品「將自己民族的人民介紹給姊妹國家的人民，旨在為他們的美德贏得同情，為他們的特點爭得寬容」。他隱約覺察到急遽的現代化帶來的危機，為現代提供了一個解方：回溯遠古英雄的浪漫傳奇，以平衡現實世界的冷酷無情。他也發現了蘇格蘭文化中的分裂：「蘇格蘭的心靈由詩句和常識所構成，後者的強大力量能夠使前者長存、繁盛。」他與伯恩斯一樣，靠一支筆就成了蘇格蘭的民族英雄。在愛丁堡王子街花園，有一個高高的司各特紀念塔。這間博物館展出的，只是他的一部分文物菁華，他的七千冊藏書完好地保存在他的莊園中。

史蒂文森出生於愛丁堡一個工程師家庭，父母希望將他培養成工程師，他卻發現比起建造燈塔來，對島嶼和海岸的傳奇故事更感興趣。他選擇了一條崎嶇坎坷的文學之路，一開始寂寂無名，「靠著大量的勞動與沉重的思考，一天只賺得了 45 分，有時候更少」，一度連果腹的食品都買不起，直到寫出《金銀島》才一舉成名。他患有嚴重的肺病，忍受不了蘇格蘭寒冷潮濕的氣候，一生大部分時間都在不同地方旅行，以尋找溫暖乾燥的地方。他在太平洋上的吉爾伯特群島、大溪地島和紐西蘭都居住過，最後定居在薩摩亞群島。他厭惡那些傲慢腐敗的殖民地官員，曾利用其影響力罷免了其中的兩人。他的很多重要作品都在薩摩亞的家中完成，最後一本著作是《赫米斯頓的韋爾》，他曾經叫喊著：「它是如此出色，甚至令我感到害怕」——他感覺到這是一生中最好的作品。史蒂文森在島上去世時，年僅 44 歲。他寫過一首〈自輓詩〉（Requiem）：「浩渺星空下，掘墓以長眠。生歡死亦樂，安臥留一言。為我鑴此句：眠處正心牽；水手終離海，獵戶下山還。」頗有陶淵明〈擬輓歌辭〉「親戚或餘悲，他人亦已歌。死去何所道，託體同山阿」的味道。他去世的那個夜晚，當地

居民堅持守候在他身旁，並且用他們的肩膀將「圖西塔拉」（薩摩亞語 Tusitala，意為故事作家）運送上瓦埃阿山，埋葬在一處可以眺望海洋的地方。在其短暫一生中，創作了無數的小說、散文、詩歌、評論。博物館中展出很多史蒂文森在太平洋諸島嶼搜集的物品，有些跟庫克船長紀念館中的物品很相似，在那個時代，這位作家已然具備了「世界人」的眼界和胸襟。

我喜歡作家博物館這種小型專題博物館，以實物呈現作家一生經歷與文學成就，老房子又在某種程度上重現了作家當年的生活和創作場景。這三位作家各自用其作品建構了一座文學豐碑。

作家博物館的一角設有一個小小的禮品商店。不同於很多博物館中大同小異的紀念品，他們的紀念品都是專門設計的，別具匠心，啟發人心。比如，有一張《簡·愛》作者夏洛特·勃朗特的銀質紀念書籤和賀卡，是一隻掙扎著飛出鳥籠的小鳥，下面有一句夏洛特·勃朗特的名言：「我不是鳥，沒有網能誘捕我，我是一個有獨立意志的自由人。」（I am no bird; and no net ensnares me: I am a free human being with an independent will.）電影《刺激 1995》中的一句經典台詞大概也源出於此：「有些鳥兒注定是關不住的，因為牠們的羽翼上沾滿了自由的光輝，當牠們遠走高飛時，你會覺得把牠們鎖起來是一種罪惡。」我讀到這句話，心有戚戚焉，心情激蕩，若是劉曉波還在世，我一定買一張郵寄給他。

今天的最後一站是蘇格蘭國家博物館（National Museums Scotland）。此前，我們看過倫敦的若干博物館，眼界變高了，覺得這間博物館的展品比不上大英博物館，而且像是大雜燴，沒有顯著的特色。科技館倒是吸引不少好奇的孩子，有瓦特蒸汽機的模型，還有世界首隻複製羊多利的複製品——我不贊同這種違背人類基本道德倫理的科學研究，它將為人類帶來災難性的後果。

晚餐，我們再次在蜀湘門第餐廳享用川菜。我們點的若干菜品，都是海外普通川菜館的菜單上通常沒有的、也做不出來的，如野山椒炒雞胗、爆炒腰花、毛血旺等，皆原汁原味，麻辣十足。這是我在英國吃到的最正宗的川菜，比起紐約和加州的著名川菜館亦不遜色。

7 月 29 日　皮特洛赫里鎮、蘇格蘭高地、尼斯湖

離開愛丁堡，繼續北上，前往蘇格蘭高地。

進入蘇格蘭高地的第一個小鎮皮特洛赫里（Pitlochry），停下來吃早午餐。皮特洛赫里被蘇格蘭人稱為「最具童話風情的小鎮」，位於塔姆爾河（Tummel）畔，是鮭魚洄遊必經之地，後來這裡修建水壩時，專門為鮭魚設計階梯式迴游的通道。

附近的崇山峻嶺中有多條登山步道，我們很喜歡登山，可惜今天沒時間去步道走走。維多利亞女王和艾爾伯特親王曾於 1842 年來此旅行，他們都熱愛登山，他們的造訪讓小鎮成為登山者的聖地。小鎮西側有一個以女王命名的觀景台 Queen's View。小鎮上有多家賣戶外運動品的店鋪，可見這裡是登山者的重要補給站。

我們挑選的餐廳正好名叫「維多利亞咖啡館」。前面有一個美麗花園，各色鮮花正在盛開。我們在供應早午餐的最後一分鐘衝入。侍者是一位美麗的蘇格蘭女孩，給我們推薦在地美食套餐，其中有葷素兩種不同的哈吉斯（haggis）。哈吉斯起源於 14 世紀一位皇室御廚所寫的食譜，另一種說法是由斯堪地那維亞地區傳到不列顛本島——haggis 的字源 hagga，是瑞典文 chop（切肉）的意思。這種蘇格蘭家常食物，作法是將羊的胃淘空，塞進燕麥，及切碎的羊內臟如肝、心、肺、腎等，加洋蔥、動物脂肪油、牛肉、香料等，然後將這一袋羊雜封起來煮，煮到鼓脹為止。食用時像香腸那樣切片，吃起來味道

偏鹹，口味很重。

用餐後，在小鎮逛了一圈，處處繁花似錦。花園的椅子上，好幾對老人在享用冰淇淋，穿著得體，神態優雅，個個都有貴族氣質，真羨慕此種神仙般的生活。這裡很適合養老，很多老人退休後從大城市搬來，享受青山綠水中清新的空氣和悠閒的生活，必定能享有高壽。

在一個小公園門口，豎立著紀念陣亡戰士碑，石碑前擺放著幾束花，還很鮮艷，看來是最近幾天放置的。在英國的很多小鎮中心，都豎立著此類紀念碑，儘管比不上倫敦市中心紀念一戰、二戰、韓戰、伊拉克戰爭的紀念碑那樣氣勢磅礴，但全都精心維護，常年都有人獻花。在這個國家，為國捐軀的人永遠不會被鄉親遺忘。

在陣亡將士紀念碑一側，有一塊小小的銅牌——上面的文字顯示，皮特洛赫里曾被評為 2000 年度歐洲最美的花園小鎮。有人說，在英國，鄉村是詩歌，城市是散文，鄉村和城市並不對立，人們在城市中營造鄉村的風光，也在鄉村中創造城市的便利生活。英國的村鎮亦有繁榮和蕭條之別，但即便是蕭條的村鎮，也保有英式的整潔，至少人家門口仍有鮮花——有鮮花就表明主人沒有放棄對未來的希望。

一路北上，進入蘇格蘭高地，海拔漸高，山巒起伏，視野開闊，人煙稀少，有如在美國旅行時從維吉尼亞進入西維吉尼亞。這裡緯度更高，植被多為針葉林。有些山巒被一種此前未見過的青色苔蘚覆蓋，曠而不蕪，生機盎然。山間隨處可見牧場，羊比牛多，羊的種類亦很多，有一種在動畫片中看過的全身潔白、唯有額頭為黑色的羊，非常可愛。

高速公路上，車輛明顯變少，手機信號時有時無，英國電信公司的服務遠不如美國。三小時後，抵達尼斯湖（Loch Ness）。尼斯湖與巨石陣一樣，是一個雞肋似的景點，跟沿途看到的若干湖泊相比，並無獨特之處，只是有了怪獸傳說，才成為旅遊勝地。怪獸不常見，而

遊客絡繹不絕。停下來觀賞一會兒湖景，繼續北上。

　　再開車半個多小時，到達離天空島更近的一個名叫斯特拉佩弗（Strathpeffer）的小鎮。小鎮很小，擁有好幾家旅店，受中國病毒衝擊，路邊的幾家都關門了。我們入住的是 Ben Wyvis Hotel，從大門進入後，有漫長的車道和參天的古木，以及寬闊的草地和花園，頗有貴族氣派。除了沒有冷氣之外，其他設施都不錯。不過，進入蘇格蘭高地，氣溫降下來，晚上無須冷氣，還要多蓋一床被子。

　　一樓的餐廳寬敞亮堂，頗有高級餐廳的派頭。我們一開始覺得價格一定昂貴，就到外邊找地方吃飯。在外面轉了一圈，僅有的兩個餐館都滿員，只好折返回來，到賓館附設的餐廳就餐，再貴也只好吃一頓。餐廳沒有固定菜單，每天提供不一樣的料理，桌上放著一張當天列印的菜單。今天的晚餐有羊肉、牛排、魚肉和義大利麵條等集中。我們一看價格，不禁大吃一驚——居然比倫敦的快餐還便宜，一份主菜只需 12 英鎊，包括前菜和甜點的一整套也只要 20 多英鎊。我點了烤羊肉，口感軟嫩，醬汁噴香，堪稱平生吃到過的最美味的羊肉；最為驚艷的是羊奶酪，原來以為會有羊騷味，卻入口即化，唇齒留香。看來，很多美食都不在大城市，而隱藏在鄉野之間。

7 月 30 日　天空島

　　一大早出發，前往此行最北的景點——天空島（又名斯凱島）。Isle of Skye 譯為天空島，大概是源於 skye 和 sky（天空）同音，其實 Skye 源於古北歐語 sky-a，意為「雲霧島」（cloud island）。它是蘇格蘭內赫布里底群島（英語：Inner Hebrides）中最大的一個島嶼，有著綿延 50 多英哩的混合地貌，被稱為離天空最近的島。

　　兩個多小時一直是盤旋的山路，宛如我家附近的藍嶺公路，卻更

狹窄和曲折，很多路段需要停下來跟對面駛來的車輛緩緩錯車。一路上風景絕佳，兩邊都是原始森林，人煙罕見。時而出現一片片紫色的帚石楠，沿著山坡漫無邊際地生長蔓延，如同給崇山峻嶺裹上一幅巨大的紫色圍巾。帚石楠可以在貧瘠的酸性土壤裡成長，耐得住嚴霜、狂風和暴雨，即使在攝氏零下 20 氏度的環境也能活得很好，它頑強的生命力跟蘇格蘭人的民族特性如出一轍。

帚石楠不僅美，實用價值也很高，可以用來染色，製作繩索、床墊，甚至還可以釀酒。這個工藝可追溯到數千年前。在蘇格蘭西海岸外的蘭姆島上，考古學家發現了三千年前的陶器碎片，其中竟然含有用帚石楠發酵制作飲品的痕跡。作家史蒂文森在一首詩的開頭這樣寫道：「用帚石楠的漂亮花瓣，他們釀了一杯地久天長的酒，比蜂蜜甜蜜，比葡萄酒濃香。」

帚石楠是無數作家和詩人詠歎的對象。詩人伯恩斯喜歡帚石楠，經常在作品中描寫它們，後人甚至用《帚石楠花鈴》為其詩集命名。他在詩歌〈漂亮的蘇格蘭雷鳥〉中寫道：「它們蹭落褐色帚石楠花鈴裡的甘甜的露水。」他在〈寫給威廉‧西蒙的詩歌〉中寫道：「荒野上布滿紅色、褐色的帚石楠花鈴。」

接近中午，抵達聯結天空島與本島的斯凱橋。此橋修成之前，唯有靠渡船來往，故而天空島低度開發，保持原始風貌。它的面積是金門島的十倍，人口卻不到金門島的十分之一。維多利亞時代，政府在這個龐大的區域只派遣一名稅務專員，每年他要在這個大島上跋涉三千英里，才能確認土地與稅收的實際情況。

天空島首府為小鎮波特里（Portree），意為「國王的港口」，此名可能源自於詹姆士五世 1540 年到訪。波特里是天空島上最大的城鎮，經典的明信片場景是海港與彩色房屋。小鎮有一條主街，幾家餐廳、商店及旅店，十多分鐘就能逛完。這裡可吃飯和補充物資，此後

尼斯湖的 Urquhart 城堡

小鎮波特里（Portree），意為「國王的港口」

深入島嶼腹地，就找不到太多商店了。

天空島宛如世外桃源，每個景點都保持自然原貌，大山大河，荒蕪的古堡，孤獨的農舍，安靜的牛羊，輕盈的飛鳥，讓人彷彿來到世界盡頭。它一點都不像小島，絲毫沒有侷促之感，反倒像是另一個大陸，視野一直延伸到天盡頭。沿著環島公路往北，大海始終在一側，如同一塊萬古不變的碧玉。海中極少看到船隻及人類活動，面對粗獷而博大的海洋，人會變得謙卑。

第一個景點是「老人峰」（Old Man of Storr）。斯托爾（Storr）是一座石山，旁邊有幾座壯觀的石柱，最大一根被稱為「老人峰」，像是一名面朝大海、躬身行禮的老人。但與其說它像彎腰駝背的老人，不如說更像仍在快速生長的竹筍。在遠處眺望「老人峰」，其形象更加清晰。到山下，停車往上攀登，走近時，它反倒隱藏在群山之中，非得仔細打量，才能脫穎而出。在半山腰上，突然下起小雨，剛才還是烈日當空，翻過一個山頭立即就是霪雨霏霏。一座島上，一天之內，不同地點，完全是不同的氣候及季節。

下一站是蘇格蘭裙岩壁（Kilt Rock）及瀑布。這片岩壁充滿層層褶皺，遠看像是蘇格蘭男人們穿的格子裙。米爾特湖（Mealt Loch）經過一條小河道，在短裙岩旁邊以一條氣勢磅礡的瀑布注入大海，頗為壯觀。這道瀑布只能站在側面的懸崖上觀賞，無法走到懸崖下的海灘上仰望。

抵達天空島最北端，在漫山遍野的青草地上，有高地群羊，有白色的農家房屋，綠色之上點綴的白色，宛如畫龍點睛，讓整幅畫面靈動起來。靠海的山坡上，存留著一座城堡（編按：Duntulm Castle）的斷壁殘垣。在臨近大海最近的懸崖上，這座城堡僅剩一面外牆，中間空了一大塊橢圓形狀。從這塊橢圓中眺望大海，宛如透過一個天然鏡框。轉頭往下眺望，岸邊是紫色岩石及黑色水草，宛如魔幻電影中

老人峰像是一名面朝大海、躬身行禮的老人

斯特靈橋

的場景。疾風呼嘯，讓盛夏變成隆冬，有一種艾略特《荒原》中的悲愴蒼涼——「你去過的草原和沙漠，我也去過／你喝過的葡萄酒和鴆毒，我也喝過／你流浪的時候，我也沒有一個自己的家。」

可惜時間太少，只能圍繞天空島跑半圈就要往回走，無法環島而行，剩下的若干景點只能留給下次。天空島是值得再來的地方。

7月31日　史特靈橋、格拉斯哥

今天行程三個多小時，前往蘇格蘭第一大城格拉斯哥（Glasgow）。

中午，在紐敦莫（Newtonmore）這個小村莊停下休息和用餐。今天是週日，當地居民大都去教堂做禮拜了，街道上空空蕩蕩，很多店鋪都不開門。

我們找到一家開門營業的小餐廳——The Wild Flour。這是一個家庭經營的小店，後面有一個薰衣草盛開的花園，主人精心打點，花草樹木搭配得美不勝收。我們點了簡單的英式午餐，兒子喜歡吃漢堡中的雞肉，妻子專門為他多點一份雞肉。前來點菜的英俊小夥沒有聽懂，又給我們上了一份同樣的漢堡。妻子跟他解釋半天，他還是沒有弄懂，直到後廚那個胖胖的老太太親自出來詢問，才知道我們要什麼——對我們來說，他們的蘇格蘭口音也很難懂。最後，他們單獨為兒子做了一份炭火烤雞胸肉。店主一直保持耐心和禮貌，沒有一絲不悅。

又驅車一個多小時，到了小城史特靈（Stirling），這個城市曾是蘇格蘭首都及政治、經濟中心，距離格拉斯哥大約42公里。它位於山谷之中的福斯河（River Forth）河灣和沖積平原之上，地勢依山傍水。我們到這裡尋訪蘇格蘭獨立戰爭英雄威廉‧華萊士的足跡。

史特靈城堡建於一座77米高的懸崖上，三面均有峭壁，很像愛

丁堡城堡，傲視群雄，易守難攻。它曾是蘇格蘭國王的王宮，瑪麗女王、詹姆士六世等都曾在此居住。它更是一座絕佳軍事堡壘，被稱作「蘇格蘭的一枚胸針」。華萊士曾擊敗從城堡中出來作戰的英軍。

我們首先尋找史特靈橋——華萊士打敗英軍的地方。一開始，導航出現疏誤，將我們帶上山，在山上轉了一圈，沒有發現有橋，遂重新定位，這才找到橫跨在福斯河上的古橋。這座石橋堅固沉穩，是 15 世紀修建的，史特靈橋之戰時，還沒有石橋，只是一座木橋。橋的兩頭修建了很多房屋，已不是戰役發生時的狀貌。電影《勇敢的心》拍攝時，無法在原地拍攝，改在附近一處曠野中拍攝，如此才能展示戰役的宏大氣勢。電影中，華萊士對著將士們高呼：「戰鬥，你可能會死；逃跑，至少能偷生，年復一年直到壽終正寢。你們願不願意用這麼多苟活的日子去換一個機會，僅有的一個機會，那就是回到戰場，告訴敵人，他們也許能奪走我們的生命，但是，他們永遠奪不走我們的自由！」匈牙利詩人裴多菲・山多爾說過「生命誠可貴，愛情價更高，若為自由故，兩者皆可拋」。華萊士如此，我亦如此，沒有自由的生活有何價值？我沒有華萊士的武藝，只能用筆來對抗中共暴政。

下午，進入格拉斯哥市內，立即發現大城市的通病——遍地垃圾、滿牆塗鴉、街上遊蕩著諸多流浪漢。大城市宛如癌症病人，似乎無藥可救。在旅店安頓下來，去一家越南餐廳吃晚餐，又見到越共醜陋的國旗，很不舒服。而且這家餐廳只收現金，不接受刷卡，我們與之交涉多時，才接受刷卡。這種逃稅手段，給顧客造成莫大困擾。

蘇格蘭裙岩壁（Kilt Rock）及瀑布

華萊士紀念碑

8月1日　格拉斯哥大學、格拉斯哥博物館、河濱博物館（交通和旅行博物館）

　　早上，步行去格拉斯哥大學，一路上看到不少垃圾甚至還有人和動物的糞便，很多工地在開工，整個城市顯得雜亂無章。我向來不喜歡工業城市，格拉斯哥在工業革命時代曾經輝煌一時，如今它很像美國鐵鏽地帶衰敗不堪的那些老城市，如底特律、匹茲堡等。看來，我們的行程中盡可能避開大城市是對的。

　　進入格拉斯哥大學，才算見到整齊優美的建築與風景。格拉斯哥大學是英國第四古老的大學，也是亞當‧史密斯的母校和他長期任教的學校。其主樓宛如一所大教堂，宏偉壯觀。可惜今天是週一，大學的博物館及圖書館都關門。

　　校園與城市融為一體，隨意漫步，看到一棟紅色現代風格建築，是新建的學生活動中心，裡面還設有學生餐廳。我們決定在此午餐，買了五英鎊一份的印尼咖哩牛肉飯和雞肉飯，味道不比正規的餐廳差。

　　大樓內有很多舒適的學習空間，我們在各樓層逛了一圈。然後，步行去開爾文格羅夫美術館和博物館（Kelvingrove Art Gallery and Museum）——與愛丁堡的蘇格蘭國家博物館一樣，這間博物館大而無當，展品設置亦頗顯無序。我不太喜歡這種將考古、藝術和科學不同主題全都集中在一起的博物館，還是分為幾個小型的專業博物館比較好。

　　又步行到當地一處地標——河濱博物館（Riverside Museum），中途需經過一段地下道，繞過高速公路和鐵軌，通道中臭氣熏天、垃圾遍地，感覺隨時會有盜匪出沒，心情頗為緊張。

　　河濱博物館全名是「河濱交通和旅行博物館」（The Riverside

Museum of Transport and Travel），2013 年曾入選最佳歐洲博物館。其設計師為伊拉克出生的英國籍女建築師札哈·哈蒂，此人在中國設計過不少作品。立面曲曲折折的造型，概念取自匯流的河川。我看上去覺得像是一幅驚心動魄的心電圖，沒有美感，我不欣賞這種設計。館內展出腳踏車、火車、汽車、輪船等各種交通工具，很多都是英國人所發明的，有些經典老爺車非常可愛。博物館後的河邊，停著一艘古老的帆船，可登船在船頭或船尾眺望兩岸的風景。

在格拉斯哥市內逛了一天，覺得這是到英國後看到的最乏味、最無聊的城市之一。我一向不喜歡過於擁擠的大城市，倫敦和愛丁堡是例外，這兩個地方有很多文化古蹟。格拉斯哥是重工業中心，雖保存了若干古建築，卻淹沒在醜陋不堪的現代建築的海洋中，魅力大打折扣。城市如人，愛丁堡是林黛玉，格拉斯哥就是焦大；城市如書，愛丁堡如《紅樓夢》，格拉斯哥就如同《水滸傳》。類似格拉斯哥這樣的城市，在美國有很多，但美國找不到一個像愛丁堡的城市。

英國首相鮑德溫（Stanley Baldwin）說過：「英國即鄉村，鄉村即英國。」與大城市相比，我更喜歡英國的鄉村和小鎮，每一個小鎮都有不同風格，整潔而精美。希望以後專門安排一次英國小鎮遊。

8 月 2 日　威瑟比鎮

一大早出發，從格拉斯哥趕回倫敦，車程六個多小時。

從蘇格蘭進入英格蘭，氣溫明顯上升，高速公路上的車流明顯增加，景色卻再沒有那麼青翠明亮。

中午，在小鎮威瑟比（Wetherby）停留吃飯。這個小鎮只有一萬多居民，曾入選英國十個最宜居的小鎮。主街上一家家小店都充滿藝術氣息，招牌和櫥窗都經過精心設計，與格拉斯哥的混亂骯髒大相徑

開爾文格羅夫美術館和博物館

河濱博物館

庭。小鎮居民從容閒適，不像大城市的人步履匆匆、疲憊驚惶。

威瑟比是一個賽馬訓練地，擁有很多一流的馬術訓練場。英國人在海上航海，在陸上騎馬，何等英姿颯爽。有了冒險和勇武精神，才有廣袤的日不落帝國。連女王伊麗莎白二世和安妮公主都精通馬術，而中國士大夫早已疏遠騎射技術，即便曾以高超的騎術征服東亞大陸的滿人，在數百年漢化之後，連末代皇帝溥儀都不會騎馬了——不會騎馬，還能算是滿人嗎？唉，我這個蒙古人也不會騎馬，從未在草原上生活過，愧對祖先。不過，我的血液裡還有蒙古人的桀驁不馴、自由自在、蔑視權威、獨來獨往。有一天，南蒙古若獨立，或與蒙古共和國合併，我一定回去縱馬馳騁，不亦快哉。

作為英國傳統運動的馬術，一直以來給人以貴族、優雅、古典等感覺。馬術源於英國，並於 18 世紀在整個歐洲大陸及全球風行開來。娛樂性的馬術和軍事上的騎兵訓練逐漸分道揚鑣，馬術運動形成一項獨立的體育運動項目。1900 年，在法國巴黎舉行的第二屆現代奧運會上，首次舉行馬術比賽，從此馬術成為奧運會正式項目。近年來，馬術在英國和西方日漸平民化，朋友的女兒就在課餘上馬術課，一節課費用僅數十鎊，中產階級家庭皆能承受。

英國是運動大國，不是中國那種瞄準奧運會金牌的舉國體制，而是民眾自發的熱愛。豈止馬術，許多現代體育比賽項目都是英國人發明或完善的。作家史蒂文森說過，具有忙裡偷閒本領的人往往有廣泛的興趣和強烈的個性。歷史學家艾倫·麥克法蘭指出，現代性的獨特表徵之一是，遊戲、運動和業餘愛好廣泛流行並備受推崇，現代社會充斥著各種面貌的「遊戲人」，這一切大都源於英國。歐威爾曾寫道：「我們不僅是一國愛花人，而且是一國集郵家、養鴿迷、業餘木匠、票券剪藏家、投鏢手、縱橫字謎控。」這是「英格蘭的又一個特色，它深深融入了我們的生命，以致我們幾乎習焉不察。這是一種對

業餘愛好和消遣活動的癮頭，屬於英格蘭生活的私密空間。」他提出：「最名副其實的本地文化全部圍繞著小酒館、足球賽、後花園、火爐前和『一杯濃茶』而開展，這些活動，即使在採取社區形式的時候，也屬非官方性質。」在英國，這些運動和興趣愛好，不單單是業餘遊戲和娛樂，更是塑造品質和提升修養的最佳方式。

在小鎮上逛了逛，選了一家炸魚名店「威特比鯨魚」（Wetherby Whaler）吃午餐，品嘗他們聲稱的「有家的味道的炸魚」──「家的味道」，這句話「舉重若輕」，敢這樣自我標榜，一定有不凡的實力；這句話說起來容易，卻是極高的標準，是美味的極致。來此的客人，大都是當地的老人，不用點菜，侍者就知道他們要什麼，彼此會心一笑，直接端上桌。我們是唯一的亞裔和外來客人，侍者特別殷勤周到。炸魚非常美味，跟此別家的味道有所不同。英國的每一家炸魚薯條店都有不同的味道，就像台灣的滷肉飯和牛肉麵一樣，每家都以自己的味道為自豪。

下午四點，回到 MK，如同從涼爽的秋天回到炎熱的盛夏。

8 月 3 日　海德公園

上午，去倫敦，與張戎、張樸以及馬建在倫敦市內的岷江餐廳餐敘，餐廳在一家五星級飯店頂樓，可俯瞰海德公園。張戎說，她對岷江這個名字倍感親切，她出生在岷江岸邊。但餐廳的餐點雖號稱川菜，卻是改良過的，給西方人吃的，沒有多少麻辣味道。

談及毛澤東，我們都有共同的志向：將毛澤東釘在歷史恥辱柱上。張戎的毛傳和李志綏的回憶錄，足以破除對毛的偶像崇拜。中共崩潰之後，這兩本書應當人手一冊。張戎毛傳的中文版，不可能在中國出版，當年在台灣出版也遇到阻力，最終在香港出版。

與張戎談及台灣歷史學者陳永發對其毛傳的批評。我不認同陳的批評，曾想寫文章反駁。陳是中研院院士，用學術中立、客觀的標準，批評張戎將毛寫得太壞。我卻認為，陳對中共的研究是隔靴搔癢，他認為毛有若干正面貢獻和理想主義，這種錯誤判斷跟他背後的左翼情結有關。張戎說，毛確實壞透了，她試圖從毛身上尋找一點殘存的人性，卻完全找不到。陳的批評，顯示學界對毛的認識的偏差，沒有將毛放在希特勒的水準上──沒有人希望從希特勒身上尋找良善之處。

　　與馬建在北京一別，彈指一揮已十多年。馬建談及當年迫害我的國保頭子姜慶傑，他說此人也參與過對他的迫害，後來居然想讓他幫忙安排其女兒到英國留學。中共特務之口是心非、人格分裂，真是冠絕古今。

　　飯後，我們逛了逛海德公園。海德公園的自由演說，週末才有，現在只有遊客及休閒的市民。近日英國少雨，草地全都乾枯了。戴安娜王妃曾居住的肯辛頓宮已對外開放，我們在門口拍攝，沒有入內。這段時間看了太多宮殿、城堡，頗有些審美疲勞。戴安娜紅顏薄命，如《紅樓夢》中的賈元春，宮廷總是「那不得見人的地方」。

　　又到倫敦的兩個著名購物中心──西田（Westfield）及哈羅德（Harrods）──逛了逛，店內大都是昂貴的奢侈品。百貨商場是英國最早發明的，大大改變了現代中產階級的消費習慣。不過，在這些名店的體驗，不如美國的同類商場。比如，我們想停下來休息一下，卻找不到椅子或沙發。美國的商場更寬敞明亮，其公共空間中到處是提供顧客使用的舒適的大沙發，還有免費的網際網路。

8月4日　博羅市場、泰特現代藝術館

今天遊覽博羅市場（Borough Market），這是倫敦最大的、有百年歷史的美食市集，有點像台灣的夜市及日本京都的錦市場，只是它在上午開幕，到下午四點左右食品就差不多買完了。

從地鐵出來可看到市場大門，整個市場分為幾大區域，各式英國及世界各國美食小吃，琳瑯滿目，熱氣騰騰，很多是現點現做，讓人只恨肚子太小，飽了口福之後只能飽眼福。

通常，排成長龍的攤位就是好吃的。我們排了多次隊，先後吃了義大利野生蘑菇飯、西班牙海鮮飯、英國雞肉餅、土耳其肉餅、鮮榨芒果汁和農家櫻桃等。其中，蘑菇飯香氣撲鼻，蘑菇彈牙，非超市中的蘑菇所能比擬；西班牙海鮮飯從一口大鍋中盛出，飯與湯汁早已融為一體；農夫販售的顏色頗淺的櫻桃，是我離開家鄉後吃到的最美味的櫻桃。

還有一些攤位，賣起司、火腿、香腸、松茸、香料、麵包、甜點、冰淇淋等不同食品，都是手工小批量製作，很多都是號稱有數百年歷史的家族作坊。

來此市場尋訪美食的，有衣冠楚楚的俊男美女，也有帶着一家大小的大家庭，有倫敦本地人，也有更多來自世界各地的遊客。這裡不再有階級和等級之分，大家擠在一起，其樂融融。我喜歡逛這種平民化的市場，如同一場冒險，時刻能遇到驚喜的食物，比在高級餐廳更能體驗城市的脈動。

逛完博羅市場，沿泰晤士河步行，去泰特現代藝術館（Tate Modern），沿途經過的若干街道，宛如大英帝國歷史的縮影。泰特美術館前身為河畔發電站（Bankside Power Station），外觀是工業化時代的風格，其內部則如一個龐大無比的廢棄廠房。

館內藏有亨利・馬蒂斯、畢加索及馬克・羅斯科等大師的作品。我只喜歡莫內的《睡蓮》、克爾希納（Ernst Ludwig Kirchner）的《莫里茨堡的沐浴者》、保羅・克利（Paul Klee）的《少女的冒險》等少數作品，這些作品固然呈現了現代世界若干特徵，卻不像某些更現代（當代）的作品那樣完全摒棄藝術的基本特徵與本質。換言之，它們保持了某種獨特的美。而那些更新潮的作品，連美都被顛覆了，甚至就是作為「反美學」而存在（比如，在一樓大廳中展出的日本當代藝術家草間彌生的作品，此前我在台中亞洲大學美術館中看到過，我無法欣賞這類作品）。整體上，我對現代和當代藝術興趣不高，我的審美還是古典的。

在一間展廳，偶遇香港出生的華裔藝術家曾廣智的特展。此人的故事，是在諾福克的李少民教授家中聽到的。沒有想到在這裡看到這位頗有超前性的藝術家的作品。作為國民黨前軍官的後代，曾廣智在父親 1949 年逃離上海後翌年在香港出世，曾就讀聖若瑟書院，16 歲時隨家人移民加拿大。1979 年移居紐約後，他在藝術家雲集的東村認識了若干前衛藝術家，用鏡頭記錄了 1980 年代紐約東村的藝術盛況。1979 年，他開始創作最令人難忘的兩個系列攝影作品：《東方遇見西方》及《長征系列》。他穿著毛澤東很喜歡的中山裝（毛裝，這是從加拿大一間舊物店買的），戴上墨鏡，筆挺地走上街頭，走過巴黎聖母院、里約基督像、林肯紀念碑和埃菲爾鐵塔，在這些或神聖或俗氣的景點留下遊客照。他也在拉什莫爾峰（Mount Rushmore）、尼加拉大瀑布和加拿大洛磯山脈等自然景觀前留影。這些陰鬱滑稽的照片沖洗成正方形黑白明信片的樣子。他在照片中故作嚴肅冷峻的神情，好像一名北韓高級官員。他天生具有玩鬧精神，是一個永遠的遊子和浪子。1980 年，他穿著中山裝，闖入大都會藝術博物館的清代服裝展覽招待會，讓眾人為之側目。他與現場的大人物們合照，他們

誤認他是一位德高望重的中國大使。

　　我在倫敦與曾廣智的作品相遇，本身也是一個隱喻——倫敦既是西方的，也是東方的，沒有哪個西方大國的首都，生活著如此多的東方族裔，收藏著如此豐富的東方藝術。

　　曾廣智這樣的人，若是生活在中國，下場可想而知，即便他不是充滿奇思異想的藝術家，單單因為他的家庭出身，就只能淪為被人踐踏的賤民。幸虧他們一家到了香港，香港之於他，如同之於張愛玲，如同渡船，也如同客棧。當年的香港能孕育此種驚世駭俗的藝術家，今天的香港卻已被中共的暴政規訓得喪失了創造力和想像力。

8月5日　大英圖書館、狄更斯紀念館、約翰‧索恩爵士博物館、倫敦政經學院

　　上午，再進倫敦，從火車站出來，步行十分鐘即到達大英圖書館。

　　大英圖書館（The British Library）是規模僅次於美國國會圖書館的世界第二大圖書館，藏有超過一億七千萬件珍貴圖書、手稿、地圖、郵票等，並以每年三百萬件的速度增長。大英圖書館的前身是大英博物館「圓形閱覽室」，馬克思、達爾文、馬克‧吐溫、列寧、孫文、甘地等人都曾在此借閱書籍（可惜很多人看了壞書，走了歧途）。1972 年，英國議會通過《大英圖書館法》，次年大英圖書館正式成立，繼承大英博物館的藏書，整合中央圖書館、國立科學技術借閱圖書館、國家書目中心等多家檔案文獻機構的收藏，蔚為大觀。我們眼前的新館，建築設計靈感來自遠洋輪船，從 1962 年開始修建，直到 1997 年才建成啟用。由於時間漫長，建築師幽默地稱為「30 年戰爭」。其面積超過 11.2 萬平方米，地上九層、地下五層，

是 20 世紀英國建造的最大的公共建築。

　　入口廣場上，有一尊醒目的雕像，拿圓規的巨型男子，正是英國詩人及畫家 William Blake 的作品「牛頓」。此塑像一點都不像牛頓，甚至有刻意醜化的味道。原來，藝術家本人反對科技唯物主義，批評牛頓簡化及科學的處理方式，諷刺牛頓只專心眼前圓規的使用規則，卻對背後的彩色岩石無動於衷。他曾說：「藝術是生命之樹。 科學是死亡之樹。」藝術家與科學家如同兩根平行線，難有交集。

　　我們進入大英圖書館，其閱覽室寬敞明亮，若我家在附近，一定會將此地當作第二書房。其中的「國王圖書館」保存著喬治三世的六萬四千冊藏書，被譽為歐洲啟蒙時代最重要的書籍收藏之一。館方建造了一座六層樓高的「玻璃塔」，幾乎貫穿整座建築。

　　「約翰里特布賴特畫廊」（Sir John Ritblat Gallery）專門陳列最珍貴的藏品，例如早期各大宗教經典的抄本和印刷本（如唐代印刷的《金剛經》）、莎士比亞作品集《第一對開本》最早的版本、達文西和米開朗基羅的筆記、莫扎特與韓德爾及披頭四的手稿，甚至還有馬克思為禍人類的《共產黨宣言》的手稿。

　　作為基督徒，我最關注的是其中收藏的聖經版本。被譽為鎮館之寶的四世紀《西乃抄本》（Codex Sinaiticus），是 1844 年德國基督教史學者蒂申多夫（Constantin von Tischendorf）在西乃山聖凱瑟琳修道院發現的，他認為這是 50 本君士坦丁聖經抄本之一，他說服聖修道院將這些典籍交由到訪的俄國使團，由亞歷山大二世出資印刷發行。1933 年，蘇聯政府將抄本售予英國——史達林比毛澤東聰明，沒有像毛在文革中那樣將珍貴古書焚毀，而是出售賺錢。

　　另一本《林迪斯法恩福音書》（Lindisfarne Gospels）同樣身世顯赫：五世紀，羅馬帝國崩潰以後，歐洲進入「黑暗時代」，教士們通過手抄福音書來傳教，有些福音書堪稱藝術精品。七世紀，林迪斯法

恩（位於英格蘭東北海岸的小島）成為英倫三島的宗教中心，八世紀初製作的《林迪斯法恩福音書》鑲金掛銀，以花鳥魚蟲等圖案為裝飾，被譽為「中世紀歐洲最早、最棒的泥金繪製書籍」。這本大英圖書館展出的福音書，每三個月換一頁翻開展示。

這裡還展出一本谷騰堡最早印刷的聖經。十多年前，我在德國谷騰堡印刷博物館中看到過一本類似的聖經。15 世紀中葉，谷騰堡（Gutenberg）發明了鉛字合金製版的活字印刷，1455 年印製了大約 180 部聖經，其中 40 多部使用精製皮紙，其餘為普通紙。聖經的廣泛印刷，讓普通信徒第一次直接閱讀和領受聖經真理，不再被神職人員壟斷。其後不久，馬丁·路德發起宗教改革——如果沒有聖經的印刷與普及，宗教改革不可能成功。目前，僅有 48 本谷騰堡聖經存世，僅 20 本是完整的，只有四部是完整的精製皮紙版。

英文聖經最經典的版本是詹姆士一世英王欽定版。聖經進入英倫之後有不同譯本，在清教徒的呼籲下，英王詹姆士一世在 1604 年召開漢普敦御前會議，決定組織一流學者翻譯欽定本聖經，以七年時間完成英文翻譯，於 1611 年付梓。英王欽定本聖經問世四百年來，對基督教和英語的傳播起了重大推動作用，鞏固了宗教改革的成果，被稱為「世界上影響最大的書」、「英語世界最著名的書」。很多語言學家認為欽定本聖經和莎士比亞戲劇奠定了現代英語的基礎。

這裡還有一間如同密室的小展廳，稍不注意就錯過了，它展出最早的《大憲章》抄本——一共有四份，大英圖書館藏有兩份，另兩份分別藏於索爾茲伯里大教堂和林肯大教堂。大英圖書館收藏的其中一份，是唯一皇家印章倖存的抄本。2015 年 2 月 2 日，為紀念《大憲章》發布八百周年，大英圖書館舉辦為期三天的特別展覽，四份僅存《大憲章》抄本在分散之後第一次群星聚會，可惜我沒有趕上那個歷史性時刻。

從大英圖書館出來，步行十多分鐘，抵達狄更斯博物館（Charles Dickens Museum）。周圍的街區甚是幽靜，宛如狄更斯筆下故事發生的場景。狄更斯紀博物館位於道蒂街（Doughty Street），這裡是一群喬治風格的聯排屋，博物館為其中的一棟。1837 年，狄更斯因第一個孩子出生，全家搬到此處，在此創作《孤雛淚》。1839 年，他搬到更大的房子居住。1851 年，又搬回這附近的布魯斯貝利。這棟老屋在 1920 年代初期一度面臨被拆除的危險，1924 年狄更斯聯誼會（The Dickens Fellowship）及時集資將其購下，整修復原後作為博物館對公眾開放。館內藏有超過十萬件與狄更斯相關的藏品，包括手稿、插圖、不同版本的作品，還有狄更斯穿過的禮服、用過的手杖等個人物品。博物館共四樓，每個展廳都有不同主題。一樓有一個咖啡館和小花園，參觀完後在此休息。

　　然後，再去參觀約翰・索恩爵士博物館（Sir John Soane's Museum）。索恩是英國最偉大的建築師之一，以新古典主義建築設計出名。其作品風格簡潔明快，具有近乎完美的對稱以及出色的光影線條運用，受他影響的建築風格一直持續喬治王時代末期。英格蘭銀行是其經典之作，對英國商業建築產生深刻影響。他還設計了唐寧街十號的餐廳及周邊一系列政府建築。

　　索恩彌留之際曾留下遺囑，將住宅捐贈給國家，唯一要求是從內到外完好無損地保留下來。這座溫馨舒適的私人住宅成了其專屬紀念館，亦是倫敦最小的國立博物館。博物館由兩套大型聯排屋組成，從外表看平淡無奇，若非有特別標誌，路人還以為只是一戶普通人家。一走進去，才發現別有洞天，儘管其面積加起來或許比不上大英博物館的一個大展廳，但因為主人極高的藝術造詣，其藏品放在大英博物館最尊貴的地方亦毫不遜色。主人還擁有豐富的藏書，僅各式珍貴版本就超過一萬冊。在地下室，藏有古埃及法老的石棺、古羅馬名人的

墓碑等稀世珍寶。我們驚歎建築師設計之巧奪天工，即便是地下室也有光線射入，絲毫沒有幽暗之感。該博物館可稱之為微縮版的大英博物館。看到這間博物館，感嘆英國的文化底蘊和世界胸襟無與倫比。今天很多美國富豪，比索恩有錢得多，卻沒有其藝術品味及文物收藏。這就是暴發戶與貴族的差異。

離開索恩博物館後，步行前往倫敦政經學院（The London School of Economics and Political Science；縮寫：LSE）。馬建幫忙聯繫了該校台灣研究項目主持人施瓏芳教授，為我主辦一場座談會。這是我訪英期間唯一一場公開活動。

一路上看到不少著名或不著名（卻非常有味道）的建築，倫敦是一座需要用步行來慢慢品味的城市。十八世紀的英國作家、批評家塞繆爾・約翰遜（Samuel Johnson）曾說：「一個人如果厭倦了倫敦，那他也就厭倦了生活，因為倫敦有人生能賦予的一切。」倫敦比紐約美得多，如果說倫敦是風姿綽約的姐姐，那麼紐約就像是頑皮粗野的弟弟。

倫敦政經學院跟城市融在一起，有點像哈佛大學和麻省理工學院之於波士頓。來到樓上演講的教室，已有很多聽眾提前到達，工作人員不斷加椅子。我見到畫家曲磊磊和詩人胡冬等人，他們都是半輩子在倫敦生活的老倫敦人。施教授是一位溫文爾雅的台灣學者，研究方向是台灣民間宗教，可惜今天沒有太多時間就此領域向她請教。

我在演講中講到對中共、中國、中國文化和中國人的環環相扣的四重批判，這個題目激起很多討論。幾位台灣學生的提問，質量明顯很高，他們受過良好的邏輯、學術及表達的訓練。

我講到我沒有像很多華人父母那樣強迫兒子學中文，不想讓孩子被共產黨的黨文化和中國儒家文化所毒害（中國的教材多為前者，台灣的教材多為後者），但若是孩子大了之後想學中文，我會尊重他的

選擇。

有一位老年男性，據介紹是當地中文學校校長，聽了我這番話之後明顯不悅，提問反駁說：我們無法選擇族裔身分，無論你如何定義自己，無論你將別人的語言說得怎麼好，在別人眼中你還是中國人（或華人）。我回應說，自我身分定義非常重要，至於別人的看法，又何必在意呢？我舉例說，在美國，沒有人會認為駱家輝和余茂春是中國人，他們就是美國人，他們的法律身分（國籍）高於種族身分，美國政府放手讓他們處理與中國的外交事務或制定對中國的外交政策，不會對他們的膚色有所懷疑。

我還講到對川普的支持——在倫敦政經學院這個左派雲集的地方正面評價川普，是一種嚴重的冒犯。但我從不畏懼被扣上「政治不正確」的帽子，也從不隱晦自己的觀點。如果大學不能容納不同觀點，就不成其為大學了。

8月6日　諾丁丘

中午，到倫敦的諾丁丘地區（Notting Hill）逛古董市場。這是倫敦最大的古董市場。我們對古董沒有研究，只是想來此體驗一下倫敦的日常生活。從古董市場即可看出一座城市的歷史底蘊。

施教授來與我們會合，一路上談了不少台灣民主運動的故事，她的家族跟黃信介、史明都頗有淵源。我送她的《看哪，勇敢者》一書中提及的很多事件與人物她都很熟悉，有不少人還是我們共同的朋友。

一出地鐵口，就看到賣古董及其他日用品的流動攤位，綿延附近的幾個街區，大概有上千個，我們只是隨便逛逛，也沒有購物目標。

諾丁丘是富人區，街道上有一排排彩色房子，是文青打卡聖地。

大英圖書館

諾丁丘

正如紐約不是美國，倫敦也不是英國，在倫敦郊區居住 30 年、從未再回中國的詩人胡冬說過：「但凡落腳倫敦的人，不管來自哪裡，會逐漸在適應中覓得並滿足於一種共識，那就是在許多方面，認為他們穿越過的任何地方都與之難以比擬；久而久之，他們又發現，這座有容乃大的世界村莊既非不列顛，也不是英格蘭——最好說，倫敦自身就是一個國家，是孤聳西極，傲視寰宇的島中之島，以其交叉的前生後世和寧可信其有的萬有引力，不惜從頭版頭條到花邊八卦，每天都向上下班的報癮和遊客們製造著各種紛紜的話題。」倫敦如聖經中的逃城，住在倫敦的，大都不是「倫敦土著」——「倫敦歷來是避難者的天堂——從法國革命中的王公貴族到巴黎妓女，從卡爾‧馬克思到追求獨立的加泰隆尼亞人，巴斯克人以及那個在蜂巢酒吧流亡的安達盧西亞人，還有那些藏人，福建人……」

還有另一群人生活在倫敦，不是流亡者，也不是英國貴族，卻佔據了倫敦城內曾屬於英國貴族的豪華宅邸。離開諾丁丘，我們前往倫敦最多超級富豪居住的騎士橋（Knightsbridge），高門大院有「侯門深似海」的感覺。據說，很多俄羅斯富豪居住在此，俄羅斯對烏克蘭發動侵略戰爭之後，幾個與普丁關係密切、此前頗為高調的俄國富豪的豪宅、遊艇和私人飛機，皆被英國政府沒收。更多俄國富豪不得不保持低調，夾著尾巴做人。

依然高調的，是海灣國家的王族，他們的妻子大概就是在豪華百貨公司裡與我們擦肩而過阿拉伯女子——黑袍裹身、黑紗蒙面，身後跟著菲律賓侍女幫她們拎著大包小包的奢侈品。班‧朱達（Ben Judah）在《倫敦的生與死：一部關於移民者的大城悲歌》一書中寫到這類「大多住在高大的白房子裡的阿拉伯人」，「主人們都是戰士們的曾孫。他們的曾祖父是可以騎 60 天的馬，越過曠野，用電報線割破鄂圖曼間諜喉嚨的戰士。但他們卻一點也不像曾祖父，他們都

是懦夫」。為什麼說他們都是懦夫呢？作者採訪了他們的菲律賓女傭──「菲律賓女人最清楚了，當她們被吼、被打耳光、被拳打腳踢時，她們就把主人搞得清清楚楚。懦夫只知道欺負無力還擊的人，所以懦夫最愛對服務生咆哮、對員工們大呼小叫。」在倫敦，菲律賓女傭至少有一萬五千人──典型的大宅，會請四個管家、兩個女傭、一個司機，當然，還有一個私人助理或一個總管。這個招聘制度具有種族色彩──廚師們不是法國人就是摩納哥人，司機們大部分是非洲人或東歐人，當總管的多數是英國人，但管家和女傭幾乎總是菲律賓人。走在這些大宅門口，我想起同樣是移民的日本裔作家石黑一雄的小說《長日將近》，與小說中等級森嚴的鄉村莊園相比，市中心大宅中的階級和種族分野同樣涇渭分明，只是大宅主人由英國本土貴族變成外來暴發戶，而為主人服務的僕人大都也是移民。

8月7日　比斯特暢貨中心

上午去倫敦郊區最大的比斯特暢貨中心（Bicester Village Outlet）購物。比斯特的規劃設計，比在美國去過的同類暢貨中心都好，周圍都有花園，然後是一條直直的街道，不會迷路，也不會漏掉某些店鋪。

很多店鋪都是美國品牌，但我比較喜歡英國風格的服飾，比起美國衣服的輕鬆隨便來，英國風格更有紳士氣質，更顯儒雅。英國人穿得比美國人優雅，很少像美國人那樣，穿寬大的 T 恤、大短褲乃至健身服就出門。到了英國，自然要買英國貨，我買了幾件頗具倫敦風的上衣和褲子。

下午回 MK，在地友人紅梅帶我們去附近的沃本修道院（Woburn Abbey）及貝德福德公爵莊園（Duke of Bedford Estates）參觀。我們去

時，主樓已關門，但可驅車進入廣闊的鹿園，一望無際的草地上，一群群麋鹿在安靜地在吃草或嬉戲，麋鹿的角巨大無比，幾乎有身體的一半，頭上頂著像樹一樣的角，居然還能奔跑自如。

很多人停下車來，近距離觀察麋鹿。詩人胡冬將英國人比喻為狐狸，這個比喻與哲學家伯林關於刺蝟與狐狸的比喻無關：「從建築到文學，哥德式風格曾在英國大行其道，因為那正是盎格魯-撒克遜民族內心氣質的寫照。英格蘭人的性格兼有狐狸的機警和羊的純樸，並由此悖論般生出獵人的冷酷沉著和牧羊人的仁至義盡。」我卻認為，英國人似乎更像鹿，有鹿的機敏、優雅與從容——儘管英國貴族既獵狐也獵鹿。科爾貝描述說，如果英國人處在最佳狀態，「從不奴顏婢膝，永遠彬彬有禮。生活在衣食無憂狀態下的自由人必然擁有這種性格。沒有誰值得他們嫉妒，沒有誰值得他們抱怨，他們對人類抱著一副好心情。」有人覺得，他們穩定可靠，正直可敬，通情達理，在紅日高照時是人類的好主人：「他的冒險只是身外之物，它們很難改變他，所以他也不懼怕它們。他無論走到哪裡都把他的英格蘭天氣攜帶在心裡，於是它變成了沙漠中的一片綠蔭，變成了人類譫妄中的一條穩定而清醒的神諭。」過去三百年，生活在不列顛-美利堅秩序之下的人們有福了，我一生中最大的成功，就是將野蠻殘暴的中國拋到身後，成為不列顛-美利堅秩序之下的公民。

即便在戰爭期間，英國人也十分篤定。在納粹的飛機盤旋在倫敦上空時，一位美國記者注意到「英格蘭人習慣把戰爭看成一連串讓個人不快之事（例如茶葉配給）」，反而「不去想倖存與勝利的可能性」。凱瑟琳·摩爾評論說，自敦刻爾克大撤退以來，「我首度覺得希特勒無法為所欲為」，「我已經從法國人投降的驚駭中回過神，心情愉快地做果醬、整理草木或做雜事」。歐威爾在〈獅子與獨角獸〉一文中盛讚英格蘭「有教養」、「不喜歡出風頭」、極度厭惡恃強凌

弱，認為「不假思索即行動的力量」意味著「在最危急的時刻全民能立即團結一心」。這樣的民族是不可戰勝的——1982年，阿根廷獨裁者加爾鐵里總統為轉移國內矛盾，認為英國已經衰落，出兵侵佔英國治下的福克蘭群島，結果被英國打得一敗塗地，軍政權垮臺，加爾鐵里也因侵犯人權的罪名被捕入獄。

8月8日　英國秩序

這一次英國之旅，走訪了20多個城市和村鎮，親身觀察英國的民族性格。我喜歡英國，遠勝於曾深度旅行過的法國、德國、義大利、俄國——我對英國的喜愛，僅次於美國。兒子和妻子則認為英國比日本稍有遜色。

如今，英國缺乏的，是美國那種朝氣和純真。或許因為當過太久的老大，儘管在二戰後將保護和管理世界的任務轉移到美國手上，英國仍未從疲態中恢復過來。或許，英國需要重新發掘其冒險精神和想像力。

英國秩序是最難學的。奧地利旅遊作家保羅・科恩-波特海姆（Paul Cohen-Portheim）指出：「你每走一步，都有無盡的矛盾迎面而來：這個國家為何既是全世界最貴族制的國家，又是最民主制的國家；中世紀騎士精神和重商精神如何在這個國家互相抗衡；英格蘭人的平庸如何被蘇格蘭人豐富的想像力所彌補，店主又如何被征服者所抵消；一位男爵的浪漫和透納或布萊克（英國畫家）的狂放天才何以能從這樣平凡務實的環境中噴發出來。」

上午收拾行李。抽空繼續讀友人袁舒的父親袁世垠先生的日記。離開中國前夕，我在教會的郊遊活動中與老先生見過一面，可惜沒有更多時間深談，離開中國半年多之後，老先生就去世了。老先生在

1957 年在當大學助教時說了幾句真話，被劃為右派，受過很多苦。文革結束後，他調回外交學院當教授，研究中東和美國問題，曾在上世紀八、九〇年代之交出任中國駐英國大使館第三號人物——政務參贊。袁舒將父親的日記和讀書筆記全都帶到英國，日記共 23 本，從 1993 年直到 2012 年去世，近 20 年時間，幾乎一天不缺。其晚年的反思頗有深度，只可惜沒有出使英國時期的日記。

老先生在日記中真實呈現的心路歷程，是老一代知識分子尋求自由和真理的生命縮影。袁老先生與何方、曾彥修、謝韜等諸多黨內開明派、改革派都有交往，在日記中記載了一起討論時政、讀書、思考的情形，相當感人，「活到老，學到老」，「朝聞道，夕死可矣」，不斷吸取新的思想觀念，並否定舊有之思想觀念。老先生在日記中詳細記載了讀劉曉波和我等人的文章之後的感想。

我更發現，袁老先生日記中有許多珍貴且獨一無二的細節，可顛覆官方歷史中的宏大敘事。比如，他在 1989 年夏天到中國駐倫敦大使館就任，當時的大使是曾擔任過毛澤東、周恩來和鄧小平英文翻譯的資深外交官冀朝鑄。冀朝鑄從小在紐約長大，後來懷著報國的理想回到中國，成為最高領導人的翻譯，卻沒有躲過文革等政治運動，飽受摧殘與折磨。冀向袁詢問國內情況，袁談及六四屠殺時聲淚俱下，冀拍著袁的肩說：「老袁，我的看法跟你一樣，你放心，我絕不會出賣你。」冀朝鑄晚年在美國出版英文回憶錄《毛右手邊的人：從哈佛廣場到天安門廣場，我在中國外交部的生涯》，書中不會有這樣的細節。回憶錄中有一段對毛的描述倒也真實和坦率：「他菸不離手，但卻不是瘋狂抽菸的人。他動作緩慢，從容自得，有帝王之狀。……正如一個外國作家的描寫那樣：『和其他人相比，他似乎用不同的材料構造。凡人的情感不能進入他的心中。』毛澤東真是一塊魔鬼的材料，像許多共產黨人那樣，是『特殊材料做成的』，十二分的邪惡充

滿了他們的全部生命。」

　　或許因為袁老先生出使過英國，向當時還在讀中學的兒子講述過英國和西方的情況，袁舒很早就有了移民英國的想法。移民並不容易，他們全家直到三年前才「潤」（run）出中國。他跟我一樣決絕：今生不做中國人，與中國一刀兩斷。

　　下午，我與袁舒夫婦一起去好市多超市（Costco）購買一些做晚飯的食材——這又是全球化的一個例證，我們生活在大西洋兩岸的美國和英國，但平時不約而同地都到這家美國的連鎖超市購物，裡面賣的食品和日用品大都相似。由此，生活在不同國家的人，生活方式變得愈來愈接近。全球化消弭了差異，讓生活扁平化，未必是好事。

　　晚上，我跟袁舒一起做了幾道川菜，款待幾位在地友人，也為此次英國之行畫上一個圓滿的句號。

8月9日　到英國也是回家

　　上午，友人送我們去希斯羅機場。我說，我們要回美國了。友人說，你說得太好了，「回」和「去」是兩個完全不同的概念，不少在英國生活幾十年的華人，早已入籍英國，卻隨口說出「回中國」來——他們在潛意識中，仍將中國當作祖國，將英國當作他鄉。你選擇宣誓入籍，卻不忠於宣誓的國家，仍以主動離開的國家的國民自居。這種人，有什麼資格譴責別人對你「種族歧視」呢？很多在美國的華人也是如此。我非常鄙視這個兩邊通吃的群體。

　　在另一個層面，作為清教秩序也即英美秩序的捍衛者，我從美國到英國，也像是「回家」——我將美國當作家（我的房子在那裡，我與家人一起居住其中，那裡更是精神家園），而英國是美國人的老家，所以英國也是我的老家。1946 年，邱吉爾在美國發表「鐵幕」

演講：「沒有我所稱之為各英語民族同胞手足一樣的聯合，有效地防止戰爭和繼續發展世界組織都是辦不到的。這種聯合就是以大英國協與帝國為一方和以美利堅合眾國為另一方建立特殊關係。」邱吉爾深知，自由的倖存必須靠盎格魯圈的軍事勝利為保障。

英國保守黨政治家丹尼爾·漢南（Daniel Hannan）在《自由的基因》一書中指出，選舉議會、人身保護令、契約自由、法律面前人人平等、開放的市場、出版自由、改變宗教信仰的自由、陪審制……以上種種，無論如何也不能說一個先進社會生而有之的組成部分，它們是借助英語語言發展出的政治意識形態的獨特產物。「這種意識形態，連同這種語言，傳播得如此廣泛，以至於我們常常忘記了，它們的源頭實際獨一無二。」他強調，盎格魯圈中有一種深深植根於神學觀眾的理念——每一個個體必須對自己負責，不受神父或教士的干預。這樣的理念貫穿於整個政治理論。盎格魯國家的政權需要募集任何資源，都得經過民選代表的普遍同意。而且，盎格魯圈中有一套個人自由地依照法律和通過私人契約出售自身勞務的體系，這就是資本主義、自由經濟和自由社會的最終保證。這是亞洲最缺乏的精神資源，亞洲大概唯有日本擁有某些類似的特質——武士道、恥感文化、潔淨的觀念等——所以日本能比其他亞洲國家更早實現「脫亞入歐」。英國人通過貿易戰爭敲開中國的大門，但中國經過一個多世紀的「出三峽」，依然與英美秩序發生強烈的排斥反應，依然深深沉淪在東方極權主義的泥沼中。

當初，英國在左派的鼓譟下，加入歐盟並疏遠美國，是對自身歷史文化和基本價值的背叛。左派將「英美例外論」當作沙文主義和西方中心主義來批判，拒絕「例外論」得以建立的種種機制和價值：絕對產權、言論自由、議會制政府、個人自治。此時此刻，英國和美國都面臨著左派竊國的危機，美國的民主黨走向民主的反面，「自由

派」竊取自由之名，其美名之下是馬列主義和極權主義；英國保守黨在某些方面（大政府、福利國等）比美國民主黨還左，都不知道還剩下多少應該保守的價值了。人們心甘情願地將一生——從搖籃到墳墓——都交到政府手中，而不顧政府這個利維坦已擴張到前無古人的規模。中國病毒大流行以來，全球各國的左派政府都以防疫為名大肆剝奪民眾的自由與基本人權，人類的自由和英美秩序面對著冷戰結束以來最大的危機和挑戰。

保守主義者永遠不會放棄戰鬥，邱吉爾與柴契爾夫人的精神沒有離開英國這片土地。這次英國之行，是尋根，是向古老的傳統致敬，也是汲取戰鬥的勇氣，我滿載而歸。

希斯羅機場的出關手續很簡單，同樣沒有海關人員在護照上蓋章，只需要在一台機器上掃描護照即可。希斯羅機場曾是世界上最大的機場，如今跟英國一樣難掩疲態。我們轉了一大圈，連一家好一點餐廳都沒有發現。

在飛機上看了《瘋狂的亞洲富豪》等幾部電影，很快就到了華盛頓杜勒斯機場。在英國的這一個多月，很少遇到下雨，而一回到維吉尼亞就遇到一場雨。

Touch 系列 24
不列顛群星閃耀時

作　　　　者：余杰
社長暨總編輯：鄭超睿
發　行　人：鄭惠文
編　　　　輯：李怡樺
封 面 設 計：楊啓巽
排　　　　版：旭豐數位排版有限公司

出版發行：主流出版有限公司 Lordway Publishing Co. Ltd.
出 版 部：台北市南京東路五段 389 巷 5 弄 5 號 1 樓
電　　話：(02) 2766-5440
傳　　眞：(02) 2761-3113
電子信箱：lord.way@msa.hinet.net
劃撥帳號：50027271
網　　址：www.lordway.com.tw

經　　銷：
紅螞蟻圖書有限公司
臺北市內湖區舊宗路二段 121 巷 19 號
電話：(02) 2795-3656　　傳眞：(02) 2795-4100

華宣出版有限公司
新北市中和區連城路 236 號 3 樓
電話：(02) 8228-1318　　傳眞：(02) 2221-9445

2023 年 8 月 初版 1 刷
書號：L2306
ISBN：978-626-97409-4-9（平裝）
Printed in Taiwan

國家圖書館出版品預行編目資料

不列顛群星閃耀時 = Stellar moments in history of Great
　　Britain / 余杰作. -- 初版. -- 臺北市 : 主流出版有限公
　　司, 2023.08
　　　　面 ；　公分. --（Touch系列 ; 24）
　　ISBN 978-626-97409-4-9（平裝）

　　1.CST: 傳記　2.CST: 英國

784.12　　　　　　　　　　　　　　　　112012895